진실

진실

정연국

 종문화사

차례

2019년, 혼돈과 격동의 시대

2019년 현재 기존 가치관이 무너지고 있다. 견고했던 원칙도 부정되고 상식마저 흔들린다. 과거는 모두 부정되어 역사를 좌파적으로 새로 배울 것을 강요당하고 있다. 2017년 헌정 사상 초유의 대통령 탄핵에 따른 정권 교체는 교체만으로 끝나지 않았다. 정신적 토대마저 뒤흔들어 무엇이 옳고 그른지 가치판단까지 흐리게 해 사람들을 혼란 속으로 몰아넣고 있으며, 세상을 모두 좌우 이분법으로 나누어 판단하도록 충동질하며 적대적 관계형성을 유도하고 있다. 그 결과 사회는 물론 가정까지 서로 다른 정치적 견해로 충돌해 부모자식 간의 대화마저 단절되고 있다. 사법적 판단도 정권 입맛에 따라 달라진다. 어제의 법원판결이 전혀 다른 근거를 달고 하루아침에 뒤바뀌는 세상이다. 누가 죄를 인정할 것인가?

법과 원칙이 붕괴되면 비도덕적 사회로 갈 수밖에 없다. 사회질서를 유지하기 위한 약속이 흔들리고 있는데 개인만 희생하라는 것은 어불성설이다. 국가에 대한 신뢰가 사라지면서 개인 간 신뢰도 무너지고 있다. 불신시대가 조장되고 있는 것이다. 아이러니하게도 도덕성을 강조하는 좌파정권 인물들이 비(非)비도덕의 전형을 드러내면서 불신사회가 더 확산되고 있다. 누구를 믿겠는가?

2017년 정권교체 이후 사람들 사이에서 가장 많이 회자되고 있는 말이 '내로남불'이다. 내가 하면 로맨스 남이 하면 불륜. '내 생각은 옳고 네 생각은 틀리다, 내 행동은 옳고 네가 하는 것은 틀리다.' 왜 똑같은 사안을 두고 가치판단의 잣대가 달라지나? 개인적 이익과 권력유지를 위해 우리사회를 견고하게 지탱하고 있던 기존가치를 흔들고 있는 것이다. 객관적 판단기준마저 허물어져 '아 아무도 믿을 수 없구나. 나도 내 생각대로만 해야겠다'는 자기중심적 사고가 강해지면서 '내가 믿는 것만이 곧 진실이다' 믿고 싶은 것만 믿고 듣고 싶은 것만 듣는 확증편향성이 갈수록 확산되고 있다.

그 결과 상대방에 대한 배려와 존중은 경시되고 만다. 내 생각이 귀하면 상대방 생각도 귀하게 여겨야 한다. 상대방 얘기에 먼저 귀 기울여야 하지만 그런 모습은 찾아보기 어렵다. 자기 말만 하고 남 말은 아예 듣지도 않으며 자기 목소리만 높이는 사회가 되고 있다.

경제수준이 높아져 선진국 대열에 들어섰다고 하지만 정신·도덕적 수준이 뒤따르지 못하면 사상누각이다. 좌우 어느 한 정권의 문제가 아니라 사회를 지탱하는 가치를 허물어뜨리면 그 후유증은 감당하기 어렵다.

계층, 세대 간 갈등은 격화될 것이며 갈등을 조절할 기구와 기준마저 불신 받아 그 기능을 상실할 것이다. 아무리 권력구조의 틀이 좌우로 흔들리고 바뀌어도 변치 않고 서 있는 원칙이 있어야 한다. 그 원칙마저 정치적 노림수로 흔들린다면 혼돈을 넘어 정신적 공황시대를 맞을지도 모른다. 2019년 현재, 대한민국은 헌정사상 가장 심각한 국면에 있다고 해도 과언이 아니다.

국가 정체성마저 위협받고 있다. 현 좌파 정권은 그들의 목적대로 행정·사법·언론 등 전 부문에서 주류세력을 교체하고 새로운 국가 건설을 꿈꾸고 있다. 자유민주주의 국가체제 근본을 뒤흔들고 있다. 2020년 21대 총선에서 개헌선을 확보하는데 혈안이 되어 있는 상황이다. 입법부마저 장악된다면 자유민주주의 국가는 이 땅에서 더 이상 존속하지 못할 것이다.

중심을 잡아야 할 곳은 언론이다. 유래 없이 좌로 기울어져 있는 운동장이긴 하지만 그래도 기대를 버릴 수 없는 곳이 언론이다. 하루빨리 정치적 연결고리를 끊고 권력으로부터 자유로운 독립 언론으로 거듭나길 바랄 뿐이다. 국민을 편 가르기 해서 한 쪽은 버리고 한 쪽만의 시각을 강요하는 것은 언론이라 할 수 없다.

여기 글은 '대통령 탄핵'이라는 역사적 사건의 한복판에서 청와대로 향하는 언론의 집중포화를 직접 경험하면서 보고 느끼고 생각한 바를 비교적 객관적인 시각으로 쓴 것이다.

30년 가까운 기자생활과 뉴스 앵커·방송 프로그램 진행자 역할을 하면서 몸에 밴 객관성 유지의식이 청와대 대변인을 지냈다 해서 크게 달라지지는 않았다. 예상치 못한 발탁에 의해 청와대 대변인으로 가 대통령 비서의 한 명이자 공직자로 직분을 다하면서도 비판적 시각은 잃지 않으려 했다.

대통령의 말씀이라 해도 국민들이 어떻게 받아들일지 단어 하나라도 조심스럽게 사용하며 전달하려 했다. 언론 브리핑에서 과거엔 "OO 대통령님은 이렇게 말씀하셨습니다" "OO대통령님은 누구누구를 임명하셨습니다"라고 극존칭을 사용했지만 나는 그렇게 하지 않았다. "박 대통령은 이렇게 말했습니다" "박 대통령은 누구누구를 임명했습니다"라고 바꾸었다. 대통령이 국민의 위에 있는 것이 아니라 대통령이 국민에게 보고를 하는 것이기 때문이다. '대통령님이 말씀하셨습니다'는 참모들 간의 내부용어이지 국민에게 할 용어가 아니다.

아주 단순한 사례이긴 하지만 하여간 나는 청와대 출입기자와 대통령 사이에서 대체적으로 객관적인 입장을 취하려 노력했다. 이 책에서 서술한 박 대통령에 대한 일정부분 역시 대통령의 참모를 지낸 사람으로 두둔하는 듯한 인상을 줄 수도 있겠으나 전혀 치우친 감정 없이 담담하게 기록한 것으로 독자들이 좀 더 진실에 가까이 갈 수 있기를 기대한다.

사상초유의 대통령 탄핵사건을 돌아보며

정 연 국

Chapter

1

분노 | 박근혜는 진짜 바보냐? | 대통령을 위한 변명 | 대통령의 눈물

비선, 비선실세 | 거짓말 공포

"박근혜 정권은 역대 어느 정권과 비교도 할 수 없을 정도로 가장 깨끗한 정부로 남을 것이다. 결코 친인

척 비리로 오점을 남기는 정권은 되지 않을 것이다. 신뢰와 원칙이 끝까지 지켜질 것이다. 그것만으로도

역사의 발전이다. 그런 정부에 일조하고 국가에 봉사하는 것은 큰 의미가 있는 것이다."

분노

이 글에 분노가 담길까 두렵다. 분노는 균형을 파괴한다. 균형을 잃은 글은 주장에 불과하다. 분노는 원한을 담고 있어 글 또한 독을 품게 된다. 분노한 상황에서는 고요한 마음을 유지하기가 어렵고 올바른 판단을 할 수도 없다. 미움으로 가득차 용서가 허용되지 않는다. 분노는 가라 앉혀야만 한다.

2016년 말은 분노의 시대였다. 전 국민이 분노했다. 대통령에 분노했고 언론에 분노하고 정치권에 분노했다. 사람에 따라 분노의 대상이 다를지언정 누군가를 향해서 분노했다. 뚫린 듯 마음이 허황했다. 분노는 사랑과 믿음의 크기에 반비례한다. 믿음에 배반 되면 분노는 그 깊이만큼 커진다.

2015년 10월 오랜 고심 끝에 청와대로 가기로 결심하기 전 대학생이었던 딸아이가 내게 물었다. 왜 가느냐고? 무엇 때문에 갈 생각을 했느냐고?

나는 대답했다.

"이 박근혜 정권은 역대 어느 정권과 비교도 할 수 없을 정도로 가장 깨끗한 정부로 남을 것이다. 결코 친인척 비리로 오점을 남기는 정권은 되지 않을 것이다. 신뢰와 원칙이 끝까지 지켜질 것이다. 그것만으로도 역사의 발전이다. 그런 정부에 일조하고 국가에 봉사하는 것은 큰 의미가 있는 것이다."

최순실이 모든 것을 날려 버렸다. 꿈에도 예상치 못한 일이 터졌다. 그 정신적 충격의 정도를 어떻게 표현할 수 있을까? 딸아이의 충격은 또 얼마나 컸을까?

패닉 그 자체였다. 어안이 벙벙했지만 정신 줄을 놓고 있을 수도 없었다. 벌집을 쑤신 듯한 기자실은 나의 무덤 같았다. 기자들의 질문세례에 무엇이든 답을 해야 했지만 변명의 여지없는 상황에서 대변인의 말은 힘을 잃었다.

일면식도 없는 한 사람에 의해 모든 것이 허무하게 무너져 내렸다. 일찍이 공개된 사람으로 논란의 중앙에 있었더라면 차라리 좋았을 것이다. 잘못된 것은 바로 잡고 곁에서 내쳤을 것이다. 박 대통령은 2015년 10월 26일 첫 담화에서 최순실의 존재를 인정했다. 보도가 나온 직후 곧바로 이루어졌다. 평소의 신중함으로 봤을 때 이례적이었다. 왜 그렇게 빨리 인정했을까?

아마도 그 파장의 세기를 예상하지 못했던 것으로 보인다. 존재를 인정하면 비선의 논란이 있을 것이지만 논란 속에서 자연스럽게 정리를 하고 상태를 되돌릴 수 있을 것으로 판단했을 수 있다. 본인은 최순실이 비선이라고 생각하지 않았기 때문이다. 단지 오래전부터 '사적으로 도움을 받아온 사람' 정도로만 생각했다는 것이다. 대통령을 등에 업고 밖에서 무슨 일을 벌이고 있었는지 모르고 있었다는 줄기찬 주장을 일부 뒷받침할 만하다. 만약 최순실이 온갖 비리를 저질렀다는 것을 알고 있었던 상황이라면 그녀의 존재를 그토록 빨리 국민 앞에 인정을 할 수 있었을까? 뻔히 감당하기 어려운 후폭풍이 있을 것을 알면서도 사후 대책 없이 인정부터 했다? 믿을 수 없는 일이다.

직무정지에 탄핵에 구속까지

분노의 마음이 갈피를 잡을 수 없을 정도로 혼란했다. 한때는 대통령에게로, 한때는 국회로 또 한때는 언론에게로, 검찰에게로, 촛불 든 시민들에게로 또 그 배후의 세력에게로 옮아갔다.

대통령은 어찌하여 청와대의 공조직을 두고도 사조직을 사용했고, 국회는 어찌하여 대통령의 혐의가 확정되지도 않았는데 탄핵을 결의하고, 언론은 어찌하여 확인되지 않은 의혹을 쏟아내고 검찰은 왜 피의사실을 흘리며 여론을 몰아가며, 촛불든 시민들은 어찌하여 정치적 목적을 가진 세력들의 선전 선동에 휘둘리는지 답답했다. 당시 광장의 분노는 나와 정반대되는 방향에서의 분노였을 것이다.

진실은 이토록 정반대에 놓여 있다. 바라보는 관점에 따라 전혀 다르게 존재하고 있다. 새 정부가 들어서고 그 정반대 쪽의, 그들만의 진실이 더 강화되고 있다. 이쪽에서 말하는 진실은 모두 거짓이고 적폐다.

가라앉히려는 분노가 부지불식간에 솟아난다. 선거에서 패배하면 승리한 정권이 자신들이 준비한 정책을 펼칠 수 있는 기회를 주는 것이 마땅하다. 패배한 자는 다음의 기회를 위해 공부하고 준비해야 한다. 그러나 현 정부는 길을 잘못잡고 있다. 자유 대한민국의 정체성까지 위협하고 있다. 미래를 준비하지 않고 과거를 중요시한다. 글로벌 세계를 지향하는 것이 아니라 집안싸움에 몰두하며 우물 안 개구리를 자처한다. 발전이 아니라 퇴보의 길을 가고 있다.

하버드대 교수이자 정치학자인 스티븐 레비츠키는 『어떻게 민주주의는 무너지는가』라는 책에서 자유민주주의가 위협받고 있다고 경고했다. 그것도 합법적인 절차에 의해. 국민들이 즉각적으로 알아채지 못하는 방식으로.

"선출된 독재자는 사법부를 비롯한 중립 기관들을 자신의 입맛대로 바꾸거나 무기로 활용하고, 언론과 민간 영역을 매수하고 정치 게임의 규칙을 바꿔서 경쟁자에게 불리하게 운동장을 기울인다. 선거를 통해 권력을 장악한 독재자의 시나리오에서 가장 비극적인 역설은 그가 민주주의 제도를 미묘하고 점진적으로, 그리고 심지어 합법적으로 활용함으로써 민주주의를 죽인다는 사실이다" (p14)

진실

그의 경고가 마치 대한민국을 두고 하는 듯하여 소름이 끼친다.

여기에 또다시 분노한다.

지난 분노에 새로운 분노가 쌓인다. 분노는 폭발의 에너지를 내포하고 있다. 다스림이 없으면 위험하다. 생산적이고 긍정적인 에너지의 원천이 될 수 있도록 다스리는 것이 중요하다. 분노에 원한을 더해서는 안 된다. 원한의 마음은 사람을 비뚤어지게 만든다.

분노를 경계한다.

박근혜는 진짜 바보나?

"박근혜는 진짜 바보나?"

청와대를 나오자마자 친구로부터 받은 첫 질문이었다. 매우 원색적이지만 친구만이 할 수 있는 꾸밈없는 물음이었다. '아 이게 진짜 민심이구나.' 가까운 친구마저 박 대통령은 최순실 말만 듣고 행동하는 꼭두각시 대통령이라고 생각하고 있었다.

아무 능력도 없어서 최순실이 시키는 대로 하고 최순실이 적어주는 대로 읽고 최순실에게 놀아났다고 각인되어 있었다. 전혀 사실이 아니라고, 특정 세력들이 주장하고 언론에서 전달한 내용들의 상당수가 박 대통령의 실상과 완전히 동떨어진 것이고, 터무니없는 헛소문에 불과한 것이 너무 많다고 아무리 강조해도 잘 먹혀들지 않았다. 탄핵 초기에는 그랬다. 참으로 난감했다. 언제 바로 잡을 수 있을지? 바로 잡혀질 수나 있을지? 역사는 진실만 기록되지 않는다. 허구가 진실로 남을 수도 있다. 그것도 영원히. 본인이 그 진실을 적극적으로 밝히려 나서지 않는 한 어느 누구도 바로 잡을 수 없다. 저절로 드러나기는 어렵다.

박 대통령은 재판과정을 통해 진실이 밝혀질 것으로 믿었을 것이다. 어떠한 희생을 감수하고서라도 법치를 세우는데 도움이 되려 했던 것 같지만 그마저 허사였다.

> "정치적 외풍과 여론의 압력에도 오직 헌법과 양심에 따른 재판
> 을 할 것이라는 재판부에 대한 믿음이 더는 의미가 없다는 결론
> 에 이르렀다"

2017년 10월 16일, 재판이 시작된 이후 6개월 만에 박 대통령의 첫 법정 발언을 나는 미국 조지워싱턴대학교 연수 중에 접했다. 사실상의 재판 거부였다.

"20년이든 30년이든 형량에 개의치 않는다. 나라를 바로 세우는 게 중요하다"는 말도 전해졌다.

'아 이제 정말 국민들에게 자신의 목소리로 옳고 그름을 직접 전달할 기회가 사라질 수도 있겠구나. 영원히 바보로 남을 수 있겠구나' 하는 생각이 스쳤다.

'법과 양심에 따른 재판'을 기대하기 어려운 상황이라 할지라도 법정 진술 등을 통해 끊임없이 자신의 목소리를 내야 하는 것은 아닌지?

박 대통령은 대통령의 직무가 정지되기 전, 직무 정지 기간 중 그리고 검찰과 특검의 조사기간 중, 헌법재판소의 심문진행과 최후변론 등

을 통해 국민들에게 직접 그 모든 것을 밝힐 수 있는 기회가 있었다. 그러나 안타깝게도 단 한 번도 나가지 않았다. 담화문에서 밝힌 국민과의 약속이기도 했지만 지키지 않은 결과가 됐다.

내가 본 박 대통령은 간담회에 매우 강하다. 원고 없이 말을 하지만 문장이 완벽할 정도로 정확하다. 언제 농담을 던져 분위기를 전환시키고 언제 핵심적인 말을 해야 하고 어떤 말을 해야 언론이 관심을 갖는지 잘 안다. 청와대 내에서의 행사뿐 아니라 각종 행사장에서 정책 홍보를 위해 박 대통령이 주도하는 간담회가 종종 있었다. 관련자들과 또는 일반 시민들과 소통하며 현장의 소리를 듣기 위한 자리가 대부분이었다. 박 대통령의 소탈한 모습에서 우선 참석자들이 놀라고 자연스러운 분위기의 조성과 진행에 다시 한 번 놀라는 경우가 대부분이었다. 적절하게 유머를 섞어 웃음을 유도하면서 시종일관 지루하지 않게 간담회를 이끌어가는 특유의 능력을 지녔다. 이는 많은 언론인들도 경험했기 때문에 잘 안다. 해마다 청와대에서 열리는 '편집, 보도국장과의 간담회'가 그것이다.

지난 2016년 4월 26일 있었던 '언론사 편집, 보도국장 오찬 간담회'의 한 대목을 옮겨보자.

Q : 제가 새누리당과 옛날 한나라당 시절에, 야당시절에만 죽 정치부를 출입해서 청와대를 이번에 처음 와 봤습니다. 올 때 청와대에서 대통령은 어떤 식사를 하실까 굉장히 궁금했는데, 오늘

음식을 먹어보니까 저희 회사 앞에 있는 북경반점하고 큰 차이가 없는 것 같습니다. (일동 웃음)

박 대통령 : 그게 칭찬으로 하신 말씀이에요, (웃음) (일동 웃음) 비난으로 하신 말씀이에요?

Q : 조금 더 맛있는 것 같습니다. 그런데 이런 식사자리를 기다리는 분들이 좀 더 있는 것 같습니다. 바로 '배신의 정치'라는 말씀인데요, 대통령께서 배신의 정치라고 말씀하신 이후에 한국 정치에 큰 파문이 일었고, 그 영향이 이번 총선 결과에도 이어진 것이 아니냐라고 생각이 됩니다. 대통령님께서 직접 유승민 의원 등을 거명하시지는 않았지만 그분들도 지금은 당으로 돌아오고 싶어 하고, 대통령님과 함께 이런 소통의 자리, 식사 한 번 하고 싶어 하실 것이라는 생각이 듭니다. 그분들을 다시 한 번 품어주시거나 화해하실 생각이 있으신지 묻고 싶고요. 관련해서 이번 총선에서도 대통령님께서 보시기에 배신의 정치가 반영이 됐다, 나타났다고 보시는지요? 연관해서 한 가지 더 질문을 드리면 대통령께서 내후년 떠나시는데, 내년에는 대통령 선거가 치러집니다. 관련해서 현재 정치권에서 회자되고 있는 인물들 중에서 대통령께서 보시기에 대통령에 도전할 만한 분이 있다고 보시는지, 거명하기가 좀 곤란하시다면 어떤 분이 대통령이 됐으면 좋겠다고 생각하시는지 그런 질문을 드리고 싶습니다.

박 대통령 : 구체적으로 제가 얘기하지는 절대로 않을 것이라는

것을 알고 하신 것이니까. (웃음) (일동 웃음) 제가 얘기를 안 해도 실망은 안 하실 거고요. 제 마음이나 또 국민 마음이나 같을 것이라고 생각합니다. 초심을 항상 지키면서 사심 없이 오로지 국가, 국민 잘되는 것만 생각하는 그런 사람이 되기를 누구나 바라지 않을까, 이 자리에 계신 분들도 그러실 것이라고 생각이 됩니다. 그리고 배신의 정치를 그때 얘기한 것은 그런 사연이 있죠. 제가 국회의원 시절에 비상대책위원장도 했고, 당대표도 했고 그런데 그게 다 그때마다 제가 몸담았던 당이 그냥 완전히 국민한테 아주 외면당해 갖고 완전히 더 내려갈 수 없을 정도로 바닥으로 그냥 떨어져 가지고 몇 사람이나 이번에 당선되겠느냐 하는 그런 절박한 상황에서 이럴 때 당 맡았다가는 결과도 분명히 안 좋을 텐데 정치생명 끊어진다. 이래 갖고 모두가 기피하는 자리였고, 그 당시에 당 대표라는 자리가. 아무도 맡을 생각을 할 수 없는 그런 상황에서 제가 그때마다 나서 가지고 거의 쓰러지기 직전에 갈 정도로 최선을 다해 갖고 어쨌든 그 당을 다시 좀 신뢰를 받는 당으로 만들기 위해서 노력을 했고, 그래서 또 많은 사람들이 당선이 됐고, 또 국민들이 제 호소를 들어주셨고 그런 지난 일들이 있었습니다. 그럴 때 많은 후보들이 그때는 제가 하는 일을, 나쁜 일이 아니니까 국가를 위해서 하는 이런 일들이나 이런 것을 적극 도와주고 협력하고 다 그런 마음으로 있었고, 마음으로 있었는지는 제가 안 봐서 모르겠지만 어쨌든 그렇게 얘

진실

기를 했고, 그래서 그때 죽을 둥 살 둥 하면서 선거를 치렀고 많은 사람들이 당선이 됐는데, 당선되고 나서는 그 다음에 자기 정치한다고 또 이렇게 갈라서게 된 거죠. 제가 어떻게 한 것보다도 그것은 어떻게 할 수 없는 것이 '나는 내 정치를 하겠다.' 그래서 그 방향으로 가니까 그걸 말릴 수 있는 것도 아니고 하라 마라 할 수 있는 것도 아니고, 그러면 선거 때는 그렇지 않았는데 되고 나서는 그 길을 간다고 하면 그것 어떻게 합니까. 자기 자유이지. 그러나 제 마음은 그렇게 같이 어렵게 당선도 되고, 또 그때 도와주겠다고 하고 이랬으면 이렇게 어려운 시절에 힘이 돼주고 또 그렇게 했으면 얼마나 좋겠느냐.

사람 사이에의 관계라는 것이 다 신뢰가 바탕이 되고 또 그 가치가 서로 맞아서 일을 해 나가는 건데 그게 바뀌어가지고 오히려 대통령이라는 사람을 더 힘들게 만들고, 막 이렇게 될 때 제 마음은 허탈하다고 할까, 어떻게 보면 굉장히 비애 같은 것을 많이 느꼈어요. 그런 정치를 하면 안 되지 않냐, 또 국민 앞에 이제는 선거를 국민 앞에 이렇게 이렇게 하겠다고 했으면 그런 신념을 가지고 국민한테 약속한 대로 그렇게 하고 사람 관계는 신뢰를 가지고 가야지, 자기정치 한다고 막 대통령을 더 힘들게 만들고 하나도 도와주지 않고, 그런 많은 사람들을 보면서 제가 느꼈던 평소의 비애 같은 것, 허탈함 같은 것, 그런 것을 그때 전반적으로 얘기를 한 거라고 생각하시면 되겠습니다.

2시간 넘게 진행된 것으로 기억된다. 어떤 질문을 할지 사전에 조율한 것도 아니고 준비한 원고가 있는 것도 아니지만 모든 국정 현안에 대해 자연스러운 분위기 속에서 그침 없이 설명한다. 기자들의 껄끄러운 질문도 개의치 않고 잘 응대한다. 이는 생방송으로 진행되는 신년 기자회견 등에서도 잘 드러난다.

그런데도 바보가 됐다

탄핵 이전에 기자 간담회가 됐든 대국민 토론회가 됐든 방송 프로그램 출연이 됐든 본인의 진정성을 국민 앞에 직접 내 보일 기회를 가졌어야 했다. 준비하지 않은 것은 아니다. 실행 직전까지 간 적도 있다. 번번이 무산된 것은 진행 중이거나 예정된 검찰의 조사 때문이었다. 수사에 영향을 미칠 수 있는 말을 하면 위법 논란이 불거질 것이고 자칫 잘못 말하면 수사에 발목을 잡힐 것이니 자유롭지 못했다. 그래도 했어야 했다. 법을 너무 의식했다. 국민들은 박 대통령의 직접 설명을 듣지 못해 지금도 애를 태우고 있다. 자신의 잘못에 대해서는 분명히 인정하는 반면 자신의 통치 철학과 통치 행위의 일환 등에 대해서는 조목조목 설명하고 엎드려 국민들의 이해를 구하고 여론을 돌려놓는 노력을 했어야 한 것이 아닌지 돌이켜 보면 아쉬움 투성이다. 누구보다 논리정연하게 표현하고 설득력까지 갖추었기에 더욱 그렇다. 믿음이 컸기에 실망도 컸던 국민들의 마음을 움직였어야 했다고 본다. 아무리 성난 민심이 두렵지만 그래도 믿고 기댈 곳은 결국 국민이었기

진실

때문이다. 그랬다면 정치적 탄핵의 부당성이 더 부각되지 않았을까? 언제 그런 기회가 다시 올지?

나는 오래전부터 친분이 있었던 이른바 원조 친박도 아니다. 과거 큰 은혜를 입어 호위무사 역할을 해야 할 사람도 아니다. 다만 뒤늦게 합류해 근거리에서 지켜본 사람으로, 대체로 제3자적 입장으로 볼 수 있었던 사람으로, 한 나라의 대통령이 한순간에 바보가 되어 버린 상황을 목도한 사람으로, 억울한 탄핵이라 생각되어 인간적으로 안타까움을 감출 수 없다.

대통령을 위한 변명

"열심히 일만 잘 하면 되지 왜 그렇게 보여주려고 해요?"

부드럽게 연출 좀 하자고 했더니 돌아온 말이다.

박 대통령은 쇼를 싫어했다. 죽어도 쇼를 할 수 없는 인물이다. 홍보를 책임지는 참모들의 입장에서는 참으로 답답하고 곤혹스럽다. 없는 것을 만들어내자는 것도 아니고 항상 하는 일에 조금만 연출을 더하면 큰 호응을 이끌어내고 친숙한 이미지를 전달할 수 있는데 … . 박 대통령은 단 한 번도 허용하지 않았다. 방송인으로서 이미지의 중요성을 누구보다 잘 아는 나로서는 그저 안타까울 따름이었다. '인간적인 면이 없다. 차갑다. 싫어하는 소리를 하면 레이저눈빛을 보낸다.' 모두 소통과 관련된 것으로 부정적인 여론이 많았다. 물론 강직한 성격을 갖춘 강인한 여성 리더의 이미지도 중요하지만 불통의 이미지로 연결되기 때문에 변화가 필요했다. 그러나 받아들여지지 않았다. 한번 쇼를 하기 시작

진실

하면 마약처럼 계속해야 할 것이고 그렇게 되면 나중에는 아무리 일을 잘해도 모두가 보여주기로 폄하되고 말 것이라는 생각이었다.

소통의 방식은 대통령마다 다를 수 있다. 와이셔츠 차림으로 소매를 걷고 커피 잔을 들고 부드러운 분위기를 연출하기 좋아하는 사람도 있는 반면, 보여주기 쇼를 한사코 거부하고 일만 열심히 하는 스타일도 있는 것이다. 절대적인 것은 없다. 하지만 보여주기 식은 금방 들통이 나고 신뢰성을 상실하기 마련이다. 이미 국민들은 문재인 정권의 '쇼'에 진저리를 치고 있다.

어떤 방식을 택할 것인가? 대통령 본인들의 정치철학에 따른 것이지만 어느 하나를 비난할 수는 없다. 선택의 결과 역시 본인이 책임져야 할 것이기 때문이다. 쇼를 좋아하는 스타일이 있고 일만하는 스타일이 있다.

박 대통령은 후자에 속한다. 쉼 없이 일만하는 스타일이다. 워크홀릭에 가깝다. 취미도 별로 없어 오로지 일만 한다. 수석들은 밤이고 낮이고 대통령의 전화벨 소리에 노이로제가 걸릴 지경이라고 호소했다. 보고서를 읽고 이해가 되지 않거나 궁금한 것이 있으면 즉시 전화를 걸어 물어봤다. 새벽까지 보고서를 밑줄 치며 읽고 또 읽고 궁금하면 시도 때도 없이 전화하고, 문제가 해소돼야 지나가는, 꼼꼼하기 이를 데 없이 일하는 스타일이다. 끊임없이 전화로 지시하고 보고 받고 하다 보면 대면 보고가 줄어들 수밖에 없었을 것이다. 따라서 대면 보고의 횟수는 적었을 것이다.

나 역시 대면토론을 좋아한다. 마주보고 이야기를 나누다 보면 전화상으로 할 수 없는 감정의 교환과 친밀감이 가능하고 상대방의 몸짓과 행동과 표정에 따라 그 이면을 읽을 수도 있고 더 폭넓은 대화와 토의의 기회가 열릴 수도 있다.

2015년 신년기자회견에서 박 대통령은 대면보고가 부족하다는 기자의 질문에 '대면보고를 좀 더 늘려가는 방향으로 하겠습니다만 (참모들에게) 그게 필요하다고 생각하세요?'라고 말했다. 유체이탈 화법이라고 언론에 혼이 났다. 당시는 나도 청와대 밖에서 언론인으로 있었기 때문에 그 말이 이해가 되지 않았다. 참모들의 보고는 당연히 대면보고라고 여겼기 때문이다. 모든 국민들이 그렇게 생각했을 것이다. 그런데 대면보고가 부족하냐고 묻는다? 이해가 어렵다. 박 대통령은 그 질문을 받고 '저는 매일 수석들과 수십 수백 통의 전화를 하며 소통하고 있다. 그래도 안 되면 불러서 대면보고를 받는다'라고 설명을 해 주었으면 좋았을 것이다. 그럼 '대면보고가 더 필요하세요?'의 의미를 이해했을 것이다. 대통령과 참모들 간에는 소통에 문제가 없었고 따라서 일은 열심히 한 것이 되겠지만 국민들은 그런 내막을 모른다. 여기에 약간의 연출이 가미되어 참모들과 대통령 간에 자유롭게 난상토론을 벌이고, 자연스런 분위기속에서 보고하고 보고받는 장면들이 수시로 언론을 통해 국민들에게 전달되면 불통이라는 이미지에서 좀 벗어났을 것이다.

2019년 1월 문재인 청와대에서 비서실장이 대통령에 대한 대면보고와 서면보고를 줄이라고 지시했다고 한다. '대통령에게도 저녁이 있는 삶을 드리자'는 취지였다는 설명까지 더해졌다. 참으로 기가 막힌다. 박 대통령에게는 그렇게 대면보고 안 받는다고 날 선 비난을 퍼부어 놓고는 … .

박 대통령은 왜 청와대 본관에서 근무하지 않고 관저에서 일을 했냐며 호된 공격을 받았다. 관저는 잠을 자고 쉬는 곳이지 일하는 곳이 아니라는 인식 때문이다. 나 역시 처음에는 대통령이 본관에서 행사가 끝나고 뒷마무리를 하고 난 뒤에는 관저로 가는 것이 이상했다. 왜 그랬을까? 대통령의 설명을 직접 듣지는 못했지만 나중에서야 추측하게 됐다. 일을 하는 곳이 본관이든 관저이든 상관이 없었던 것이다. 일만 하면 됐다.

일에 파묻혀 있는 사람들은 본인의 자료가 모두 한 곳에 모여 있는곳이 편하다. 그래야 작업을 하다 곧바로 찾아 볼 수도 있고 꺼내 볼 수 있다. 처음부터 본관에서 업무보고 자료를 쌓기 시작했으면 계속 본관에서 업무를 봤을 것이다. 그러나 언젠가부터 관저에 자료가 쌓이기 시작했을 것이다. 그러다 보니 관저가 편했을 것이고, 업무공간의 개념이 흐려졌을 것이다. 더구나 일이 취미인 사람이 공간이 무슨 의미가 있었겠는가? 그렇게 이해된다.

물론 대통령은 많은 계층의 다양한 사람들의 말을 들어야 한다. 밖으로 나가 민심도 살펴야 하고, 저녁시간 관저로 사람들을 초청해 격의 없는 대화를 나눌 필요가 있고 칭찬의 말도 비난의 소리도 들어야 한다. 그래야 자기 속에 빠지지 않는다. 내가 청와대에 들어간 이후 박 대통령이 저녁시간에 관저로 누구를 초청했다는 말을 공식적으로 들은 바는 없다. 어떻게 이해할 것인가?

여성 대통령으로서 자신의 거처를 공개하는 것이 쉽지 않을 수 있다.

저녁에는 어떤 모습으로 있고 생활공간은 어떻게 꾸며 놓고 있으며 어떤 색상에 어떤 구조인지 시시콜콜한 얘기들이 밖으로 흘러 나갈 수 있다고 경계했을 수도 있다. 또 초청받은 인사들이 친박으로 몰려 원치 않는 입장에 처할 수 있다고 너무 앞서 배려했을 수도 있고, 특정인만 부른다고 비판도 받을 수도 있다. 그러나 국민들의 요구는 달랐다. 많은 사람들과 소통하기를 원했다.

보고서에 파묻혀 있다 보니 시간이 부족했을 수도 있다.

박 대통령은 해외순방을 나갈 때면 해당 국가들과 관련된 외교현안은 물론이고 언어와 풍습까지 세밀히 공부한다. 어느 나라를 가든 공항에 영접을 나온 인사들과도 악수만 하고 지나치지 않는다. 마주보고 일일이 대화를 나눈다. 그들에 대해 미리 공부하고 나눌 대화를 준비한다. 비행기 안에서도 보고서 읽기와 서류검토를 멈추지 않는다. 해외순방 때뿐 아니라 국내 행사에서도 마찬가지다. 청와대 영빈관에서의 한 장면이 떠오른다. 해마다 각국에 나가 있는 우리나라 대사들을 청와대로 초청해 만찬을 하고 격려하는 자리가 있다. 초대된 대사들은 한결같이 대통령의 기억력과 해박한 지식에 놀랐다고 말한다. 만찬이 시작되기 전 입구에서 대통령이 한 명 한 명 맞이하며 악수하고 대화를 나누는데, 각 대사들과 과거에 얽힌 에피소드와 개인적 특징, 또 해당 국가들의 현안과 내부사정 등에 대해 너무나 소상히 알고 있더라는 것이었다.

그럼에도 불구하고 박 대통령의 업무능력은 모두 부정당하고 있다.

진실

대통령의 눈물

박근혜 대통령은 2차 대국민 담화를 하루 앞둔 2016년 11월 3일 몇몇 참모들에게 최순실과의 관계에 대해 처음으로 언급했다. 당시 박 대통령 모습은 한마디로 처연했다. 말을 하면서 눈물을 흘렸으나 닦지도 않았다. 그저 담담히 표정변화 없이 앞만 보고 눈물을 흘리며 최순실을 옆에 둔 이유를 설명했다.

"불행한 시기 도움의 손길 줄 사람 없을 때 (최순실과) 인연을 시작했습니다. 의원선거, IMF 겪으면서 (최순실을) 그냥 두고 있을 수 없었습니다. 돌보지 않을 수도 있었겠으나 그렇게 해서는 안 될 것 같아서 … "
"달성 대전(大戰) 10만 보 걸었을 때 구두굽 닳도록 그렇게 어려울 때 힘이 되어주고 너무 힘들 때 도움 받았습니다. 나를 해코지 하겠나 그렇게 생각했습니다. 가까운 지인으로 대통령 선거 때도 잔심부름 해주고 그렇게 지내왔습니다."

문제가 된 재단과 관련해서는 "정부와 민간이 참여해 창의적 아이디
어로 문화의 힘을 발휘해 국가 이미지를 높이기 위한 것"이었다고 설
명하며, "강제로까지 안 하면 안 했지 있을 수 없다. 그렇게 살아왔다.
조사 보니 (기업들이) 안 내고 싶은데 냈다고 … 눈치 보여 냈다(고 하더라)
문화융성에 도움 되면 끝이지 나중에 내 욕심을 (내겠다고?) 나의 신조와
안 맞는 것이다"라고 강조했다.

"어떻게 하다 보니 난 전혀 모르는 상태에서 나를 이용해 내가
가장 싫어하는 호가호위가 있었구나. 고개를 들 수 없도록 미안
하고 (국민께) 뭐라 심정을 표현할 길 없습니다. 내가 대통령 하려
한 게 이게 아닌데 … 그를 거면 재단 뭐 하러 … 후회막급이다.
사사로운 인연 끊겠습니다. 최순실의 행위, 호가호위 그런 일들
있을 수 없습니다. 너무나 놀랐습니다. (내가) 제일 싫어하는 일입
니다. 나를 이용해 그랬다니 … 내 불찰입니다. 책임져야 합니다.
책임질 일 있다면 책임지고, 호가호위 법적으로 책임 엄격히 물
어야 합니다."

그러면서 "굿을 했다거나 사이비 종교에 빠졌다는 것은 천부당만부
당한 일이다. 절대 아니다"며 세간의 의혹에 대해 분명한 선을 그었다.

박 대통령은 이후 대국민 담화에서 그 많은 의혹 가운데 '청와대 굿' 부분에 대해서는 다시 한 번 아니라고 강조했다. 국제사회에서 대한민국이 '샤머니즘에 빠진 지도자의 나라'로 국격이 떨어져서는 안 된다고 생각했기 때문이다.

대통령은 특히 국민에 대한 자신의 신뢰가 무너진데 대해 이루 말할 수 없는 괴로움의 흔적을 엿보였다.

"내가 하려고 했던 것과 너무 다른 결과가 나와서 … 국민들 시장 같은데 가면 믿고 있다 잘해주세요 말씀들 해주셨는데, 그에 부응하고 보답해야지 하는 마음뿐이었습니다. 그런데 이번에 무너졌습니다. 국민신뢰가 깨진 게 제일 … . 권력형 비리 내가 가장 증오했는데 그런 게 터져 나와 허탈하기 그지없고 … "라며 말을 잇지 못했다.

박 대통령은 국회에서의 탄핵소추안 표결을 앞두고 의원들에게 개별적으로 전화를 돌려 협조를 구할 수 있었으나 그렇게 하지 않았다. 왜 그랬을까? 이렇게 설명했다.

"구차하게 안 한다."

박 대통령의 대단한 자존심과 신념 그리고 결기를 엿볼 수 있는 대목이다. 이 같은 내용을 공개하는 것이 박 대통령에게 어떤 영향을 미칠지 모르겠으나 이 또한 기록되어야 할 역사이기에 그대로 남기고자 한다.

"피눈물 난다"

박 대통령은 2016년 12월 9일 국회에서 탄핵소추안이 가결되고 마지막 국무회의 격인 임시 국무위원 간담회 자리를 마련했다. 대통령으로서의 직무가 정지됨에 따라 대통령 권한대행인 총리와 국무위원들에게 차질 없는 국정운영을 당부하기 위한 자리였다. 간담회는 참담할 정도로 무거웠다.

대통령은 장관들 한 명 한 명을 거명하며 과거 함께 힘들게 일하면서 겪었던 경험, 정책 실현을 위해 치열하게 고민하며 얽힌 에피소드들을 일일이 들어가며 노고를 치하했다. 그러고는 이렇게 말했다.

"피눈물 난다. 한 분 한 분 말씀 들으니 피눈물 난다는 게 이런 것이구나. 국무위원들께 대통령으로서 힘을 보태드리고 그 역할, 국정과제 완성시켜야 하는데, 힘이 안 되어 드리는구나 …."

대통령의 말이 흔들렸다. 그러나 표정이나 자세는 흐트러짐 없이 의연했다.

"대통령 몫까지 국정과제 완수를 위해 최선을 다해 줄 것을 믿습
니다."

박 대통령은 마지막까지 국정운영에 한 치의 차질이 없도록 당부했
다. 그리고 차례로 돌며 악수하고 인사를 나누었다. 모두의 얼굴에 눈
물이 맺혔다.

비선, 비선실세

비선. 어떤 인물이든 단체든 드러나지 않게 몰래 관계를 맺고 있는 것을 말한다. 최순실은 비선이 분명했다. 나는 사건이 터지기 전까지 최순실이라는 사람을 몰랐다. 나뿐 아니라 당시 청와대에 있었던 사람들 가운데 누구 하나 알고 있다는 사람을 들어보지 못했다.

최순실의 존재가 드러났을 때 모든 청와대 직원들은 다 충격을 받았다. 대통령을 보좌하는 사람들도 몰랐으니 확실히 숨겨진 비선이었던 것은 분명했다. 박 대통령은 왜 400명이 넘는 비서실 공조직을 두고 비선을 두었을까? 공조직을 활용하지 않고 사조직을 활용했기 때문에 이런 사태를 불러온 것 아닌가?

박 대통령의 말대로라면, 본인이 여러 차례 설명했지만, 최순실은 40년 전부터 개인적으로 심부름을 해 주는 사람이었다는 것이다. 검찰에서의 진술을 보자.

"제가 가족이 없다 보니 가족이 있으면 챙겨 줄 옷이나 생필품 등 소소한 일들을 최순실이 조용히 도와주었고 오랫동안 도와주다 보니 제 생각도 비교적 잘 이해하는 편이어서 가끔 청와대에 들어와서 밖의 여론도 저에게 들려주곤 했습니다.

저의 사적인 생활과 관련된 부분은 오랜 기간 저를 도와서 믿을 수 있는 최순실에게 부탁을 했으므로 의상이나 공식 의료진에게 말하기 불편한 부분은 최순실의 도움을 받았습니다. 해외순방에 동행하거나 해당국에 별도로 방문하여 주변에서 저를 도운 사실은 없습니다."

최순실을 대통령 비서실의 직원으로 채용해 활용할 수도 있었을 텐데 왜 그렇게 하지 않았을까? 극히 개인적인 도움을 받는 사람이었다는 것이다. 여성이라는 특수성도 감안할 수 있겠다. 그렇다면 실세는? 최순실이 과연 국정에 관여해 농단을 했느냐는 것이다. 2016년 10월 25일 대국민 1차 담화에 앞서 청와대 몇몇 수석들이 박 대통령에게 '비선실세'를 인정하자고 건의했으나 박 대통령이 '꼭 그렇게 해야겠느냐'는 반응을 보이며 거절한 것으로 보도됐다.

'비선실세로 인정하자'가 아닌 '비선으로 인정하자' '비선으로 두었다고 인정하자'라고 했다면 박 대통령은 받아들였을 것이다. 그때까지만 해도 (아니 지금도 그럴 것이다) 박 대통령은 최순실을 '실세'라고 말하는 것에 매우 불쾌해 하며 거부반응을 보였다. 검찰에서 진술한 내용에서도 그런 생각을 볼 수 있다.

"제가 최순실에게 국가의 정책사항이나 인사, 외교와 관련된 수
많은 문건들을 전달해 주라고 지시한 사실은 없습니다. 최순실
이 오랫동안 유치원을 운용한 경험은 있지만 국가정책이나 외교
분야에 전문성이 있는 사람은 아닙니다. 그렇기 때문에 대통령
인 제가 그와 같은 국가의 주요 정책이나 외교 문제를 최순실에
게 상의해서 결정한다는 것은 애초부터 생각조차 할 수 없는 일
입니다."

박 대통령은 최순실에게 어떠한 권한을 준 적도 없고, 최순실이 국
정에 관여할 능력도 없다고 본 것이다. 한마디로 최순실은 심부름이나
해 주는 사람인데 '실세'라는 말을 가져다 붙이는 것은 결코 맞지 않는
것이며 이를 용인할 수 없었다. 그런 정도의 사람으로 봤기 때문에 최
순실이 눈앞에서 벗어나서는 자신을 등에 업고 자기 이익을 챙기려 한
짓들을 알아차리지 못했다는 것이다. 검찰이 더블루K는 최순실이 자
본금을 전액 납부하고 대표 등 임직원들도 모두 자신이 임명하는 등
실질적으로 최순실이 운영한 회사라는 것을 알았느냐고 물었을 때 이
렇게 대답했다.

"전혀 몰랐습니다. 더블루K는 제가 기억하기로는 스포츠 마케팅

을 하는 유능한 회사로 알고 있었습니다. 그런데 이번 일이 터지고 나서 케이스포츠재단 설립 하루 전에 더블루K가 설립되고 지분도 최순실이 가지고 있다고 알게 되었습니다."

박 대통령은 일부 참모들 앞에서 최순실에 대해 솔직한 심정을 밝힌 바 있다.

"어떻게 하다 보니 난 전혀 모르는 상태에서 나를 이용해 내가 가장 싫어하는 호가호위가 있었구나. 고개를 들 수 없도록 미안하고 (국민께) 뭐라 심정을 표현할 길 없습니다. 내가 대통령 하려 한 게 이게 아닌데 … 그를 거면 재단 뭐 하러 … 후회막급입니다. 사사로운 인연 끊겠습니다. 최순실의 행위, 호가호위 그런 일들 있을 수 없습니다. 너무나 놀랐습니다. (내가) 제일 싫어하는 일입니다. 나를 이용해 그랬다니 … 내 불찰입니다."

검찰에서는 이렇게 말했다.

"그동안 최순실은 제 주변에 있었지만 그 어떤 사심을 내비치거나 부정한 일에 연루된 적이 없었고 이로 인해 제가 최순실에 대하여 믿음을 가졌던 것인데, 돌이켜 생각해 보면 저의 그러한 믿음을 경계했어야 했는데 하는 늦은 후회가 듭니다"

최순실로 민원을 받았냐는 질문에 대한 답을 보자

"한 번도 최순실이 저에게 직접 이런 종류의 부탁을 한 적이 없습니다. 최순실이 오랫동안 저를 알고 지내서 제가 그런 부탁을 받아도 뭘 해주지 않는다는 것을 잘 알고 있습니다."

최순실은 박 대통령을 통해서 무엇인가를 얻어내는 것이 불가능하다고 생각하고 대통령을 등에 업고 자기 이익을 챙겼다고 볼 수 있는 대목들이다. 물론 박 대통령이 본인에게 유리하게 주장하고 있다고 볼 수 있겠지만 최소한 박 대통령은 최순실을 잘못 본 것은 분명하다. 그에 대한 책임을 인정하고 있다. 최순실의 면종복배(面從腹背, 앞에서는 복종하고 뒤 돌아서 배신한 짓)를 눈치 채지 못했다. 그만큼 최순실을 믿었단 말인가? 박 대통령이 모르고 있는 사이에 최순실은 바깥세상에서 그 누구도 무시하지 못하는 '실세'가 되어 있었던 것이다. 어느 정권 할 것 없이 역대 정권에서도 비선실세는 있었다.

노태우 대통령 때는 비선이라고는 할 수 없지만 '6공의 황태자'라고 불렸던 박철언 씨가, 김영삼 대통령 때는 아들 현철 씨가, 김대중 대통령 때는 홍일, 홍업, 홍걸, 세 아들에 권노갑 씨까지, 그리고 노무현 대통령 때는 형 건평 씨가, 이명박 대통령 때는 형 상득 씨가 정권의 실세였다. 그들은 대부분 대통령 직무 기간 동안 실세 소리를 들으며 세간의 이목을 끌었고 국정에 깊숙하게 개입하고 인사와 이권 청탁, 불법 정치자금 등으로 큰돈을 받아 사법처리를 받았다.

진실

과거 실세들은 대통령의 임기 중에 사람들의 입방아에 오르고 언론의 주목과 견제를 꾸준히 받았다. 그러나 최순실은 드러날 때까지 비밀에 부쳐졌다. 비밀이 무서운 것은 끝까지 드러나지 않고 유지되면 아무 문제없으나 예상치 않게 들통나거나 공개되면 그 충격파는 가늠할 수 없을 정도로 크다는 것이다.

국민들은 형제까지도 멀리하는 박 대통령 주변은 역대 대통령들과 달리 매우 깨끗할 것으로 믿어 의심치 않았다. 신뢰가 컸다. 그만큼 실망도 컸다. 박 대통령이 밝힌 대로라면 어디에도 최순실이 국정에 개입한 흔적은 발견되지 않는다.

연설문을 고쳤다?

재판 결과가 나올 때까지는 알 수 없으나 사실과 다르다고 한다. 설사 고쳤다 한들 연설문은 곧 육성으로 또는 문서로 일반에 공개가 되는 것인데 국정에 개입했다고 할 수 있을까?

나도 처음에는 최순실이라는 여자가 연설문을 고치고 청와대 문서를 받아봤다는 보도를 접하고 엄청난 충격을 받았다. 왜냐하면 연설문이나 문서는 극도의 보안을 유지하면서 단어 하나하나까지 관리했기 때문이다. 그러나 마음을 가라앉히고 냉정하게 판단해 보면 그것이 국정 개입이고 국정 농단이라고 하기에는 너무 과한 평가다. 농단이라는 의미는 어떤 이익이나 권리를 독차지하는 것을 의미한다.

국정에 개입하고 국정을 농단했다는 것은 최순실이 대통령을 움직여 정책을 좌지우지 하고 인사를 마음대로 해서 국가 조직을 쥐락펴락 했다는 것이다. 지금까지 어디 그러한 것이 나왔나? 정부 부처 가운데 단 한 곳, 문화체육관광부에 한정돼 있다.

그럼 박근혜 정부의 문화체육 정책이 길을 잃었나? 그렇지 않다. 최순실이 개입했다고는 하나 문화 정책에 개입한 것이 아니라 일부 인사에 개입했다. 대통령은 본인의 주장대로라면 최순실에게 어떠한 권한도 부여하지 않았고 행사할 것이라 생각도 못했다. 최순실은 철저히 비선에서 개인적 이득을 챙길 궁리를 했다. 어떠한 경우든 박 대통령이 사람을 잘못 보고 관리를 잘못한 책임에서 벗어날 수는 없다.

거짓말 공포

의혹이 꼬리를 문 탄핵정국 내내 나는 거짓말 공포에 시달려야 했다. 의혹에 대한 대변인의 해명은 정확해야 했다. 각각의 의혹에 대해 사실관계를 명확히 파악하는 과정에서 혹시나 오류가 있거나 잘못 파악된 거짓을 언론에 전달할 수 있다는 걱정에서 좀처럼 벗어나기 어려웠다. 거짓말을 해서는 안 된다는 확고한 원칙을 되씹었다.

그러나 불안했다. 당시 제기된 의혹들 거의 전부가 내가 대변인으로 있지 않았을 때의 상황이었기 때문에 확인이 쉽지 않아 난감한 점이 한두 가지가 아니었다. 당시 근무했던 사람들의 기억에 의존할 수는 없는 것이고 문서를 통한 정확한 근거가 필요했다. 의혹들은 가지각색으로 산을 이루었고 순식간에 퍼져 나갔지만 팩트 확인에 따른 시간적 손실로 해명이 확산속도를 따라가지 못했다. 한계에 부딪혔다.

팩트에 근거한 기사였다면 틀린 팩트를 잡아주며 정정 보도를 요구할 수 있었지만 전혀 근거가 없는 얼토당토 않은 기사들에 대해서는 사실상 속수무책이었다. 100% 사실이 아니기에 '사실무근입니다'라고 하면 의혹은 의혹대로 나열하고 난 뒤 맨 끝에 '청와대는 사실무근이라고 밝혔다'라고만 기사에 반영됐다. 소설 같은 가짜기사는 바로 잡기도 어렵지만 바로 잡아지지도 않는다. 그만큼 무서운 것이다. 당시엔 그런 가짜기사들이 넘쳤다. 대응하는데 무력함을 느낄 정도였다. 그렇지만 바로잡을 것은 바로잡아야 했다. 다만 해명을 하고 난 뒤에 새로운 사실이 밝혀져 결국 나의 말이 거짓이 되고 마는 상황을 경계해야 했다. 청와대의 해명이 한 번이라도 잘못되면 국민 신뢰도에 치명적인 손상을 입힐 것이라고 생각했기 때문이다.

우려했던 상황이 청와대를 나오고 1년이나 지난 뒤에 발생했다.

2018년 3월 29일, 검찰이 소위 '세월호 7시간'의 박 대통령 동선에 대한 수사결과를 발표했다. 지방선거 국면에 들어간 시기였다. 다소 잊혀졌던 '박근혜와 최순실'을 떠올리게 하여 다시 공분을 이끌어내기에 충분했기에 검찰이 정치적 타이밍을 고려한 것 아니냐는 의심을 살만했다.

좌파 세력이 줄기차게 제기한 '세월호 7시간' 의혹의 핵심은 그 시간에 '박 대통령이 성형이나 굿, 밀애를 했는가? 투약을 한 뒤 잠에 취해 있었는가?' 등이었다.

검찰은 이 부분에 대해 명확히 아니라고 밝혔다.

끊임없이 국민감정을 자극해 온 그 의혹들이 결국 괴담, 그 이상 그 이하도 아니었다는 것이다. 전혀 있지도 않은 '사실 무근'인 것이 '사실 무근'으로 밝혀진데 대해 '다행'이라고 말하는 것조차 이상하지만 그래도 '다행'이었다. 하지만 검찰은 언론에 또 다른 사실을 공개하며 주목을 끌었다.

'세월호 사고 당일 오후 최순실이 청와대 관저에 들어왔다'

나는 놀랐다. 나는 당시 "사고 당일 대통령의 머리 손질을 위한 미용사 외에는 어떠한 민간인도 들어오지 않았다"고 기자들에게 브리핑했었다. 경호실에 출입기록을 확인해 달라고 요청한 결과였다. '기록에 미용사 외에는 아무도 없다'는 말을 그대로 믿었던 것이다. 검찰의 발표 이전까지도 나는 그렇게 알고 있었다. 결과적으로 거짓말이 됐다. 당혹스러웠다. 청와대를 나온 지 1년이나 지났지만 언론과 국민들에 대한 죄송함 그리고 자책감에 괴로워하지 않을 수 없었다.

왜 거짓 브리핑을 하게 됐을까?

기록에 의존한 확인에도 한계가 있었다는 얘기다. 최순실의 출입이 기록에 없었기 때문이다. 최순실이 이영선의 차를 타고 언론이 말하는 소위 'A급 보안손님'으로 아무런 통제 없이 그대로 관저로 들어갔기 때문에 어떠한 기록도 남기지 않았다는 것이다. 브리핑 당시에는 전혀 생각해보지 못했던 사실이었다. 참으로 허탈하다.

감추어져 있던 최순실의 존재가 이미 만천하에 알려지고 끊임없이 의혹이 제기되고 있었는데 왜 최순실의 관저 출입을 숨겼을까?

1차적으로 출입기록만 확인한 내 잘못이었다. 단순했다. '기록의 흔적 없이 최순실이 들어올 수 있었다'는 가능성을 생각하지 못했다. 경호실 역시 오랜 시간이 지나 출입 당시의 근무자가 아닌 사람이 기록만 보고 확인해 줄 수밖에 없었을 것이다. 확인해 줄 수 있었던 사람은 3인방뿐이었다. 그런데 그들도 대변인이 잘못된 브리핑을 할 때까지 아무 말도 하지 않았다. '1명 더 있었다. 최순실이 들어왔었다'고 바로 잡아줬어야 했는데 그 어느 누구도 알려주지 않았다. 최순실은 여전히 '존재하지 않는 인물' '유령 인물'이었다.

물론 당시에는 그들 역시 정신이 없었을 것이다. 기억이 희미했을 수도 있다. 그래도 서운함은 감출 수 없다.

당시 세월호 당일의 행적에 대한 의혹은 성형수술에 맞추어져 있었다. 그 위급한 상황에서도 대통령이 모습을 드러내지 않은 것은 '성형수술을 받아 얼굴이 부어있었기 때문이다'라는 의혹이 핵심이었다. 최순실이 들어왔었다고 확인해준들 파장은 크지 않을 수 있었다. 최순실이 관저를 들락날락 했을 것이란 추측은 누구나 하던 때였다. 매를 맞을 때 한꺼번에 맞았으면 더 나았을 텐데 숨겨진 사실이 뒤늦게 터져 나오니 국민들의 감정은 더 악화되는 될 수밖에 없었다.

비밀주의가 부른 참화다

최순실은 청와대 내 비서진들에게는 없는 인물이었다. 아마도 3인 방을 비롯한 몇몇을 제외하고는 그 어느 누구도 몰랐을 것이다. 거짓은 거짓을 낳고 비밀은 더 깊은 비밀을 만들어낸다. 덮고 덮어둔 비밀이 터지면 폭발의 위력은 배가 된다. 최순실의 존재 사실이 그랬고, 위급을 다투는 사고 당일 최순실의 출입사실이 그랬다. 처음부터 관저를 오가며 대통령의 심부름을 하는 한 여성이 있다고 밝혔다면? 비록 그 권력을 이용하려는 사람들로 많은 잡음이 생길 수 있었겠지만 차라리 공개적으로 관리하는 것이 나았을 것이다. 친인척 비리가 절대로 발생하지 않도록 하겠다며 주변을 처절할 정도로 관리한 박 대통령의 실수이자 잘못이 비밀로 묻어둔 데서 시작됐다는 점에서 참으로 안타깝고 아이러니컬하다.

Chapter

2

쏟아지는 의혹을 대변인 한 사람으로는 감당할 수가 없었다. 그렇다고 대변인 외에 아무도 나설 수 없었다. 여당조차 야당이 됐다. 거의 매일 아침 출입기자들을 통해 자중을 요청했다. 언론에 종사했던 한 사람으로서 언론이 정도를 벗어나고 있다는 것이 안타까웠다. 의혹 기사 경쟁을 벌이지 말고 인내를 갖고 팩트에 집중해 달라고 호소했다. 그러나 아무런 소용이 없었다. 청와대 대변인의 해명은 자신들이 쓰는 의혹 기사의 구색 맞추기 용에 불과했다. 마지막 한 줄 '청와대는 사실무근이라 밝혔다.' '청와대는 사실이 아니라고 밝혔다.'

언론, 길을 잃다

박근혜 대통령의 탄핵은 언론이 주도했다고 해도 과언이 아니다. 현직 대통령을 탄핵하는 국회의 탄핵소추 사유서는 언론의 보도 내용을 바탕으로 했다. 대한민국 언론 보도의 신뢰성이 이토록 평가받은 사례는 역사상 처음일 것이다. 법정에서 증거로도 인정되지 않는 언론 보도 내용이 대한민국 대통령을 자리에서 끌어내리는 직접적 근거였다. 대한민국 국회가 신뢰하고 대한민국 최고 사법기관인 헌법재판소가 탄핵사유의 근거로 받아들인 것이니 대한민국 언론들이 쏟아낸 기사의 수준이 그토록 높았다는 얘기다. 앞으로 옳고 그름의 판단에 논란이 되는 사안은 언론이 어떻게 보도했는지 기사를 보고 가늠하면 될 판이다. 언론인들의 자부심이 이보다 더할 수 있을까?

나는 대한민국 언론이 일부 큰 역할을 했다고 평가한다. 권력의 주변에서 이권을 행사하고 비리를 저지른 자를 단죄하도록 그 행위에 대해 정당한 의혹을 제기하고 고발한 것은 우리 언론사에 큰 족적을 남길 만하다고 생각한다. 그러나 근거 없는 의혹이 사실을 덮어버리지는 않았는지 되돌아 봤으면 한다.

언론은 최고 권력자를 견제하고 감시하는 것이 기본이다. 당연히 기사의 중심은 최고 권력자가 되는 것이다. 주변인이 최고 권력자를 등에 업고 권세를 부리거나 부정 부패행위를 저질렀다면 그 책임 또한 최고 권력자가 져야 하는 만큼 언론사의 기사 역시 최고 권력자로 향한다. 최고 권력자가 아무리 청렴하게 국정을 이끌었다 하더라도 주변인의 부도덕성 하나로 언론은 최고 권력자와의 연관성을 따지고 책임을 물으려 한다. 언론의 생리다.

박 대통령과 최순실

한국 언론 역사상 가장 흥미진진한 기사의 요소를 다 갖추었다고 해도 과언이 아닐 것이다. 언론이 흥분할 수 있는 요건들이 넘쳤다. 혈육도 멀리하고 철두철미하게 주변을 관리한 대통령의 비선, 여자, 호스트바 출신의 남자와 그 친구들, 우리나라 학부모들이 가장 민감하게 생각하는 대학 입시 비리, 재벌과 돈.

지면과 방송시간이 부족할 정도로 매일 쏟아져 나오는 기삿거리로 언론들은 정신을 차리지 못했다. 눈앞에 보이는 것만 쫓다 보면 큰 줄기를 놓치는 법이다. 봇물을 이루는 기사들을 매일 처리하기도 바쁜 상황에서 박 대통령이 정말 나쁜 짓을 했는지를 돌아볼 여유조차 찾지 못했다고 나는 본다. 더구나 정권 초기부터 지속적으로 타격을 가해온 진보언론들의 무차별적인 공세에 박 대통령을 두둔할 수 있는 기사는 생각조차 할 수 없는 분위기가 압도적이었다.

최순실을 숨겼다는 사실에 국민들에게 죄책감을 느낀 박 대통령은 언론사들의 일방적인 공격에도 아무런 항의조차 할 수 없게 됐다. 언론사들은 대통령에게 비난 기사를 아무런 거리낌도 없이 쏟아냈다. 비선을 두었다는 그 자체로 죄인으로 몰고 갔다. 그렇지만 드러난 최순실의 온갖 비행으로 인해 언론의 질타를 감수해야 했다. 비록 본인은 뒤늦게 알았다 하더라도 이미 엎질러진 물이었다.

당시 언론은 좀 더 냉정했어야 했다고 나는 본다. 흥분할 만한 요소들이 넘치기는 했으나 최순실이 과연 박 대통령을 조종해 국정에 관여했는지, 최순실은 여기저기 박 대통령을 팔아 자신의 이득을 취했는지, 최순실의 온갖 비위 행위는 박 대통령의 묵인하에 이루어졌는지, 박 대통령은 과연 알고 있었는지, 박 대통령이 사익을 취하려 한 것이 무엇인지 따져 봤어야 한다고 본다. 진실이 명확하지 않은 상황에서 의혹만 쏟아내는 것이 과연 국익에 도움이 되는 것인지 한 순간, 중간 지점에서라도 돌아봤어야 한다고 생각한다. 의혹을 쌓아 진실을 덮어버리지는 않았는지?

1) '쓰고 보자' 의혹도 근거가 있어야 한다

언론이 의혹을 제기하는 것은 수사권이 없어 더 이상 진실에 대한 접근이 불가능하기 때문에 그동안의 취재를 근거로 국민에게 판단을 맡기는 행위다. 제기된 의혹의 근거가 합리적이라고 의심이 될 경우 국민의 요구에 따라 수사를 통해 진실을 밝히는 과정으로 이어진다. 그래서 언론들의 의혹제기를 무조건 나쁘다고 봐서는 안 된다. 그러나 의혹도 의혹 나름이다. 기자가 취재를 통해 그 의혹에 대한 진실에 접근해 보고 누가 봐도 합리적이고 상식적인 의심이 아니면 기사 작성을 포기해야 하는 것이 원칙이다. 차장, 부장 등 데스크들과의 의논과정에서 기사가 되지 않는다고 판단되는 것은 작성 자체를 하지 말아야 한다. 그런데 지난 탄핵과정에서는 언론사들이 기사가 되든 안 되든 무조건 쓰고 보자는 식이었다. 팩트가 맞든 안 맞든 일단 질러 놓고 보자는 기사들이 홍수를 이루었다. 선정성 경쟁에 불이 붙어 언론사들은 이성을 잊은 듯했다.

2) 의혹 하나 더 보탠다고 뭐 대수냐

쏟아지는 의혹 더미에서 '우리가 의혹 하나 더 보탠다고 뭐 대수겠느냐?' 하는 생각은 의혹 만들기 경쟁을 불러 일으켰다. 관련자의 얘기를 듣고 그게 사실인지 아닌지 확인도 않고 시청자들과 독자에게 전달했다. '누가 이런이런 말을 했다' '누가 이렇게 증언했다' 증언한 사람은 보여 주지도 않고 그냥 '관련자'가 말을 했다고 보도했다. 이는 기사 요건을 전혀 갖추지 못한 것으로 소문에 지나지 않는 것이다. 지어낸 기사라고 해도 과언이 아니다. 결국 시중에 나도는 사설 정보지 일명 지라시에 나온 내용까지도 기사화됐다. 그야말로 의혹 천국이었다.

3) 무책임한 인용 보도

언론사들은 타 언론사의 기사를 받아 쓸 때 그 기사가 정확한지 아닌지 확인해야 한다. '00신문에 따르면' '00방송사에 따르면' '00신문이 보도했다' '00방송사가 보도했다' 이런 식의 기사가 인용기사다. 언론사들은 이런 기사를 받아야 할지 말아야 할지 사전에 고민하고 받을 만한 가치가 있는 기사라고 판단되면 내부 논의를 거쳐 취재기자를 통해 팩트 확인을 한다. 그 기사의 내용이 맞는지 맞지 않는지 다양한 취재원을 동원해 확인하고 또 확인하는 과정을 거친다. 그냥 받는 것이 아니다.

그러나 탄핵과정에서는 상당수의 언론사들이 어느 한 순간 이런 과정을 생략했다. 한 언론사가 보도하면 아무런 확인 과정 없이 무턱대고 받아썼다. 팩트가 불분명한 거짓 보도가 뻔히 보이는데도 이를 확대 재생산하면서 거짓 선동에 동참했다. 양심 있는 언론사로서는 도저히 용납되지 않는 행위인 데도 불구하고 눈을 감았다.

2016년 10월 25일 박 대통령의 대국민 1차 담화 이전까지는 그래도 최순실의 개인 비리에만 기사 초점이 맞춰져 있었다. 1차 담화에서 국민들에게 잘못을 인정하고 사과한 이후부터 언론은 자신감이 충만해졌다. 닥치는 대로 보도하기 시작했다. 대한민국은 의혹 공화국으로 빠져 들었다.

무엇이 진실인지 가려야 할 책무와 인내는 망각하고 정치권의 선동 장단에까지 편승해 함께 춤을 추고 박수를 쳤다. 객관적 감시자와 견제자의 역할은커녕 직접 심판자이자 처단자로 나섰다.

참담했다. 쏟아지는 의혹을 대변인 한 사람으로는 감당할 수가 없었다. 그렇다고 대변인 외에 아무도 나설 수 없었다. 여당조차 야당이 됐다. 거의 매일 아침 출입기자들을 통해 자중을 요청했다. 언론에 종사했던 한 사람으로서 언론이 정도를 벗어나고 있다는 것이 안타까웠다. 의혹 기사 경쟁을 벌이지 말고 인내를 갖고 팩트에 집중해 달라고 호소했다. 그러나 아무런 소용이 없었다. 청와대 대변인의 해명은 자신들이 쓰는 의혹 기사의 구색 맞추기 용에 불과했다. 마지막 한 줄 '청와대는 사실무근이라 밝혔다.' '청와대는 사실이 아니라고 밝혔다.'

어떻게 그런 기사가 전파를 타고 인쇄가 돼 나갈 수 있는지 참으로 안타까웠다. 모든 방송과 신문과 인터넷 매체들이 의혹을 만들어 내고 있는 상황이다 보니 기자들은 모두 속칭 한 건을 하려고 했다. 기자들은 속보 경쟁이 붙은 상태에서 시간이 걸리는 팩트 확인을 소홀히 할수도 있다고 치자, 데스크는 어떻게 해서 사실 관계 확인 없이 거짓이 뻔한 기사를 출고할 수 있었을까?

의혹기사들은 지면보다 인터넷이 주도했다. 대부분의 언론사들이 뉴미디어 부서를 만들어 인터넷 기사를 별도로 작성했는데, 클릭 수를 늘리기 위해 자극적이고 선정적 제목에 내용 또한 전혀 근거가 없는 것들이 많았다. 쓰기만 하면 기사가 된 상황이었기 때문에 인터넷에 떠도는 검증되지 않은 내용을 그대로 기사화한 경우가 많았다. 그야말로 가짜뉴스였다.

진실

기자들은 뉴스를 발굴할 필요도 없었다.

매일 쏟아져 나오는 소식을 그대로 받아쓰기만 해도 지면과 화면을 메우고 흥행을 유지할 수 있었다. 시간이 갈수록 언론들은 점점 더 선정적으로 변해갔다. 얼마나 자극적으로 쓰느냐, 얼마나 재미있는 뉴스로 가공할 것인가를 경쟁하는 듯했다. 아무도 지나친 보도를 견제하거나 주의나 경고를 할 수도 없는 상황이었다.

정보지가 곧 기사

얼마 지나지 않아 드디어 일명 지라시가 그대로 기사가 되기 시작했다. 지라시라는 것은 주로 기업이나 증권가 등에서 흘러 다니는 하나의 정보지다. 전혀 확인되지 않는 내용들이기 때문에 기자들은 읽어보고 무시해버리지 기사로 받아쓰는 일은 없었다. 그러나 이번 탄핵사태 속에서 지라시가 기사화됐다. 말하자면 시중에 흘러 다니는 소문들을 기자들이 그대로 받아 적어 새로운 뉴스로 가공한 것이다. 언론의 선정적 기사 만들기가 최고점에 도달한 것이다. 기사 홍수 속에서 쓰기만 하면 기사가 되는 상황에서 선정성 경쟁을 벌이면서 빚어낸 결과였다. 일부 언론이기는 했지만 대한민국 언론의 천박함을 드러낸 치욕적 언론사의 한 페이지로 남을 것 같다. '언론의 난'이라는 지적이 가볍지 않은 이유다.

최순실 1호기 동승

2016년 11월 15일 한 종합편성채널(채널A)은 '최순실이 지난 5월에 있었던 이란 순방 때를 비롯해 몇 차례 대통령전용기인 1호기에 동승했다'고 보도했다. 전용기가 어떤 구조인지까지 두 개 아이템으로 나누어 아주 구체적으로 설명했다. 만약 사실이라면 누가 봐도 충격적인 특종 톱기사다. 설마, 있을 수 없는 일이라는 생각이 들었지만 확인해야 했다.

곧바로 취재를 시작했다. 대변인은 기자들 앞에서는 공무원이고 청와대 내에서는 기자다. 사실 경위를 파악해야 기자들에게 정확한 정보를 제공해 줄 수 있기 때문에 팩트 취재를 하지 않을 수 없다. 그래서 청와대 안에서 대변인의 위치가 애매할 때가 있다. 꼬치꼬치 민감한 사안에 대해 기자처럼 물으니 보안을 생명으로 하는 당사자들은 말을 해줘야 할지 말아야 할지 곤혹스러울 수 있는 것이다. 혹시나 대변인을 통해 기자들에게 흘러 나갈까 봐 경계하는 눈치를 종종 읽게 된다.

대변인은 알고도 기자들에게 말을 하지 못하는 경우가 대부분이다. 알려야 할 경우에도 어느 선에서 말을 해야 할지 판단해야 한다.

해외순방 때 1호기 탑승자를 관리하는 의전비서관과 경호실에 명단을 확인했다, 최순실, 최서원 또는 비슷한 이름조차 없었다. 1호기라는 전용기를 타고 대통령을 수행한다고 하지만 대통령과 수행원, 기자를 비롯한 모든 탑승자의 출입국 관리는 외교부 출입국관리소에 의해 일반적인 절차와 마찬가지로 관리된다. 오히려 더 엄격하다. 모든 탑승자는 보안패스를 소지하고 탑승 전 보안요원의 스캔을 받아야 한다. 보안패스를 분실할 경우 비상이 걸린다. 1명이 분실하면 모든 탑승자의 보안패스를 바꿔야 한다. 경호상의 문제가 발생할 수 있기 때문이다.

그런 이름의 탑승자는 없었다. 거짓기사였다. 그야말로 허구적인 소설이었다. 보도의 의도는 분명했다. '박 대통령이 해외순방 때도 최순실을 데리고 다니며 도움을 받고 있고, 최순실이 없으면 아무것도 못한다'는 것. 상상력이 최대한 동원된 기사였다. 만약 최순실이 동승을 했다면 그 좁은 공간에서 남의 눈에 띄지 않게 숨어있을 수가 없다. 탑승 때나 내릴 때나 70여 명의 취재기자들이 있는 통로를 지나 다녀야한다. 해당 매체의 기자도 동승해 있었다.

출입기자들은 오랫동안 순방을 함께 다녔기 때문에 탑승자들이 경호원인지 수행원인지 거의 다 안다. 문제는 오보 그 자체보다도 취재기자와 해당 언론사의 무책임이 더 컸다. 보도되기 전에 취재기자는 출입기자를 통해 입장을 요구해 왔다. '이런 기사가 나가는데 청와대의 입장이 뭐냐'는 거였다. 나는 명단을 아무리 확인해도 그런 탑승자는 없었고 비행기 구조상 동승은 있을 수 없다고 자세히 설명을 해줬다. 그와 함께 동승의 근거를 달라고 요청했다. 그러나 아무 소용이 없었다. 근거요청에 대한 전화 한 통 없이 그대로 보도를 강행했다. 출입기자를 통해 대변인에게 청와대의 입장을 달라고 요청한 것은 요식행위에 불과했다. 어떤 설명을 내놓든 그것이 사실이든 아니든 우리는 보도할 것이니 그렇게 알라는 것이었다.

기자들이 철칙으로 여기는 Fact 확인, Fact가 맞느냐 아니냐는 아무 상관이 없었다. 나는 취재를 했고 보도를 한다는 심산이었다. 기자가 기사 속에서 근거로 제시한 것은 "익명의 청와대 관계자가 동행한 것으로 안다고 말했다." 이름도 밝힐 수 없는 누군가로부터 그렇게 들었다는 것이었다. 들었다는 것은 소문이고 그 소문에 대해 책임 있는 관계자인 대변인이 사실관계를 확인해줬는데도 사실은 버리고 소문을 중히 여긴 것이었다. 통탄할 일이었다. 청와대의 입장은 마지막에 딱 한 줄, "청와대는 있을 수 없는 일이라며 부인했다." 반론이랍시고 형식적으로 넣은 것이다. 참으로 어처구니없는 일이었다.

기자는 어떻게 그런 기사를 쓸 수 있으며, 데스크는 어떻게 그런 기사를 내 보낼 수 있었는지 도저히 이해가 가지 않는다. 우리의 보도환경이 참담했다. 언론의 책임감이라고는 전혀 찾아 볼 수 없었다. 순간적으로 시청률을 고도로 끌어올렸을 수 있다. 하지만 언론이 알고도 거짓기사를 보도한다면 우리사회는 어떻게 될까? 참으로 걱정이다.

언론은 어떻게 거짓을 퍼뜨렸나

"최순실이 해외 순방 때 대통령 전용기에 탑승했다는 증언이 나왔다." 증언이 나왔다? 증언은 법정에서의 진술 또는 듣거나 보거나 실험한 구체적 사실의 표현이다. 기자가 기사를 통해 '증언이 나왔다'라고 표현하면 독자나 시청자는 당연히 '누군가 법정에서 그렇게 밝혔구나'라고 생각할 수밖에 없다. 여기서 기자가 '최순실이 해외 순방 때 대통령 전용기에 탑승했다'라고 표현한 것은 '누군가가 이를 목격하거나 사실을 인지하고 법정에서 그렇게 밝혔다'는 의미다. 그렇지만 기사 어디에도 법정에서의 진술 내용이라고 밝힌 부분이 없다. 어디를 뒤져봐도 그런 내용의 재판이 열린 적도 없고 그런 진술인도 없었다.

'증언'이 아니라 '밝혔다'거나, '주장했다'는 기사를 작성할 경우에도 마찬가지다. '동승'을 주장한 사람이 '동승'을 증명하는 명확한 근거를 제시했어야 가능하다. 설사 그 주장이 근거는 분명하지 않지만 '동승을 했다 더라'라는 소문에 대해 합리적인 의심이 가능했다고 할 경우 기자는 본인이 후속취재를 통해 사실관계를 밝혀냈어야 한다. 그래도 증언이 나왔다고 표현할 수는 없다. 말한 사람을 밝히지도 못하는 익명의 제보자의 말을, 그것도 공개적으로 밝힌 것도 아니고 기자 혼자만 듣고 '증언이 나왔다'고 표현하는 것은 무책임의 극치다. 한사람의 상상력과 추측으로 한 거짓말을 [단독]이라고 보도한 것이다.

그 거짓말은 동승으로 끝나지 않았다. 거짓말로 시작된 보도는 '박 대통령의 지시에 따라 극비리에 최씨를 태웠다'고 한층 더 수위를 올리고 그것도 모자라 '최씨가 외교 안보 대외정책까지 개입했다고 볼 수 있다'는 해석까지 곁들였다.

다음날 나는 '한마디로 허구이며 너무도 악의적'이라고 지적했다. 경호실은 모든 법적 대응에 나서겠다는 입장을 밝혔다. 하지만 해당 언론사의 정정보도나 사과는 없었다. 오히려 뉴스 프로그램이 아닌 토크 프로그램에서는 패널들이 나와 이 거짓말로 작성된 기사를 바탕으로 허구를 더하고 의혹을 부풀리기에 침이 마를 지경이었다. 언론사의 태도는 이런 것이었다. "청와대 관계자의 말이다. 우리는 그 사람의 말을 믿는다." 그러나 청와대 관계자라면 어떤 위치의 누구를 말하는지, 청와대 사람이 맞는지 아닌지 아무도 알지 못한다. 그냥 관계자라고 한다. 이는 기자의 양심에 맡겨야 한다. 누구인지 밝히라고 하면 밝히지 않는다. 언론인들에게는 든든한 무기가 있다. '취재원 보호' 아무리 오보를 날려도 취재원 보호의 원칙에 숨을 수 있다. 법적으로 보장받고 있다. 취재원 보호의 원칙이 탄핵기간 동안 남용될 대로 남용됐다.

"어떻게 알겠어? 사실일 수 있지"라며 자신들이 제기한 의혹을 보호한다. 그런 자세는 언론이 취할 수 있는 자세가 아니다. 언론은 의혹을 제기할 수 있다. 그러나 심도 있는 취재 결과 명백한 근거를 확보했으나 법적으로 입증은 할 수 없는 그 정도의 단계에 가서야 의혹을 제기할 수 있다. 무턱대고 의혹을 제기한다면 모든 소문들이 다 의혹이 된다. 언론사들이 그런 책임감 없이 의혹을 제기한다면 신문과 방송은 의혹 기사로 가득 찬다. '증언이 나왔다' 너무도 쉽게 쓸 수 있는 기사다. 취재가 필요 없다. 누구 한 명 만나 이런 저런 이야기를 듣고 나서 '증언이 나왔다'고 소설을 쓰면 된다.

기자 본인이 양심을 버린다면, 어느 누구의 말을 들을 필요도 없이 상상만으로도 쓸 수 있다. 이를 어찌 언론이라 할 수 있을까? 불행하게도 우리 언론은 탄핵기간 동안에 실제로 그런 수준까지 보여 주고 말았다. 시청자와 독자들은 의혹을 의혹으로만 보지 않는다. 사실로 규정한다. 언론들이 의혹을 키우는 대표적인 사례가 인용보도다. 자신들이 취재하고 작성한 기사가 아니라 타 매체가 보도한 내용을 그대로 받아 보도하는 형식이다. 인용보도 역시 인용할 만한 충분한 확신이 있어야 가능하다.

그러나 이를 무시했다. "어느 신문이 어느 방송이 보도했다'고 하면 자신들은 아무 책임이 없는 것으로 여긴다. 자신들이 보도한 것이 아니니 책임은 첫 보도자에게 있다는 생각이다. 하지만 이는 무책임의 극치다. 언론은 자신의 매체로 독자와 시청자에게 전달되는 모든 기사에 대해 책임져야 한다. 보도 윤리적 책임이다. 그러나 우리나라 대부분의 언론사들은 취재보도 준칙을 만들면서 타 매체 인용보도에 관한 준칙은 등한시하고 있다. 이로 인해 인용보도가 확인되지 않은 의혹을 무책임하게 확대 재생산시키는 도구가 되고 있다.

2016년 12월 6일 한겨레 신문은 [단독]이라며 보도했다.
"세월호가 가라앉던 2014년 4월 16일 박근혜 대통령은 승객 구조 대책을 마련하는 대신 강남의 유명 미용사를 청와대로 불러 '올림머리'를 하는데 90분 이상을 허비한 것으로 6일 확인됐다. 미용실 정아무개 원장은 세월호 참사가 벌어진 2014년 4월 16일 낮 12시경 청와대로부터 '대통령의 머리를 손질해야 하니 급히 들어오라'는 연락을 받았다. 이날 오후 예약을 모두 취소한 정 원장은 승용차로 한 시간쯤 걸려 청와대 관저에 들어간 뒤 박 대통령 특유의 '올림머리'를 했다. 당시 상황을 아는 한 관계자는 "이날도 평소와 다름없이 머리를 손질하는 데 90분가량이 걸린 것으로 안다."

이와 함께 〈[단독] 박 대통령 '315명 배에 갇혀있다' 보고 받고도 미용사 불러〉라는 제목으로 보도하면서 피도 눈물도 없는 냉혈 인간 박근혜, 사태의 심각성도 자각하지 못하고 외모만 챙겼지 인명구조에는 무관심한 무능력자 박근혜의 이미지를 심었다. 국민감정을 악화시키는 자극제로 충분했다. 이 기사는 곧 전 언론사가 인용 보도하면서 전

진실

국에 퍼져나갔다.

나는 당시 "확인한 결과 대통령 머리 손질과 메이크업을 위해 출입증을 발급받은 계약직 2명 중 한 명이 정 원장이다. 이들은 2014년 4월 16일 오후 3시30분부터 약 1시간가량 청와대에 머문 것으로 확인됐으며 머리 손질에 소요된 시간은 20여 분"이라고 기자들에게 알렸다. "올림머리 하는데 1시간 30분이라는 시간을 허비하지 않았다"고 밝혔다.

그러나 이 해명은 의혹기사의 맨 마지막 한 줄 뿐이고 모든 인용기사들은 의혹이 중심이었다. 그날 밤 SBS 8시 뉴스는 올림머리를 하면서 머리를 일부러 부스스하게 만들었다는 보도를 내보냈다. '올림머리 90분'은 한겨레 단독이지만 우리는 '그 위중한 상황에서도 배우 마냥 머리를 연출까지 한 정신 나간 대통령'을 또 다른 단독으로 낚았다는 듯 경쟁적으로 의혹기사를 만들어 나갔다.

다음날 아침 일부 조간과 인터넷신문들은 또 이 뉴스를 인용기사로 받아 전파했다. 구조와 연관성이 없는 극히 사적인 생활 '머리 손질'을 두고 국민감정을 자극한 선정적 기사의 전형으로 평가받을 만하지만 언론들은 냉정한 판단을 유지하지 못했다. 어쩌면 그 선정성에 더 이끌렸을지 모른다.

우리 언론들은 고정적인 독자층에 비교적 높은 판매 부수를 두고 있는 메인 매체들마저도 소규모 1인 매체나 다름없는 인터넷 뉴스사의 저급한 기사도 아무런 거리낌 없이 받아쓰는 환경에 있다. 자신들의 기사가 아니라 인용한 기사라는 위안과 변명으로 독자들을 현혹시키고 명예와 자존심마저 내동댕이치는 행위에 다름 아니다.

> "희망이 잘 안 생깁니다, 사실. 비아그라 나오고, 마약 성분 나오
> 고. 계속해서 더 나올 거거든요. 섹스 관련된 테이프가 나올 거예
> 요, 마약 사건이 나올 거고요. 그 다음에는 부정입학이 나올 겁니
> 다. 그리고 나서는 최순실과 박근혜가 관련된 대규모 개발 사업
> 이 나올 거고요, 그리고 나서는 대규모 국방비리가 나올 겁니다.
> 아직 검찰이 십 분의 일만 수사한 거예요."

2016년 11월 27일 〈뉴스프로〉라는 인터넷 매체가 보도한 내용이
다. 이틀 전인 25일 금요일 오후 7시 일본 와세다 대학의 오쿠마 대강
당에서 열린 '김제동, 주진우 토크 콘서트'에서 주진우라는 사람이 한
발언이다. 차마 입에 담을 수도 없는 수준의 터무니없는 말이지만 일
부 메인 언론들은 이를 인용보도 했다.

〈주진우 와세다 콘서트 "청와대 섹스와 관련된 테이프 나올 것" 주
장〉이라는 제목을 달고 "주진우 기자가 일본의 와세다 대학에서 연 토
크 콘서트에서 '최순실 게이트'에 대해 언급한 내용이 온라인 커뮤니티
등을 통해 큰 관심을 받고 있다.

유튜브 채널에 지난 26일 올린 이 영상은 '11월 25일 김제동, 주진
우 애국소년단 토크 콘서트(일본 와세다)'라는 제목으로 올라온 영상 27분
19초이다. 와세다 강연에서 주진우 기자는 "(청와대에서) 비아그라가 나왔

다. 그 다음에 마약 성분이 나왔다. 계속해서 더 나올 거다. 이제 섹스와 관련된 테이프가 나올 거다"라고 주장하였다"

주진우는 자신의 말에 대해 어떠한 근거도 제시하지 않았다. 그런데도 우리 언론들은 무조건적으로 받아 기사화했다. 어떠한 비판적 시각도 찾아볼 수 없다. '그가 말을 했으니 기사화한다'는 태도다. 사실인지 아닌지는 관계없고 '발언했다' '주장했다'고 만하면 그만이라는 식이다.

언론의 무책임이 도를 넘었다. 언론이 '팩트 추구'를 방기하면 사회를 정화하는 것이 아니라 사회를 부패하게 만들고 국가를 오도한다. 아직도 이 기사는 인터넷에 그대로 노출돼 있고 일부 매체는 문제의 동영상까지 올려 두고 있다.

주진우가 말한 '청와대 섹스 테이프, 마약사건, 부정입학사건, 개발사업, 국방비리'는 그 어느 것도 나온 게 없다. 그런데도 우리 언론은 그 발언에 대한 책임을 묻지도 따지지도 않는다. '인용'만 했을 뿐이라고 손을 내젓는다. 확인되지 않은 소문을 전국 확성기에 대고 소리치는 것과 마찬가지다.

언론이 팩트 확인에 적극적으로 나서지 않고 발언의 전달자에 불과하면 이를 활용하려는 세력에 의해 악용되기 쉽다. 이미 우리 사회에는 신뢰할 만한 매체인지 아닌지 여부는 관계없이, 발언의 사실 여부와 관계없이 일단 기사가 나오면 대형 매체까지도 받아써 주는 언론 환경이 조성돼 있다. 그 배경에는 인터넷 기사가 한 몫을 한다.

대부분의 신문사들은 종이 신문 제작과 함께 인터넷 홈페이지에 기사를 올린다. 종이 신문에 올라갈 기사는 게이트 키핑이 어느 정도 엄격하다. 기사의 품질에 대한 회사 간의 자존심 대결이 아직 일정 부분 존재하고 영구적인 활자의 속성에 대한 부담이 있다. 그러나 인터넷 신문은 일회성으로 잘못 치부하는 경향이 있다. 인력에 대한 부담으로 신문제작과 별도의 인터넷 기사 작성팀을 두고 있다. 현장 취재를 직접 하는 것이 아니라 전 세계 인터넷에서 떠도는 기사를 취사 선택하고 재작성해 인터넷에 올린다. 업체 간의 경쟁으로 더 많은 방문자를 확보하기 치열한 경쟁을 벌인다. 그것이 곧 돈이기 때문이다. 사람들의 눈길을 잡기 위한 선정적 제목의 기사들이 판을 친다. 터무니없는 소문에 불과한 마구잡이 인용기사가 인터넷기사의 상당수를 차지하는 이유가 여기에 있다.

이 같은 인터넷 매체의 특성은 국민을 현혹하고 사건의 본질을 호도하기 위해 선전선동적 발언을 쏟아내고 확산시키려는 의도에 악용될 소지가 높다. 가짜 뉴스를 가려내는 안목이 부족하고 감정에 쉽게 흔들리는 대중들에게 큰 효과를 발휘할 수 있기 때문이다. 기반이 취약한 인터넷 언론을 악용해 정치 사회적 목적을 이루려는 시도는 중단되어야 하며 언론 역시 무책임한 태도에서 벗어나야 마땅하다.

데마고기

데마고기(demagogy)는 '특정한 사안에 대해 정치적 의도로 유포시키는 선동적 허위선전'이라는 것이 사전해석이다. 사전은 '특정한 집단이나 세력 또는 그 집단과 세력을 대표하는 인물을 중상 왜곡해 대중들에게 유포시키고 선동하는 것'이라고 설명하고 있다. 단순한 소문이나 풍문, 유언비어와 혼용되기고 하지만, 소문이나 풍문은 보통 소수 개인 흥미나 관심에서 유발되고 유언비어는 반드시 의도적인 날조나 허위정보를 의미하는 것은 아니라며 구분하고 있다. 그러나 최근 들어 특정한 유언비어 역시 정치의도로 날조되고 왜곡되어 대중들에게 전달되고 있다는 점에서 데마고기의 일종이라 하겠다. 데마고기에 대한 사전설명에 '대한민국 현직 대통령 탄핵'이라는 정치사건을 보수입장에서 대입시켜 보자.

'보수정권이라는 집단과 보수 세력을 대표하는 인물인 박근혜 대통령을 탄핵시키고 정권을 잡기 위한 정치의도로 왜곡과 중상, 허위 선전으로 대중을 선동한 것'이 된다.

청와대에서 굿판을 벌였다거나 샤머니즘에 빠졌다거나, 세월호 사고 당일 오전에 성형을 했다거나 밀애를 즐겼다는 것 등이 이에 해당한다. 이는 단순한 소문이나 풍문으로 치부할 수 있는 사안이 아니다. 정치의도를 내포한 선동허위선전이다.

천안함 좌초설이나 '미국산 소고기를 먹으면 머리에 구멍이 송송 난다' 거나, '세월호는 실제 소유주는 국정원'이라든가, '사드 전자파에 타죽는다'는 등의 사례 역시 마찬가지지만 여기서는 차치해두고 탄핵에 집중하자.

데마고기가 대중 속에 파고 들 수 있는 힘의 조건으로 미국 사회심리학자 고든 윌러드 올포트(Gordon Willard Allpor)의 말이 주로 인용된다.

> "데마고기, 즉 허위선전 내용이 사람의 공통된 관심을 유발할 수
> 있는 중요성을 가져야 되고, 확정적인 판단을 내릴 수 있는 충분
> 한 정보를 얻기 어려워 사태가 애매해야 한다는 것이다."

이 두 가지 조건을 갖출 때 데마고기는 강력한 힘을 발휘한다고 했다. 데마고기는 이러한 조건을 이용해 대중 감정에 호소하고, 교묘한 언어로 사실왜곡을 보충하면서 유포자의 정치적 의도에 합치되는 방향으로 대중의 생각을 형성해 간다.

현직 대통령의 탄핵이라는 역사적 중대성과 함께 탄핵사유에 대한

진실

불확실성은 데마고기가 자랄 수 있는 최고 조건에 최적 토양이었다. 쉽게 드러내 놓을 수 없는 여성 대통령으로서의 비밀성과 한계성도 그 조건에 더해졌다고 볼 수 있겠다. 여기에는 정권교체라는 좌파 진보세력의 정치적 목적과 의도가 감추어져 있었다.

'박근혜는 최순실 없이는 아무것도 못하는 꼭두각시다' '정유라는 박근혜의 딸이다' '주사를 비롯한 약물에 중독됐다' 등 이루 헤아릴 수 없이 쏟아진 근거 없는 의혹들이 생성돼 인터넷과 1인 인터넷 매체인 팟캐스트, SNS를 통해 유통되고 이를 언론이 받아 확대 재생산해 전파한 것이 그러한 과정에 속한다.

정치적 목적을 같이하는 집단과 세력은 이를 최대한으로 이용해 대중을 '정권교체' '탄핵'이라는 자신들의 목적에 부합하게 이끌었다. 사전에 따르면 데마고기는 사회경제적 불안으로 대중들의 생활이 위협을 받게 돼 공통적인 불만이 내재해 있는 경우에 더 쉽게 파고들게 된다. 특정 대상이 정해지고 일단의 인과관계, 연관성이 밝혀지면 논리적 반증이나 비약의 가능성이 있는데도 불구하고 성급한 결론과 합리화를 유도한다. 그래서 추종자 또는 동조자 사이에서 쉽게 널리 퍼져간다고 한다.

대통령의 탄핵이 결정되기 전 대한민국에서는 '헬조선' '5포세대' 등 스스로를 비하하는 용어들이 난무했다. 청년들의 실업률이 높아지면서 사회적 불안요인이 되기도 했지만 공무원연금 개혁, 노동개혁 등 각종 개혁이 진행되면서 이에 불만을 가진 기득권 세력들의 조직적 반발이 본격화되고 있었다.

민주노총을 비롯한 반정부 진보 좌파 세력들은 2016년 9월 20일 민중총궐기투쟁본부를 발족하고 정권투쟁에 들어갔다. 이들은 선언문에서 "박근혜 정권을 끝장내기 위한 2016년 민중총궐기 투쟁을 선포하기 위해 이 자리에 섰다"며 "박근혜 정권에 대한 국민 저항권을 발동하자, 박근혜 정권을 종식시키기 위한 대항쟁을 전개하자"고 외쳤다.

이 선언문은 놀랍게도 9월 24일 북한의 인터넷 선전선동매체인 '우리민족끼리'에도 실렸다. 민중총궐기투쟁본부는 11월 20일을 총궐기의 날로 잡고 전국적으로 반정부 투쟁을 이어갔다. 언론도 선언문이 발표된 날을 기점으로 본격적인 대정부 공세에 나섰다.

2016 민중총궐기투쟁본부 발족 선언문

오늘 우리는, 이미 내려진 국민의 준엄한 심판을 거부한 채 막장으로 치닫고 있는 박근혜 정권을 끝장내기 위한 2016년 민중총궐기 투쟁을 선포하기 위해 이 자리에 섰다.

무려 13만의 노동자, 농민, 빈민, 청년, 학생, 시민들이 운집한 작년 민중총궐기는 취임 후 3년 간 지속되어 온 박근혜 정권의 반민주, 반민생, 반평화, 반통일 폭정에 대한 국민의 분노를 보여준 장이었으며, 이러한 분노는 그대로 4월 총선으로 이어져 여당은 참패하였고, 여소야대 국회가 구성되었다. 민의는 검증되었으며, 박근혜 정권은 심판되었다. (……)

(2016년 9월 20일, 2016 민중총궐기 투쟁본부)

주체105(2016)년 9월 24일 〈우리 민족끼리〉
2016 민중총궐기투쟁본부 발족선언문

지난 20일 남조선의 550여 개 시민사회단체들이 기자회견을 열고 2016년 민중총궐기투쟁본부 발족선언문을 발표하였다. 선언문은 다음과 같다.

"오늘 우리는 이미 내려진 국민의 준엄한 심판을 거부한 채 막장으로 치닫고 있는 박근혜《정권》을 끝장내기 위한 2016년 민중총궐기투쟁을 선포하기 위해 이 자리에 섰다. 무려 13만의 로동자, 농민, 빈민, 청년, 학생, 시민들이 운집한 지난해 민중총궐기대회는 취임 후 3년간 지속되여온 현 당국의 반민주, 반민생, 반평화, 반통일 폭정에 대한 국민의 분노를 보여준 장이였으며 이러한 분노는 그대로 4월《총선》으로 이어져 여당은 참패하였고 여소야대《국회》가 구성되였다. 민의는 검증되였으며 현 당국은 심판되였다. (……)

진실

한겨레신문은 당일, TV조선이 같은 해 7월에 이미 보도한 '미르, K 스포츠 재단'에 대해 다시 보도하기 시작해 거의 한달 동안 매일 의혹을 쏟아냈다. 경향신문을 비롯한 타 언론사들도 자체적으로 의혹을 제기하거나 인용보도로 가세했다.

재단에 대한 의혹기사가 조금 수그러들자 이번에는 JTBC가 '최순실이 태블릿PC를 끼고 다니면서 대통령의 연설문을 수정한다. 하도 많이 고쳐서 연설문이 빨갛게 변했다'고 보도하면서 의혹은 정점에 이르렀고 국민감정은 걷잡을 수 없이 악화되기 시작했다.

2017년 12월 1일 현시점에서 보면, 제기된 의혹 가운데 최순실이 재단 인사에 개입하는 등 일부는 사실로 드러났으나 박 대통령이 대기업으로부터 뇌물을 받기 위해 재단설립을 시도했다 거나 재단에 개입한 것은 없는 것으로 1차 결론이 내려졌다. 여기서 다시 사전의 용어해설로 돌아가 대조해 보자.

특정 단체와 세력들에 의해 사회 불만이 야기된 상태에서 언론에 의해 제기된 각종 의혹들은 조사를 통해 사실검증이 되지 않은 만큼 논리적 반증이나 논리적 비약 가능성이 매우 높았는데도 불구하고 이미 '최순실의 국정 농단'으로 성급하게 규정지었다. 반정부 세력을 비롯한 진보좌파 세력들은 대중의 감정에 불을 붙였고 목적과 이념을 같이 하는 추종자들과 동조자들은 광장에 모여 한 목소리를 내기 시작했다.

문재인이 광장에서 대중에게 한 말을 보자.

"가짜 보수정치세력을 횃불로 모두 불태워버리자." "지금 우리에게 대통령은 없다." "박근혜-최순실 게이트에서 대통령은 우리의 대통령이 아니었다. 최순실 일가의 대통령이었다. 돌이켜 보면 2012년 12월부터 오늘까지 지난 4년 동안 대한민국에 대통령은 없었다." "대통령 스스로 내려오든 탄핵으로 끌려 내려오든 박 대통령 퇴진은 시간문제." "그렇다면 여러분. 우리는 어떻게 해야 하나? 지치지 않아야 한다. 박 대통령이 내려올 때까지, 물러날 때까지 촛불을 더 많이 들어야 한다." (2016년 11월 26일 5차 촛불 집회)

사전은 이렇게 설명한다.

'유포자인 데마고기의 사고방식에는 편집병적인 데가 있고, 욕구불만의 원인이라고 판단되는 외적 대상은 강렬한 증오심과 공격의 대상이 되기 쉽다. 정치 분야에서도 그들은 흔히 권위주의적이며, 적대자에 대한 관용성이 부족하고 편견이 심하다. 여기서 가장 위험한 것은 지배계층이 대중매체를 이용하여 데마고기의 신뢰성을 획득함으로써 조직적으로 대중조작을 꾀하는 일이다.'

참으로 끔찍한 일이다.

탄핵을 전후로 일부 좌파인사들과 진보정치인들이 박 대통령에 대해 쏟아낸 지독한 막말과 집요한 조롱, 소름끼치는 저주가 어디에서

진실

기인한 것인지 명확해진다. 자신들이 추구하는 목적이 달성되고 박 대
통령이 구속이 된 이후에도 이들의 증오는 계속되고 있다. '보수를 궤
멸시켜야 한다'는 말까지 나왔다. 정치적 이념을 달리한다는 이유로 집
권세력이 반대세력을 궤멸의 대상으로 볼 정도로 적대감을 드러내고
있는 것도 어떤 사고방식에서 연유된 것인지 알 수 있다.

　가장 위험한 것은 결국, 언론이 선동적 허위선전에 동원되는 것이다.
권력의 압력에 의해서든 권력에 기생하기 위한 자체적 판단에 의해서
든 그것은 국가적 재앙이다. 알면서 선동의 도구가 되는 것은 더더욱
위험하다.

선동 언론

최고 지도자의 도덕적 흠결. 대중들에게 이것만큼 흥미로운 소재가 있을까? 최고의 먹잇감이다. 대중의 분노를 자극해 거리로 불러 모으고, 이들을 선동하여 정치적 목적을 달성하기 위한 최상급 기폭제다. 언론의 역할이 지대하다. 언론은 나쁜 이미지를 심어줄 수 있는 기사를 지속적으로 개발해 확대 재생산하고 전파해 대중의 머릿속에 박히게 한다. 여기에 조직력을 가지고 있는 집단과 정치인들이 선동에 나서면 대중은 흥분하지 않을 수 없다.

최고 지도자가 가장 큰 타격을 입는 것은 그의 정책 실행능력 부족이거나 국정운영 미숙이거나 소통능력 미흡이 아니다. 도덕적 이미지 손상이다. 국정은 시스템으로 움직이는 것이기 때문에 설사 대통령의 무지와 무능이 있다 해도 쉽게 드러나지 않는다. 따라서 그로 인해 중도에 탄핵당하거나 자리에서 물러날 정도로 절대적 평가는 받지 않는다. 도덕적 이미지는 감성이다. 감성은 사람들에게 쉽고도 가볍게 전달되지만 가장 강렬하게 심중에 자리 잡는다. 그 도덕적 이미지가 모든 것을 판단하는데 우선한다.

한국 언론은 탄핵과정에서 박 대통령의 이미지를 '최순실이 옆에 없으면 말도 제대로 못하는 무(無)능력자' '아이들이 죽어가도 머리 손질을 두 시간 이상 하는 무(無)개념 여' '굿을 좋아하는 샤머니즘 여' '성형 중독자' '이동식 변기를 가지고 다니는 정신이상자'로 만들어 놓았다. 많은 사람들은 그렇게 생각하고 쉽게 바꾸려 하지 않는다. 왜냐하면 초기에 너무 강렬하게 이미지가 형성되어졌기 때문이다. 언론은 감성적 이미지를 원하는 대로 만든다. 사진 한 장으로도 가능하다. 같은 장소에서 찍은 사진이라도 부드러운 이미지를 가진 사진과 억세고 고집불통의 이미지를 주는 사진이 있다. 어느 쪽의 사진을 지면에 올리느냐? 그 사람의 이미지는 확연하게 달라진다. 기사는 말할 것도 없다.

인간은 누구나 좋은 면과 나쁜 면을 가지고 있다. 양면 가운데 어느 쪽을 강조해서 기사를 작성할 것인가? 직접 대면하지 못하는 대중은 기사만 보고 판단한다. 좋은 사람과 나쁜 사람? 종이 한 장, 아니 한 줄 차이다. 언론은 그것을 잘 안다. 최고 권력자가 힘이 있을 때는 나쁘게 그리지 못한다. 그러나 힘이 빠지면 무자비하게 난도질을 한다. 대중들이 그런 것을 좋아한다. 그것도 최고 권력자의 흠을 잡아내 공격하는 것은 신나는 일이다. 언론은 그 심리에 부합해 점점 더 선정적으로 변해간다.

대통령은 공인이라 개인의 이미지조차 보호할 가치가 없다고 할 수 있다. 그러나 그것이 대통령업무수행과 무관한 일이라면 지나치다. 한 개인을 특정한 이미지로 규정하고 덧칠하는 것은 매우 위험한 일이다. 부정이나 부패를 저질렀을 경우 이를 비판하는 것은 당연한 언론의 역할이고 건강한 사회를 위해 바람직하며 또 절대적으로 필요하다. 대통령이 헌법을 위반하고 직분을 다하지 못해 나라를 올바르게 끌고 가지 못하면 이를 비판하는 것이 언론의 몫이자 책무다. 그러나 객관적으로 옳고 그름을 판단할 수 없는 개인의 이미지를 돌이킬 수 없도록 훼손하는 것은 언론의 정도에서 벗어난 것이다.

탄핵과정에서 인구에 회자된 선정적 허위보도는 헤아릴 수 없이 많다. 매우 사소해 보이는 사안들이라고 할 수 있겠지만 탄핵을 유도하는 불쏘시게 역할을 했음은 분명하다.

나는 그러한 기사들이 기자들의 취재에 의해 작성된 것이라고 보지 않는다. 누군가 악의적이고 불손한 의도를 가지고 만들어냈다고 본다. 있지도 않은 거짓을 가공해 유포하고 기사 경쟁에 한창인 기자들의 시선을 잡아 가짜뉴스를 양산해 냈을 것으로 짐작한다. 안타깝지만 그렇게 우리 언론이 이용당한 것이다.

진실

청와대 가이드라인, 계엄령 문건 그리고 언론

대국민 선동은 여전한 현실이다

"독립 수사단을 꾸려 신속하고 공정하게 수사하라"

2018년 7월 10일 인도를 순방 중이던 문재인 대통령이 이른바 '기무사 계엄문건'에 대해 내린 특별 지시였다. 국내에서도 아닌 해외 순방 중에 특별지시를 내렸다? 그것도 국내에 대규모 소요사태나 대형 사건사고와 같이 화급을 다투는 상황이 발생한 것도 아닌데? 매우 이례적이었다.

국민들은 대통령이 '해외 순방 중에 특별지시를 내렸다'고 하면 '얼마나 긴급하고 위중한 사안이 있기에 그랬을까' 하고 생각할 수밖에 없다. 당시는 '의혹의 문건'이라며 더불어민주당 이철희 의원이 언론에 공개한지 6일째로 논란이 한창일 때다. 더구나 송영무 당시 국방장관이 이미 몇 개월 전 청와대 참모진들에게 보고해 문건의 존재 사실을 알고 있었으며 대수롭지 않게 여기고 넘어갔던 것으로 알려진 뒤였다.

그런 시점에서의 대통령의 특별지시는 '해당 문건에 내란음모로 볼 상당한 근거가 담겨 있다'는 것을 암시하고 문건에 높은 신뢰성을 부여하는 행위로 받아들여진다. '뭔가 있으니 대통령이 긴급지시를 내렸겠지'로 여론은 형성된다. 문건 작성의 경위나 목적, 의혹의 실체와 상관없이 '계엄령 검토'라는 그 자체만으로도 국민감정을 자극하고 여론을 몰아갈 수 있는 예민한 소재다. 7번이나 계엄령을 경험한 국민들이기 때문이다.

대통령의 특별수사 지시에 이어 청와대는 〈대비계획 세부자료〉라며 67쪽 짜리의 문건을 추가로 공개했다. 마치 새롭게 발견된 것처럼. 그것도 패널까지 만들어서 대변인이 직접 실물을 보여주며 청와대 출입기자에게 설명을 했다. 참으로 보기 드문 장면이었다.

통상 이런 논란의 이슈는 청와대가 직접 나서기 보다는 해당 부처(여기서는 국방부)가 설명하도록 넘긴다. 청와대가 직접 나서면 조사에 가이드라인을 제시해 공정성을 해칠 수 있다는 비판이 일 수 있고, 해당 이슈의 중심이 청와대로 집중돼 해당 부처의 눈치 보기와 입맛 맞추기의 우려가 있을 뿐 아니라 그 결과에 따라 국정운영에도 큰 부담으로 작용할 수 있기 때문이다. 따라서 청와대는 청와대와 직접적으로 연관되거나 대통령과 관련된 사안에 대해서만 언급하는 것이 상식적이다. 불가피하게 청와대에서 브리핑을 한다면 해당 수석실에서 하는 것이 맞을 것이다. 그럼에도 불구하고 대변인이 직접 해당 문건을 공개하고 설명을 했다는 것은 대통령이 한 것이나 마찬가지다.

진실

대통령의 '특별 지시', 그것에 더한 대변인의 '특별한 브리핑'은 '우리가 원하는 게 무엇인지 알지? 이 문건의 실체에 상관없이 우리가 기대하는 방향으로 조사하라'는 가이드라인을 제시하고 압력을 행사한 것이나 다름없으며, 결론도 나지 않은 논란의 문건에 신뢰성을 더한 것이다.

나는 대통령까지 나선 일종의 선동정치라는 의심을 갖지 않을 수 없었다. '계엄령까지 발동할 생각을 했다는 말이야? 정말로 나쁜 박근혜 정부였네'라는 생각을 국민들에게 각인시키고 박근혜 정부를 군사정권 시절에 대비시켜 '감옥 보내기를 잘 했구나'라는 여론을 형성하려는 의도를 가졌다고 여겨졌다. 그리고 그들은 그 반대급부로 이른바 '적폐 청산작업'에 정당성을 부여 받고 동력을 배가시키는 효과를 거둘 수 있으니 일석이조라고 판단했을 수 있다는 의구심을 갖지 않을 수 없었다.

문제의 문건은 국군기무사령부가 2017년 3월 작성한 '전시 계엄 및 합수업무 수행방안'이라는 제목으로 이를 공개한 이 의원은 "촛불집회 때 군이 위수령, 계엄령을 준비했다는 의혹이 결국 사실로 밝혀졌다"고 목소리를 높이며 마치 '실제로 실행할 계획'이었던 것처럼 주장했다.

다음날인 2018년 7월 6일 군인권센터라는 곳이 선동에 가세했다.

'국군 기무사령부가 박근혜 전 대통령 탄핵 촛불집회 진압을 위해 서울 시내에 탱크 200대와 장갑차 550대, 특전사 1,400명 등 대규모 무장병력을 투입하려 했다'고 주장하자 언론들은 또 다시 일제히 이 주장을 가감 없이 보도하기에 열을 올렸다.

기사의 제목들만 봐도 섬뜩할 정도다

'촛불집회 탱크 200대 장갑차 550대 투입 --- 전두환 쿠데타 흡사' '촛불집회에 총부리 겨눈 기무사, 당장 해체해야' '광화문 3개 여단 배치, 촛불시위 때 계엄령 구체 계획 짰다' '기무사 계엄령 검토, 12.12 군사반란과 닮아' '기무사, 시민들을 진압 대상으로 여겨'

언론들은 일제히 '실행 계획'이라고 단정했다.

〈기무사, 박근혜 탄핵심판 앞두고 위수령 계엄령 시행 방안 수립〉이란 제목으로 "국군 기무사령부가 헌법재판소의 박근혜 탄핵심판 선고를 앞둔 지난해 3월 위수령 계엄령 시행 방안을 수립한 사실이 기무사 내부 문건을 통해 확인됐다. 기무사는 탄핵심판 결과에 불복한 대규모 시위대가 청와대와 헌재의 진입 점거를 시도하는 등 심각한 사회불안이 야기될 것이라며 이 같은 시행 방안을 수립한 것으로 드러났다"

언론들은 문건이 실제로 존재하고 그러한 내용이 담겨 있기 때문에 '있는 그대로 보도했다'며 사실 보도라고 말할 수 있다. 하지만 이 문건이 기무사의 통상업무에 해당하는지를 따져봤어야 한다. 소요사태가 우려될 경우 이러한 문건작성이 '해야 할 업무'의 영역에 속하기 때문에 만든 것인지, 또 실제로 실행할 계획이 있었던 것인지를 냉정하게 살펴봤어야 한다.

실제로 실행할 계획이 있었던 것이 아니라 통상적인 업무의 하나로 작성했다면 그야말로 의미 없는 문건이다. 청와대가 처음에 국방부 장관의 보고를 대수롭지 않게 여긴 것도 그 때문일 것이다.

'문건에 있는 내용'을 보도한 것이니 팩트에 맞는 사실보도다? 이는 아무리 거짓말을 해도 '말을 했다'는 그 자체만으로 '누가 주장했다' '누가 말했다'고 기사를 쓰는 무책임한 보도다. 언론은 이 문건의 '실행 여부'에 대한 조사결과를 지켜본 뒤 보도하거나 자체적으로 '실행 여부'를 검증하고 난 뒤에 보도하는 것이 바람직했다. 사회적 파장이 큰 것일수록 더 신중해야 하는 것이 맞다. 그러나 조급증에 걸린 언론이 이를 기다려 줄 리는 만무하다. 이 같은 언론의 생리를 국가 최고기관마저 악용하려 들면 우리사회는 불행해질 수밖에 없다.

청와대는 여론을 자극했다. 불러주는 대로 쓰는 언론을 마음껏 활용했다. 2018년 7월 20일 청와대는 〈계엄문건 세부 자료〉라며 김의겸 대변인이 직접 나서 브리핑을 했다. 마치 감추어져 있던 '쿠데타 모의 실행 계획'이 새롭게 드러난 것 같은 분위기를 연출했다.

김 대변인은 세부자료에 "'비상계엄 선포문'과 '계엄 포고문' 등이 이미 작성되어 있습니다"라며 비상시 정부가 취할 수 있는 통상적인 대비 계획'을 마치 '실행 계획'이었던 것으로 호도한 것이다. 언론은 그 장단에 춤을 췄다.

당일 방송사들의 뉴스를 보자

MBC는 주요뉴스로 〈"광화문 탱크"- 상상 초월 기무사 문건〉이라는 제목으로 당시의 촛불집회 영상을 배경화면으로 깔고 "촛불집회가 열린 광화문과 여의도에 장갑차를 투입한다! 또 56개 언론사에 요원을 파견해서 보도를 통제하려 했던 계획까지 포함돼 있습니다. 계엄해제를 막으려고 국회 무력화 전략까지 아주 치밀하게 세웠다고 하는데 지난해 탄핵이 기각됐을 때를 대비해서 마련했다고 합니다. 상상을 초월하는 이 계엄령 문건의 내용을 하나하나 자세하게 들여다보겠습니다" 라고 하며

〈기무사 문건에 "광화문, 여의도 탱크, 장갑차로 장악"〉〈방송사에 계엄군 투입… 인터넷 포털, SNS 차단〉〈 기무사, 야당의원 체포, 구금-'국회 무력화' 계획〉〈기무사 계엄령 계획 -"12.12 군사반란과 닮은 꼴〉을 보도했다.

첫 꼭지부터 '계엄 선포문'이라며 "이 문서는 지난해 3월, 박근혜 전 대통령의 헌재 탄핵 심판, 기각을 대비해서 기무사가 작성한 계엄 선포문입니다"라며 확정적으로 보도했다.

KBS 역시 마찬가지다.

"지난해 3월 촛불집회 당시 국군기무사가 계엄령을 단순히 검토만 한 게 아니라 구체적으로 실행하려 했던 계획이 드러났습니다"고 못 박았다.

이어 〈광화문, 여의도 탱크 투입〉〈"국회, 언론, 국정원 장악 계획"〉〈광화문 탱크, 야간 신속 투입-계엄 실제 실행계획?〉〈"계엄 선포

진실

동시에 언론 사전 검열---외신, 대사관도 설득"〉〈"여 표결불참, 야 무더기 체포"로 계엄해제 무력화 준비〉라는 제목을 달고 실행 계획으로 확정 보도했다.

SBS도 다를 바 없다

"박근혜 정부 당시 국군 기무사령부가 계엄령 선포에 대한 검토 단계를 넘어서 구체적인 실행 계획까지 세운 사실이 드러났습니다. 촛불을 들고 거리로 나온 사람들을 상대로 군 병력을 동원하고 국회와 언론을 통제할 상세한 계획을 짰던 겁니다."

그러면서 〈계엄령 실행계획 존재했다-67쪽 세부자료 전격 공개〉〈광화문, 여의도에 탱크 야간 투입〉〈계엄 선포, 포고문' 미리 작성 - 과거 계엄문건과 나란히〉〈계엄령 해제 못하도록 - 국회의원 무더기 체포 계획까지〉〈"방송사에 계엄군"- 언론, SNS포털, 국정원 통제계획〉〈청, "통상 실무편람과 완전히 달라"… "실행계획" 판단〉을 연속 보도하며 역시 확정적으로 보도했다.

신문들도 일제히 청와대의 주장만을 그대로 실어 날랐다.

〈언론 장악, 의원 구속까지 --- 계엄 실행 문건 나왔다〉〈靑 "기무사, 계엄령시 광화문·여의도에 전차·장갑차 투입 계획"〉〈"계엄 땐 여의도, 광화문에 탱크---국정원, 의원, 언론 장악 계획"〉〈'언론 장악, 탱크 동원 계획' 기무사 문건, 반란 음모 아닌가〉〈야당의원 구속까지---경악스러운 '계엄 실행계획'〉〈계엄 실행 의지 명백한, 충격적인 기무사 세부자료〉라는 한 신문의 사설을 보자.

"청와대가 국군기무사령부의 전시계엄 및 합수업무 수색방안에
딸린 67쪽 분량의 대비계획 세부자료를 새로 공개했다. 국방부
가 전날 청와대에 제출한 문건은 종전 알려진 것보다 훨씬 구체
적인 계엄 준비 계획을 적시하고 있어 충격적이다. 세부자료 문
건에서 기무사는 통상의 계엄 시행 규칙과 달리 계엄사령관을
합참의장이 아닌 육군참모총장에게 맡기고 10.26사태와 광주민
주화운동 당시를 참고한 비상계엄, 개헌 포고문까지 작성했다.
특히 국회가 계엄령 해제를 의결하지 못하도록 하는 구체 방안
까지 제시했다. 민주주의를 말살할 수 있는 군의 시대착오적 발
상에 입이 다물어지지 않는다."

기사를 본 국민들은 한결같이 '박근혜 정부가 촛불집회를 진압하기
위해 계엄령을 선포할 구체적인 계획을 세웠구나. 저런 극악무도한 세
력이 있나'라고 생각할 만하다. 나는 청와대가 그렇게 몰아갔다고 본다.
청와대가 공개한 문서 어디에서도 '촛불집회 진압'이라는 용어를 찾
을 수 없다고 한다. '전국적인 폭력시위 확산으로 정부기능 마비' '탄핵
판결 직후 일부 지역 치안 위협 시' '서울 및 경기 지역 일대 폭력 시위
로 치안 마비' 등의 비상 상황을 가정한 표현만 있을 뿐이라는 것이다.
그런데도 불구하고 우리 언론들은 아무런 검증도 검증의지도 없이

진실

발표 내용만으로 확정보도를 이어갔다. 그렇다면 그 결과는 어떻게 되었을까?

거짓이었다. '실행 계획'이 아니었다.

대통령의 지시에 따라 군,검 합동 수사단이 구성돼 3개월 넘게 수사가 진행됐다. 37명의 수사 인력을 동원해 국방부, 육군본부, 기무사령부, 대통령 기록관 등 무려 90곳을 압수수색하고 204명이나 되는 관련자를 조사하며 샅샅이 뒤졌다.

그러나 내란음모나 계엄에 관한 어떠한 증거도 찾지 못했다. 문제의 계엄문건이 '실행 계획'을 담은 문건이 아니었다는 것이다.

기무사 요원들은 그 8쪽 짜리의 문건은 '탄핵 판결 후 극단적인 치안 불안 상황을 가정해서 작성됐다'고 지속적으로 해명했다고 한다. 그러나 민주당은 '촛불 정국에서 친위 쿠데타를 모의한 증거'라는 주장을 굽히지 않았고 청와대도 대통령까지 나서 의혹을 증폭시켰다. 한마디로 대통령까지 가세한 대국민 선동 사건이었다는 얘기다. 결국 정치적 목적을 이루기 위해 기무사의 '통상적인 대비 계획'을 '계엄 실행 계획'이라고 포장해 국민을 속여 자신들에게 유리한 여론을 조성하기 위한 사기극에 다름 아니다. 그 목적은 곧 드러났다. 국군기무사의 해체였다.

박근혜 정부에 계엄령의 이미지가 어른거리게 만드는 부수적 효과도 얻었다. 조사결과에 관계없이 많은 사람들에게 '촛불집회를 진압하기 위해 계엄령을 선포하려 했다'고 기억하게 만든 것이다.

참으로 무서운 세력이 아닐 수 없다

문건을 공개했던 이 의원은 2018년 7월 15일 동아일보와의 인터뷰에서 '대통령이 자기 권력을 지키려고 한 계획이다'라고 확언했다. 조사결과에 대해 그가 어떤 말을 했는지는 들리지 않는다.

허구의 장단에 춤을 춘 우리 언론들도 한 마디 사과조차 없이 안면몰수하고 있다. 청와대와 대통령도 말이 없다. 원하는 것은 다 얻었다는 것인지.

진실

비선실세, 국정농단 네이밍의 위력

언론이 섣불리 단 타이틀, 제목에서 대통령직은 이미 끝났다. 최순실이 등장하자마자 언론은 '비선 실세'로 못 박았다. 이어 '국정 농단'이라고 규정하고 이름 붙였다. 사람들의 머릿속에는 대통령도 좌지우지하는 비선의 권력 실세로 쉽게 자리매김했다.

비선실세라고 하려면 최순실이 겉으로 드러나지 않게 국정에 관여하고 대통령이 헌법을 위반하며 국정을 수행하도록 사주하고 국정을 파탄 내도록 했는지 살펴보는 것이 우선이다.

박 대통령은 최순실을 비선실세라고 부르는데 대해 매우 불쾌하게 생각했다. 지금도 그럴 것이다. 비선실세라면 국정운영과 관련해 자신에게 어떠한 영향력을 행사했을 때만 가능한 것인데 전혀 그렇지 않다는 것이다. 실세라는 호칭 자체가 가당치 않다는 것이다. 최순실은 젊은 시절부터 옆에서 심부름이나 해준 사람이라고 했다. 어머니 돌아가시고 젊은 나이에 영부인 역할을 해야 하는 신분상, 본인이 내의를 비롯한 옷가지를 산다거나 생활에 필요한 이런 저런 것들을 직접 할 수 없으니까 대신해준 사람이라는 것이다. 그렇게 해온 것이 40년지기가 됐다는 것이다. 그 오랜 기간 동안 정이 쌓일 대로 쌓였을 테니, 가끔씩 부탁하는 일을 들어 주었을 것이다. 민원으로 봤을 것이다. 박 대통령에게 민원은 부조리하고 위법한 것이 아니라면 들어줘야 하는 것으로 인식돼 있었다. 청와대까지 온 민원은 주변인들을 돌아 돌아 해결되지 않으니까 마지막 단계로 온 것이라고 어머님에게 배웠던 것으로 알려져 있다. 그만큼 민원을 중시했다. 최순실이라고 예외는 아니었던 것으로 보인다. 오랜 세월 자신의 심부름을 도맡아 해줬는데 민원 정도는 들어줬을 것이다. 기업에 인사를 추천하고 지인의 납품을 부탁한 것이 그런 예로 볼 수 있다. 그렇다면 정부인사에 개입한 것은 어떻게 설명할 수 있을까?

대통령이 최순실로부터 직접 사람을 추천받은 것은 아닌 것으로 보인다. 차은택을 비롯한 몇몇으로부터 접촉하고 청와대 내 해당 분야 수석을 통해 대통령에게 추천하는 형식이었던 것으로 추정된다. 그럴 경우 대통령은 최순실이 개입한 사실을 모를 수 있다. 최순실은 대통령 앞에서는 고분고분하고 돌아서서는 자신의 이권을 챙겼고 자기 사람을 심으려 했다. 대통령은 최순실이 그렇게 하리라고는 전혀 생각지도 못했다고 했다. 그런 것은 (개입하도록 여지를 열어 두는 것은) 본인의 소신에도 맞지 않다고 (몇몇 참모들 앞에서 눈물을 흘리며) 말했다. 물론 대통령이 옆에

진실

두었던 사람을 안팎으로 관리를 못한 것은 명백한 잘못이다. 두말할 여지가 없다.

인사를 할 때 최순실이 추천한 사람이라는 것을 몰랐다 해도 그 책임은 최종 결정권자인 본인에게 있다. 이 역시 변명의 여지가 없다. 그러나 최순실이 추천했던 다른 누가 추천했던 본인이 그 사람이 그 자리에 적임자이고 본인의 정책을 실행하기 위해 함께 갈 수 있겠다고 판단했다면 그 사람을 쓸 수도 있는 것이다. 인사는 대통령의 고유권한이 아니던가. 최순실이라는 사람으로 인해서 대통령의 국정운영에 차질이 빚어졌을까? 그 사람으로 인해서 좌로 가야할 정책이 우로 갔을까?

대통령은 공적 조직인 참모들의 조언을 받는 것은 당연하고 주변인의 조언도 들을 수 있다. 외부의 민심을 그대로 알려주고 객관적인 시각으로 조언해줄 수 있는 사람이 당연히 필요하다. 이미 담화문 등을 통해 밝혔듯이 최순실로부터도 조언을 들었을 수 있다.(최순실이 연설문을 통째로 바꾸었다는 것은 사실이 아닌 것으로 드러나고 있다) 그것으로 비선실세의 국정농단으로 규정할 수 있을까? 비선실세로 국정을 농단했다는 것은 최순실이 대통령을 조종해 인사와 정책을 포함한 국정을 좌지우지했다는 의미다. 이는 사실관계를 조사한 이후에나 규정이 가능한 것이다.

그런데 언론은 초기의 몇몇 보도를 보고 이를 비선실세의 국정농단으로 진작 규정했다. 첫 보도 이후 며칠이 지나자 모든 언론이 일제히 같은 제목으로 보도하기 시작했다. 언론이 사법적 정의를 이미 내리고 있었다. 언론보도는 곧 사실로 받아들여진다. 최순실이 국정농단했는지 안 했는지 어느 것이 진실인지 아무런 조사도 이뤄지지 않은 상태에서 사건은 언론이 정한 제목대로 규정지어졌다. 어느 신문이나 방송이 비선실세, 국정농단 제목을 눈에 띄게 강하게 뽑으면 그때부터 선정성 경쟁이 시작된다. 다른 언론사들을 부추기는 효과가 나타나는 것이다. 보다 많은 독자와 시청자를 유인하기 위해서는 강렬하고 선정적인 제목을 필요로 하게 된다. 언론사들은 흔히 제목 장사를 한다고 한다. 일종의 강박관념까지 있다. 그만큼 제목을 어떻게 다느냐에 따라 기사의 파급력이 커진다는 얘기다. 같은 사건의 기사가 몇 달이 이어질 경우에는 날이 갈수록 선정성을 더해 간다.

언론의 제목 장사로 모든 국민의 머릿속에는 최순실 비선실세의 국정농단 사건으로 굳어졌다. 국회도 사건의 진실부터 알아보고자 하는 노력은 아예 하지 않았다. 언론이 정한 제목대로 탄핵소추안을 만들고 특검을 의결했다. 이것이 민주사회로 성숙한 국가에서 가능한 것인가? 우리의 국민적 특성 '빨리빨리'정신이 여기에서도 적용된 것인가?

태블릿PC의 진실

2018년 4월 6일 서울중앙지법 형사합의 22부 김세윤 부장판사는 박근혜 전 대통령에 대한 1심 판결에서 '박 대통령 탄핵과 구속, 24년형 선고'에 이르는 일련의 역사적 사태의 기폭제가 됐던 이른바 'JTBC 태블릿PC'에 대해 '최순실이 사용한 것이 맞다'고 했다.

김 판사는 그러나 명확한 근거를 제시하지 않았다

1시간 40분에 걸친 판결문 낭독에서 태블릿PC에 대한 언급은 없었다. 출입기자들에게 배포한 보도자료에도 없었다고 한다. 그런데 당일 저녁 JTBC만 법원이 "박근혜 전 대통령의 판결문에서 태블릿PC에 담겨 있던 문건의 증거능력과 그 중요성에 대해 자세히 적었다"고 보도했다.

"법원은 판결문에서 태블릿PC의 입수과정과 검찰에 제출한 경위, 그리고 그 안에 담긴 문건의 정당성과 증거 능력 모두를 인정했으며 JTBC가 더블루K 사무실에서 취득한 태블릿PC를 검찰에 제출한 건 적법하다고 판단했다."

입수과정, 제출 경위, 문건의 정당성, 취득의 적법성 모두 의심받고 있는 내용이다. JTBC는 법원이 의혹을 모두 해소시켰다고 강조했다.

판결문이 두 개가 존재했나? 김 판사가 낭독을 하면서 태블릿PC 부분은 빼고 했나?

다음날 연합뉴스와 KBS 등의 보도를 보면 이 또한 석연치 않은 점이 너무 많다. 이들 보도는 법원이 '태블릿PC는 최순실이 사용한 것으로 보는 것이 타당하다'고 판단하고 이를 판결문에 명시했다고 했다. 그 핵심 증거는 무엇인가?

최순실의 말이었다는 것이다.

보도에 따르면 최순실이 2012년 문제의 태블릿PC를 최초 개통한 김한수 전 청와대 행정관에게 전화해서 대통령직 인수위원회에 일할 것을 권유하며 한 말을 재판부가 그 근거로 제시했다.

"태블릿PC는 네가 만들어 주었다면서?"

재판부는 판결에서 "최씨로서는 이 태블릿PC를 자신이 사용하는 등 자신과 관련 있는 물건이기 때문에 김한수에게 이처럼 이야기했다고 보는 게 일반 경험칙에 부합한다"고 설명했다는 것이다.

아연실색, 눈를 의심케 하는 내용이다.

'네가 만들어 주었다면서'라는 말이 '최순실의 것'을 증명하는 근거라고 '경험칙상' 판단할 수 있다? 재판은 증거로 말하는 것이다. 증거재판주의에 크게 위배될 뿐만 아니라 재판부의 설명이 너무도 미흡하다.

물론 태블릿PC가 전체 사건의 극히 일부에 속하기 때문에 비중을 두지 않았을 수 있다. 그러나 검찰과 마찬가지로 재판부 역시 되도록 이면 곁가지로 밀어내고 소홀하게 넘기려는 의도가 엿보인다.

'태블릿PC'가 중요한 이유는 이 역사적 사건이 진실이 아니라 거짓에 기반해 시작됐을 가능성이 있기 때문이다.

시작이 잘못 됐다면 전체를 구성하는 전제가 달라지고 사건 성격자체가 달라진다. 있지도 않은 태블릿PC를 만들어 최순실 것이라고 했거나, 존재는 했으나 거의 사용하지 않은 최순실의 태블릿PC에 연설문과 사진 등을 임의로 삽입해 조작했다면, 거대한 음모와 사기에 의해 역사가 뒤바뀐 사건이 될 것이다. 물론 기밀에 속하는 문서들이 유출된 것에 대해서는 죄를 받아 마땅하나 이를 국정농단으로 규정하고 국민감정을 폭발시켜 역사흐름을 주도했다는 점에서 '태블릿PC'의 진실이 무엇인지는 매우 중요하다. 이미 되돌릴 수 없는 역사가 되었지만 그 시작이 거짓이었다면 그 과정도 거짓으로 지배됐을 것이니 올바른 역사를 위해서는 이를 바로잡는 것이 마땅하다.

2018년 3월 10일 경향신문이 보도한 노승일과의 인터뷰 내용에 주목할 필요가 있다. 노승일은 고영태와 함께 폭로자의 한 사람으로 좌파 세력들로부터 의인으로까지 대우받는 인물이다. 그가 JTBC와 태블릿PC를 언급하며 의문을 제기한 것이다. "손석희 사장이 그 진실에 대해 답해야 한다"고 말했다.

경향신문 〈박주연의 색다른 인터뷰〉 (2016년 10월 10일)
"독일에서죠, 최순실 휴대폰에서 박근혜 목소리가 흘러나왔어요"
를 보자

"JTBC 태블릿PC는 어디에서 떨어진 것인지 모르겠어요. 10월 27일 영태가 귀국하자마자 오산에 주차한 영태 차에 있는 짐에서 검찰에 제출할 자료를 영태더러 챙기라 했어요. 짐에 검은색 삼성 태블릿PC가 있는데 빼놓길래, 뭐냐고 했더니, '최순실에게 받은 건데 한 번도 사용한 적 없다'고 했어요.
저는 '24일 JTBC에서 최순실의 태블릿PC가 더블루K의 네 책상 속에서 나왔다고 보도했으니 넣으라'고 했죠. 영태는 자기는 그 책상을 8월에 이미 정리했고, 거기에 두고 나온 것은 디지털카메라 하나밖에 없었다며 펄쩍 뛰었어요. 영태는 '나도 증거를 모은다고 모은 놈인데 왜 책상에 태블릿PC처럼 중요한 것을 남겨놓고 오겠냐'고도 했어요.

노씨는 "당시 영태는 자기가 실제 사용하는 태블릿PC는 애플이라고 했다"며 나중에 박헌영 K스포츠재단 과장이 청문회에서 말한 '(고씨가) 충전잭을 구해오라'고 했던 것도 삼성 기기가 아니라 애플 기기를 이야기한 것이라는 게 고씨의 얘기였다고 설명했다.

어떻게 된 일일까요

"앞서 박헌영 과장이 JTBC 김모 기자를 접촉해서 JTBC 〈뉴스룸〉에서 '일방적 해산 결정에 … K스포츠 직원들, 비대위 구성'이라는 제목의 보도가 2016년 10월4일 나갔어요. 여러 언론에 K스포츠재단 등의 의혹이 계속 나오니까 최순실이 반박하라고 지시했기 때문이에요. 그날 강지곤 차장이 K스포츠재단을 대표해 손석희 사장과 인터뷰했어요. 보도가 나간 후 박헌영 과장은 김 기자와 술이 떡이 되도록 마셨고, 취한 채로 사무실에서 잤어요. 노광일(더블루K 건물 관리인) 선생님이 10월18일 문을 열어준 JTBC 기자도 박 과장이 방송보도를 위해 접촉하고 같이 술도 마신 김 기자였어요."

노씨는 "JTBC 태블릿PC의 진실에 대해선 손석희 사장이 답해야 한다"며 "태블릿PC가 아니어도 국정농단 관련한 증거는 차고 넘쳤다"고 말했다.

장시호 씨도 태블릿PC를 제출했죠.

"장시호에게 들었는데 최순실에게 받은 건데 너무 커서 친구 아들에게 게임하라고 줬다고 했어요. 그러다 구속돼 조사받으면서

아빠에게 전화해 그 태블릿PC를 찾아오게 했는데 그때도 아이가 게임하고 있었다고 해요."(웃음)

인터뷰의 핵심은 '고영태는 JTBC가 보도한 태블릿PC를 책상에 두고 나오지 않았다. 자기가 사용한 것과 제조회사도 다르다. 어디서 떨어진 것인지 모르겠다'는 것. 이를 다른 말로 하자면 JTBC가 태블릿PC를 만들어냈다는 얘기가 아닌가?

JTBC가 그동안 끊임없이 의혹에 대한 해명을 이어갔지만 여전히 많은 의문점들이 해소되지 않은 채 남아있다. 그 가운데는 방송기자로 오랫동안 현장취재와 제작을 경험한 사람으로서 원초적으로 가지는 의문도 있다.

JTBC 기자가 태블릿PC의 존재를 최순실의 사무실에서 확인하고 이를 가지고 나왔을 때의 상황이다. JTBC는 2016년 10월 18일 더블루K 사무실에 건물 관리인 허가를 받고 들어가 책상 안에 있던 태블릿PC를 발견하고 내용 가운데 일부를 확인한 뒤 그대로 두고 나왔다가 도난을 우려해 이틀 뒤인 20일 다시 가서 가지고 나왔으며 이를 24일 검찰에 제출했다고 밝혔다.

입수 시점과 장소 등에 대한 논란이 분분하지만 이는 차치해 두고 가장 기본적인 의문점 가운데 하나가 현장촬영화면이 없다는 것이다. 방송기자들은 취재에 나설 경우 언제나 카메라기자를 동행한다. 현장을 스케치하고 인터뷰를 하기 위해서다.

진실

예상치 못한 상황에서 좋은 화면과 인터뷰를 할 수 있기 때문에 카메라기자와 함께 다니는 것은 기본이다. 18일 현장을 갔다면 당연히 그랬을 것이다. 더구나 그 보름전인 5일 고영태를 만나 저녁을 함께 하며 '최순실이 태블릿PC를 사용하고 연설문 고치는 것이 취미였다'는 것을 들었다면 더더욱 촬영을 겸한 취재를 했을 것이다.

그때 만약 사무실과 책상 존재여부를 들었다면 확신을 갖고 갔을 것이고 그렇지 않고 사전취재를 위해 사무실을 방문했다 하더라도 마찬가지다. 그것은 방송기자에게는 상식에 가깝다.

또 책상 안에 태블릿PC가 있었다면 사무실 스케치와 함께 책상안 태블릿PC를 있는 그 상태로 촬영했을 것이다. 당연히 그랬어야 한다. 손을 대지 않고 놓여있는 상태로 촬영하고 기자가 직접 태블릿PC를 열어보는 장면을 동영상으로 그대로 촬영해야 했다. 방송기자의 기본이다.

설사 18일 첫날에는 현장만을 확인하기 위해 카메라기자를 동행하지 않았다고 하자. 그럼 20일은? 태블릿PC가 책상 안에 있다는 사실을 확인하고 다시 방문한 20일엔 카메라기자와 함께 가서 스케치하는 것이 당연하다.

더구나 그 안에 어떤 내용이 담겨 있다는 것을 알았다면 그 태블릿PC 자체뿐 아니라 현장의 중요성도 깊이 인식했을 것이다. 그렇다면 꼼꼼한 현장스케치는 더더욱 필수다. 기자는 그런 특종 현장일 경우 욕심이 나서 더 세세히 카메라에 담는다.

단독공개 JTBC 〈뉴스룸〉 태블릿PC 어떻게 입수했나?

그런데 JTBC는 현장 동영상 그림을 단 한 컷도 보여주지 않았다. 없다는 얘기다. 입수과정에 대한 의혹이 계속되자 책상이 있는 스틸사진 한 컷을 내밀었다. 기자가 두 번이나 방문했고 현장에서 태블릿PC를 확인했다면서도 사무실에 덩그러니 있는 책상 사진 한 컷을 보여주며 이곳이 태블릿PC가 있던 곳이라고 했다.

방송기자라면 그 누구도 결코 납득할 수 없는 장면이다. 방송에서는 스틸사진을 잘 쓰지 않는다. 현장 동영상이 아예 없을 경우 마지못해 사용하는 것이 대부분이다. 더구나 이 스틸 사진을 누가 어떤 카메라로 찍었는지도 설명하지 않았다.

또 하나는 문제의 태블릿PC 실물이다. 엄청난 폭발력을 가진 핵심 취재대상인 만큼 당연히 책상서랍에 놓인 상태대로 그대로 촬영했어야 했다. 그러나 실물그림은 없었다. JTBC가 뒤늦게 내놓은 영상의 이 태블릿PC는 케이스가 검은색이고 PC자체 색깔은 흰색이다, JTBC는 차량시트에 놓인 태블릿PC 케이스를 열어 보이는 장면을 방송했다.

이것이 실물이었다면 기자는 "이것이 여러분이 궁금해 하는 바로 그 태블릿PC 실물입니다"라고 장황하게 설명했을 것이다. 그러나 설명은 없었다. 자료그림으로만 보여주었다. 왜? 실물이 아니었기 때문이다.

실물은 검찰이 실시한 포렌식 결과 보고서에서 드러났다. 태블릿PC 자체의 색깔은 검은색이었다. JTBC가 내용물을 촬영한 뒤 검찰에 이 태블릿PC를 넘겨주었다고 했는데 어떻게 해서 실물을 있는 그대로 촬영해 두지 않았는지 의문이다. 방송종사자로서는 아주 당연한 절차인데 그 과정이 전혀 해명되지 않고 있다.

왜 그랬을까?

언론은 JTBC가 태블릿PC 실물을 촬영도 공개도 하지 않은데 대한 문제점에 대해서는 일절 언급하지 않았다. JTBC를 무한신뢰해서 그런지 아니면 진실이 드러나서 지금까지 쌓아온 모든 것들을 부정해야 될 상황이 두려워서 그런지 알 수 없는 일이다. 거짓으로 시작됐다 한들 역사를 되돌릴 수는 없을 것이나 진실은 드러나야 한다.

진보언론들은 동일한 목적을 가지고 동일한 방식으로 원한 바를 이루었기 때문에 반성할 것이 없다고

여기고 있는가? 반면에 보수언론들은 극히 일부로 남아 진보의 위세를 감당하지 못해 목소리를 내지 못

하고 있는가? 참 언론은 어디에서부터 시작해야 하나?

의혹 공화국이 되다

2016년 10월 25일 박 대통령이 1차 대국민 담화를 통해 잘못을 인정한 이후 2017년 3월 10일 헌법재판소의 탄핵 결정이 내려질 때까지 대한민국은 가히 언론에 의한 의혹 공화국이 됐다고 해도 과언이 아닐 성 싶다.

박 대통령과 최순실에 대한 의혹이 자고 나면 단독 타이틀을 달고 새롭게 터져 나왔다. 출입기자들을 상대로 새벽에 이뤄지는 대변인의 아침 브리핑은 이 의혹들을 해명하는 자리가 됐다. 아침 브리핑은 본래 대통령의 일정과 의미를 소개하고 기자들의 질문에 응하는 시간이다. 질문은 모두 전날 저녁 방송에서 보도된 의혹이거나 아침 조간신문에 나온 의혹에 대한 해명을 요구하는데 초점이 맞추어졌다.

'박 대통령의 옷값을 최순실이 대신 지불했다는 보도가 나왔는데 맞나?' '세월호 사고 당일 오전에 대통령이 90분간 올림머리

를 했다는 보도가 나왔는데 맞나?' '의무실에서 비아그라를 대량
으로 구입했다는데 맞나?' '대통령이 직무정지 기간 중에 조사결
과라고 말했다는데 맞나?'

청와대 안에서 굿을 했다, 가는 곳 마다 변기를 고쳐 달라 했다, 성형
수술을 했다. 이루 다 거론할 수 없을 정도로 많은 의혹들이 나왔다. 탄
핵이 진행되고 결정될 때까지 청와대에서 기자들의 질문을 받고 답을
해 줄 수 있는 창구는 대변인인 나밖에 없었다. 의혹 더미에 파묻힐 지
경이었다. 대변인인들 어떻게 그 내용들을 알 것인가? 내가 청와대에
들어온 지 딱 1년 되는 날 대통령이 '대국민 사과 담화'를 했다. 그 이전
에 있었던 상황에 대해서는 전혀 알 수 없는 데다 내가 재임한 기간 중
이라 하더라도 대통령 개인의 사생활과 관련된 부분 등에 대해서는 알
지 못했다. 제기된 의혹 하나 하나를 모두 해당 비서관실이나 담당자
에게 확인해 보는 수밖에 없었다. 상당수는 사실 관계를 파악할 수 있
었으나 당시에 근무한 사람이 없다거나 기록이 없다거나 할 경우에는
시간이 걸리고 어려움이 따랐다. 의혹 해명을 섣불리 할 수는 없다. 해
명하고 나서 미진할 경우 새로운 의혹이 더해지기 때문에 명확한 팩트
확인이 필요하고 확신이 섰을 때 언론을 상대로 한 발표와 정정 요구
가 가능했다. 제기된 의혹들이 모두 여론에 치명적인 영향을 미칠 수
있는 것들이라 사실 확인과 발표까지 매우 민감하게 다룰 수밖에 없었
다. 그런 이유로 사실관계 파악이 늦어질 경우 의혹은 사실로 굳어져

더 확산됐다. 검찰의 조사가 시작된 이후에는 검찰에서 흘러나온 의혹 기사들이 쏟아졌다. '수사를 하고 있는 검찰 관계자가 밝혔다'는 기사는 비록 그 자체는 의혹 상태이지만 일반인들에게는 신빙성을 더하기 때문에 언론사 간에 보도 경쟁이 치열했다.

검찰이 조사자의 진술 내용이나 확인 사항을 공표하는 것은 위법이다. 그러나 검찰이 설사 흘렸다고 한들 '기자가 취재해서 쓴 것이라 모른다'고 하면 그만이다. 조사 과정에서 나온 내용은 재판을 거쳐 형이 확정될 때까지는 일종의 의혹에 지나지 않지만 우리나라에서는 거의 사실로 받아들인다. 아니 일단 언론에서 보도되면 모든 의혹이 사실로 굳혀진다. 재판은 몇 년간 지속될 수 있다. 그동안 처음 보도를 통해 접한 죄의 이미지는 그대로 유지된다. 몇 년 뒤 무죄를 선고 받았다고 한들 사람들의 관심사에서 밀려난 뒤다. 참으로 위험한 관행이 우리나라에서는 여전히 지속되고 있는 것이다.

언론과 검찰이 사회와 한 개인을 진실로부터 멀어지게 만들 수 있다. 그 위험성을 언제까지 유지할 것인가?

피의사실 공표 금지 조항만 제대로 지켜져도 우리사회가 조용하고 개인이 보호받을 수 있다. 형이 확정될 때까지 언론이 기다려 주기 만 해도 사회가 혼란스럽고 개인이 치명적 불이익을 받은 사례가 사라질 것이다.

여기 당시에 제기됐던 의혹을 언급하고 언론의 취재와 보도 관행을 지적하는 것은 언론의 역할을 폄훼하려는 의도가 아니다. 당시의 광기 어린 경쟁과 그로 인해 발생한 선정적 기사의 과도한 생산에 대해 돌아볼 기회를 갖자는 것이다.

이념이 극도로 충돌하고 있는 상항에서 언론이 현직 대통령 탄핵의 단초를 제공한 것이 언론 역사상 빛나는 성과로 볼 것인지 아니면 특정 정파와의 결탁으로 여론을 오도해 역사의 발전을 중단시킨 과오로 볼 것인지 짚어 볼 필요가 있다는 것이다.

세월호 7시간, 굿, 성형, 밀회

언론이 지속적으로 의혹을 제기하면 받아들이는 사람들은 진실 여부와 관계없이 마치 사실인 것으로 착각하게 된다. 거짓이 진실을 덮어버린다. 지록위마(指鹿爲馬,사슴을 가리켜 말이라고 함), 사슴이 말이 되는 것이다.

세월호 7시간은 박근혜 정부를 관통하는 아킬레스건이었다. 인간 감정으로 주체하기 어려운 가장 불행한 사고를 정치적 목적으로 악용한 세력에 의해 굳혀진 태생적 약점이었다. 박근혜 정부는 공개적이고도 적절한 초기 대응에 실패했다. 정치화를 차단하지 못했고 선동 이슈로 확산되는 것도 막지 못했다. 박근혜 정부의 붕괴는 세월호 7시간에서부터 시작됐다고 해도 과언이 아니다. 당시 민주당의 송영길 의원은 '해경 측의 내부제보를 받았다며 박근혜 대통령이 7시간 행적을 은폐하기 위해 해경을 해체한 것 아니냐'는 의혹까지 제기했다. 진보언론과 좌파 정당들은 세월호 7시간을 온갖 의혹과 연관 지어 대중을 선동했다. 그 대표적인 것이 '청와대 굿판' 의혹이다. 이는 사이비 교주로 알려진 최태민과 그의 딸 최순실을 연관 지어 대통령이 사이비종교, 샤머니즘에 빠져 세월호 7시간동안 굿을 했다는 설이다. 그야말로 터무니없는 소문이었지만 소셜미디어를 통해 급속히 확산되고 여기에 정치권이 기름을 붓고 언론이 퍼뜨리는데 동조했다.

2016년 10월 30일 추미애 더불어민주당 대표가 긴급최고위원간담회에서 한 말을 보자.

"사교 교주에게 (나라를) 헌납해 온 지 4년이 넘었는데 이제 와서 오물 같은 곳에 다시 집을 짓겠다는 말이냐."

31일에도 이어갔다.

"박 대통령이 지난 4년간 대한민국 국권과 국헌을 사교에 봉헌했다"

뿐만 아니라 기회가 있을 때마다 '신정 정치를 했다.' '최순실과 심령대화를 했다.' 온갖 터무니없는 유언비어와 독설로 국민을 현혹했다. 그래도 언론은 말이라고, 야당 대표가 한 발언이라고 아무런 여과장치 없이 받아쓰고 제목으로 뽑아 유통시켰다. 종합편성 채널들은 매일 같이 의혹에 의혹을 더해 부풀려갔다.

나는 처음에 그런 얘기가 나왔을 때 너무도 터무니없어 언급할 가치

진실

조차 없다고 생각했다. 비상식적인 의혹에 일일이 대응하다 보면 오히려 확산될 것을 우려했다. '청와대는 사실이 아니라고 밝혔다'는 그 자체가 뉴스화되면 일말의 가치도 없는 의혹의 내용이 기사 속에 다시 노출돼 활자화될 것이기 때문이었다. 해명을 제기하면 의혹의 내용을 쓰지 않을 수 없기 때문에 이를 노리고 해명을 요구하는 매체도 많다.

한국 정치 지도자들과 언론들이 자기 나라 대통령이 사이비 종교에 빠졌다는 의혹을 제기하자 외신들도 이를 받아 해외로 날랐다. 해외에서 박 대통령은 사이비 종교에 빠진 지도자가 됐고 세계 경제 11위를 자랑하던 경제대국 대한민국은 그런 사이비 종교 대통령을 가진 나라가 됐다.

한국 언론은 스스로 국가의 위상을 격하시키고 품격 없는 저급 국가로 만들었다. 여기에 그치지 않았다 굿판설이 조금 가라앉나 싶을 때 성형수술 의혹이 나왔다. 사고 당시 그 급박한 시간에 대통령이 얼굴 성형수술을 받았다는 것이다. 수술로 인해 얼굴이 부어 있었기 때문에 얼굴을 드러내지 못하고 지시도 제대로 내리지 않아 구조가 이루어지지 않았다는 등 다양한 추측성 기사를 쏟아냈다.

종합편성 채널들은 대부분 세월호의 침몰 영상과 함께 '최순실 단골 성형외과 의사, 청와대서 미용시술?' '7시간 미스터리─굿판 이어 미용시술 의혹까지' '갑자기 예뻐진 대통령?' 등의 자극적인 제목으로 패널들을 동원해 하루 종일 의혹 부풀리기에 여념이 없었다.

그러더니 사진이 등장하기 시작했다. 2016년 12월 14일 한국일보

단독이라며 세월호를 수색하고 있을 때 대통령은 얼굴성형시술을 받고 있었다며 사진을 내놨다. 해명을 제대로 하지 않으면 국민적 비난을 면하기 어려울 것이라는 협박도 서슴지 않았다.

이때부터 세월호 사고 전후에 있었던 대통령 참석 행사의 얼굴 사진(2016년 12월 14일 한국일보 참조)을 모두 찾아 성형을 받은 주사 자국이라고 보도하는 방송사와 신문사가 속출했다. 대한민국 언론들이 성형흔적을 찾아 여성대통령의 얼굴사진을 뒤지는데 혈안이 된 참으로 한심한 일이 벌어진 것이다.

사진을 보고 주사 자국이다 성형 수술을 했다고 주장하는 보도는 한국 언론사에서 저널리즘의 기본을 망각한 선정적 보도의 전형으로 기록될 것이다. 왜곡의 중심에는 종편 JTBC가 있었다. 보도는 신빙성을 가장하기 위해 전문가 인터뷰를 동원했다.

얼굴은 없고 변조된 목소리에 전화 인터뷰로 전혀 신뢰할 수 없는 제작 방식이었다. 이를 단독으로 포장해 지속적으로 보도하더니 결국에는 참사 당일 시술 의혹으로 좁혔다. 목적과 의도가 분명했다.

"세월호 참사 바로 다음 날인 17일 사진에서도 21일과 같은 부위에 동일한 자국이 있는 것으로 확인됐습니다. 지난번에 보도해드렸던 17일의 사진에는 멍자국만이 보였지만 이번에 새로 발견된 것은 21일에 보였던 주삿바늘 자국이 17일에도 발견되었다는 것입니다. 즉, 만일 시술이 실제로 있었다면 바로 전날인

진실

참사 당일이었을 가능성이 높다는 것이기도 합니다."

(JTBC, 2016.12.27)

종편을 중심으로 한 일부 언론들은 참사당일 청와대 안에서 시술을 받았다거나 제3의 장소에서 모 성형외과 원장으로부터 성형시술을 받았다고 구체화했다. 나는 세월호 사고 당일의 대통령 보고 내용을 분(分)단위로 쪼개서 기자들에게 브리핑했다. 그때까지만 해도 나는 세월호와 관련된 청와대의 당시 대응 내용을 알지 못했다. 2015년 10월 말에 청와대에 들어갔기에 별도로 뒤늦게 챙겨볼 여유도 없었다. 그러나 탄핵과정에서 다시 이슈로 급부상해 일부나마 들여다 볼 기회가 됐다.

분단위로 보고된 내용은 이미 국회를 통해 공개돼 있었다. 그러나 대부분의 기자들은 모르고 있었다. 내가 분단위로 공개하자 기자들은 왜 이제야 공개하느냐고 반문할 정도였다.

청와대는 이미 2014년 7월 7일 국회 운영위원회와 2014년 7월 10일 국정조사특별위원회에서 기관보고를 통해 대통령이 오전 10시에 국가안보실로부터 종합서면보고를 받았고, 10시 15분 김장수 안보실장이 유선 보고를 하고 대통령의 지시사항을 전달 받은 뒤 해양경찰청장에게 지시사항 전달, 17시 10분 중앙재난본부 방문, 그사이 7시간 동안 20~30분 간격으로 15회 보고한 것으로 돼 있었다. 15회 보고도 유선과 서면으로 구분해, 보고된 것으로 국조특위 회의록에도 나와 있었다.

그리고 2014년 8월 13일 새누리당 조원진 의원의 요구에 따른 청와대 답변 자료에서도 같은 내용으로 제출됐던 것으로 확인했다. 말하자면 이미 시간대별로 분단위로 공개가 된 것이었다.

그런데도 불구하고 언론은 사고 당일 무엇을 했느냐며 지속적이고도 질리도록 의혹에 의혹을 더해 온 것이었다. 나는 청와대 출입기록을 관리하는 경호실의 확인결과 사고 당일 오전 외부인이나 병원 차량이 청와대를 방문한 사실이 없었다고도 밝혔다. 대통령에게 직접 확인했다는 것까지 브리핑했다.

잠시 주춤해졌다. 하지만 올림머리 하느라 2시간을 허비했다느니 향정신성 약품을 복용했다느니 하는 의혹들은 끊임없이 계속됐다. 정치권과 언론은 사고 당일 밥 먹고 화장실 간 것까지 밝히라는 것과 다름없었다. 박 대통령은 2016년 11월 4일 2차 대국민담화에서 세간의 의혹에 대해 직접 해명했다.

"제가 사이비 종교에 빠졌다 거나 청와대에서 굿을 했다는 이야기까지 나오는데 이는 결코 사실이 아니라는 점을 분명히 말씀드립니다."

특검은 정치권과 언론이 제기한 의혹을 바탕으로 세월호 당일 박 대통령의 행적에 대해 광범위한 수사를 벌였다. 성형외과 원장과 청와대

주치의, 간호장교 등 관련자들을 모두 소환해 조사했다. 연관된 사무실과 자택을 다 압수수색했다. 대통령의 얼굴 사진까지 대한성형외과의사회와 학회에 의뢰해 분석했다.

수사결과 세월호 사고 당일 박 대통령이 성형 수술을 받거나 머리 손질에 2시간을 허비했거나 하는 어떠한 근거도 찾지 못했다. 사실이 아닌 허위 보도로 판명된 것이다. 한마디로 정치권과 언론이 그토록 집요하게 의혹을 부풀려 온 것들이 모두 거짓이었다는 말이다. 결국 그런 거짓의 덩어리로 뭉쳐진 의혹과 괴담들을 정치권이 선동하고 언론이 여론을 형성해 대통령을 탄핵으로 몰고 갔다는 얘기다.

국회는 '세월호 7시간'이라는 것을 '국민의 생명권 보호의무' 위반이라며 탄핵 소추 사유의 하나로 들었다. 헌법재판소는 탄핵사유가 되지 않는다고 결정했다.

세월호 당일 박 대통령이 정윤회 씨와 함께 있었다는 취지의 보도, 이른바 밀회설 역시 허위라고 재판부는 판결했다. 박 대통령은 탄핵 전 이렇게 말한 바 있다.

"얼마나 많은 오해와 허구와 거짓이 산더미처럼 쌓여있는지를
증명하는 것이다."

그러나 그 거짓의 산에 묻혀 탄핵까지 갔다. 대한민국의 이미지를 훼손하고 국격을 추락시킨 책임은 누가 질 것인가?

'통일 대박'이 최순실 아이디어?

　　"한마디로 통일은 대박이다, 이렇게 생각합니다." 2014년 1월 6일 신년기자회견에서 박 대통령이 사용한 용어 '통일은 대박' 통일 비용을 우려해 통일에 대해 부정적인 견해가 많으나, 통일은 오히려 긍정적 효과가 많다는 것을 강조하기 위해 사용한 용어로 많은 사람들에게 인상적으로 각인돼 있다.

　　'통일 대박'이 최순실의 아이디어였다고 2016년 11월 3일 한 지상파 방송사(SBS)가 보도했다. 박 대통령의 통일정책을 쉽게 설명하는 매우 상징적 용어였기에 시청자들이 받아들인 강도가 높아 충격을 던졌다. 그런 용어까지 최순실이 만들어 주었다는 말이냐, 대통령은 도대체 생각도 없는 사람이냐는 부정적 이미지를 심어주기에 충분했다. 기사의 의도는 마지막 한 줄에 가감 없이 노출됐다.

　　"의혹으로만 맴돌았던 최순실 씨의 국정농단의 실체가 사실로 확인되고 있습니다."

최순실의 국정개입을 뒷받침시키기 위한 기사로, '확인되고 있다'며 마치 사실인 것처럼 결론을 내리고 있다. 이 기사는 '검찰이 최씨가 문고리 3인방과의 회의에서 제안한 것으로 보인다고 밝혔다'며 검찰발로 전했다. 검찰이 조사가 다 끝나 명확한 근거를 가지고 결론낸 것도 아니고 '그렇게 보인다'는 정도로 기자에게 흘렸고, 기자는 그것을 받아 마치 사실인 양 보도한 것이다.

사실 확인결과는 2013년 6월 20일 제16기 민주평화통일 간부위원 간담회에서 처음 나온 말이라는 것이었다. 나는 더 명확한 근거를 위해 당시 대통령이 헤드테이블에서 참석자들과 나눈 대화 내용의 전문을 확보해 확인했다.

한 참석자가 "신창민교수가 '통일은 대박이다'라는 제목으로 책을 냈는데 … "라고 말하자 박 대통령이 "아, 통일은 대박이다"라고 말했다. 그 참석자가 다시 "통일은 대박이다, 미국 가서 강연을 하고 다니는데 아주 반응이 좋았다. 진짜 대박이다"라고 말을 이었다.'

여기에서 박 대통령의 반응 "아, 통일은 대박이다"라는 것이 '아, 통일은 대박이다!'라는 감동적 표현인지 '아, 통일은 대박이다?'라는 의문적 표현인지, 아니면 "아~ 통일은 대박이다"라는 동의의 표현인지는 문서화된 내용이라 알 수 없었다. 그러나 매우 인상적 용어로 받아들인 것은 분명해 보였다

'통일은 대박'이라는 용어가 그 자리에서 얼마나 깊이 박 대통령의 머리에 각인됐는지는 5개월 뒤 행사에서 확인할 수 있었다. 2013년 11월 25일 민주평화통일 운영 상임위원들과의 대화에서 다시 한 번 이 용어가 등장한다. 이 자리에서 박 대통령은 "통일에 대해서 이야기를 들은 중에서 저는 그 말이 굉장히 머리에 와 닿던데, '통일은 대박이다.' 그런 얘기 들어 보셨죠? 이렇게 말했다.

즉, '통일은 대박'이라는 용어는 중앙대 경영학부 명예교수이자 당시 민주평통자문위원이었던 신창민 교수의 책 『통일은 대박』에서 유래된 것이고 박 대통령이 차용해 사용한 것이다.

최순실과는 전혀 관련성이 없었다. 결국 신창민 교수까지 나서 '통일 대박은 내 아이디어 – 최순실과 관련 없다'고 밝히는 상황까지 발생했다.

진실

최순실 아들이 청와대 근무?

없는 아들을 만들어내는 언론이었다. 2016년 10월 29일 〈시사저널〉이라는 매체가 "최순실 아들 청와대에 근무했다"고 보도했다. 제목에 쿼터를 달아, 남의 말을 인용한 것으로 교묘히 피해갔지만 사실상 근무했다고 규정하는 것이나 마찬가지였다.

첫 남편과의 사이에서 낳은 아들 김모 씨로 현재 34살이며 지난 2014년 말까지 5급 행정관으로 근무했다고 했다. 총무구매팀에 있었다며 근무처까지 적시했다. '청와대 내부 사정에 밝은 한 인사, 또 다른 인사' 이렇게 익명의 제보자의 말을 인용하는 형식이었다. 여러 경로로 근무사실을 확인했다고도 했다. 본인의 전화번호를 확보해 직접 통화를 시도하고 문자교신도 했다고 했다. 기사 속에서도 아들이라고 지목된 사람이 "전화를 잘못 건 것 같다"며 부인하지만 기자는 상대방이 자신의 신분을 속이기 위해 거짓말을 하고 있다고 확신했다.

당시의 기사는 매우 구체적이어서 누가 봐도 그렇게 믿을 수밖에 없도록 구성돼 있다. 다선 정치인이 이 기사를 보고 '참으로 한심한 청와대'라고 혀를 찼다는 반응도 나왔다.

청와대도 매일같이 감당할 수 없도록 쏟아져 나오는 의혹 때문에 '설마'와 함께 '혹시'라는 의문이 교차하는 분위기였다. 최순실의 존재가 드러나고 대통령이 국민들에게 첫 사과 담화를 발표하고 비서실장을 비롯한 수석들 전원이 사표를 제출한 상황 속에서 정신을 차리지 못하고 우왕좌왕하고 있을 때였다. 최순실에게 아들이 있든 말든 그것은 상관할 바가 아니었지만 청와대에 근무했다면 그것은 다른 문제였다. 대통령이 불러 들였다 거나 최순실 일가가 청와대를 접수했다 거나 온갖 얘기가 나올 수 있는 사안이었다.

정권 초기부터 근무했던 행정관들도 모두 금시초문이라고 했다. 그러나 구체적인 확인이 필요했다. 기사에 언급된 총무비서관실에 사실관계 확인을 요청했다. 인사 서류를 보면 알 수 있는 사안이었다. 기사에 지목된 김씨의 아버지 이름이 최순실의 첫 번째 남편 이름과 다르다는 답변이 돌아왔다. 그의 어머니 이름도 최씨가 아니라 강씨라는 것이었다. 나이도 아버지와 아들의 차이가 될 수 없지만 이름과 성이 다른 이상 더 이상 문제가 될 게 없었다. 전혀 다른 사람을 지목해 최순실의 아들이라고 한 것이다. 보도가 나가자 우리 언론들은 확인도 하지 않고 그대로 받아쓰기 시작했다. 거의 모든 매체들이 인용 보도에 나섰다.

진실

아니다 다를까 어떤 신문은 '박 대통령 알았나 몰랐나?'라는 제목으로 독자를 자극했다. 그 가공의 아들 김씨가 청와대에 근무하면서 종말론을 설파했다는 기사까지 나왔다. 대부분 언론들은 '청와대, 최순실 아들 청와대 근무 부인'이라는 제목으로 확인 기사를 내 보냈다.

참으로 어이없는 언론이었다. 다시 한 번 팩트를 확인하지 않은 해프닝이었다.

비아그라 진실

청와대와 대통령의 도덕적 이미지 훼손을 위한 가장 선정적 기사 대상 가운데 하나였다. 성, 여성대통령을 연상시키게 하는 저질적 선동의 도구였다. 좌파 인사들은 '막장도 이런 막장이 없다' '수행원들 발기돼서 의전할 일 있나'라는 등 온갖 말로 국민 정서를 자극했다.

"고산병 치료제이자 예방용이었다"는 설명은 사실관계를 떠나 아직도 조롱거리로 회자되고 있다. 발단은 당시 야당의 한 여성 의원이 청와대 의무실의 의약품 구입내역 자료를 보고 청와대가 남성용 발기부전 치료제인 비아그라를 구입했다고 공개하면서 시작됐다. 청와대 기자실은 벌집을 쑤신 듯 소란스러웠고 해명을 요구하는 목소리가 봇물을 이루었다. 의학적 지식이 부족했던 나는 의무실장을 불러 사실관계를 확인했다. 그의 설명을 듣고 "비아그라는 박근혜 대통령의 2016년 4월 멕시코(해발 2,200m) 순방, 5월 에티오피아(해발 2,400m)·케냐(해발

1,676m) · 우간다(해발 1,150m) 아프리카 3개국 순방을 앞두고 고산병 예방용이자 치료제 용도로 구입한 것으로 확인되었습니다"라고 첫 해명을 냈다.

그리고 "당시 순방 때 사용된 것은 없고 모두 의무실에 남아 있다"고 덧붙였다. 그러고 보니 해외순방을 고산지대로 가서 그런지 고산병에 대한 얘기가 나왔고 비아그라가 치료제라는 말을 얼핏 듣고는 재미있어 한 적이 있는 것으로 기억됐다. 나중에 안 사실이지만 순방 며칠 전에 한 의사가 TV프로그램에 나와 '비아그라가 고산병 치료제로 쓰인다'는 말을 했다는 것을 알게 됐다. 순방과는 전혀 무관하게 우연히 그런 얘기를 한 것이었지만, 의학적 소견에도 불구하고 청와대를 두둔한 것처럼 비춰져 기사로 보면 나중에 상당히 곤혹스런 입장에 처했던 것으로 보였다. 기사는 줄어들지 않았다. 오히려 공개된 목록의 의약품 성분을 하나하나 분석해 '제2 프로포폴도 있었다'는 등 더 많은 의혹을 제기하기 시작했다. 나는 의무실장에게 좀 더 상세한 설명을 요구했고 남미 순방 때 수행원들이 고생을 해서 아프리카 순방 때 추가로 준비했다는 말을 듣고 다시 한 번 기자실을 방문해야 했다,

"모든 약품들은 순방을 앞두고 주치의가 자문의에게 황열과 고산병에 대한 자문을 받아서 처방한 약품들로, 아프리카 순방 때 고산병 예방용이자 치료용으로 구입한 것입니다. 지난 남미(콜롬비아 · 페루 · 칠레 · 브라질) 순방 때 아세타졸라마이드(다이아막스)만 가져

가서 고생들을 많이 했다고 해서 예방용이자 치료용으로 비아그라와 팔팔정을 아프리카 갈 때 같이 가져갔습니다.

또 일부 언론에서 에토미데이트를 제2의 프로포폴이라고 보도하고 있는데 프로포폴 성분은 전혀 아니고, 기관 삽관할 때 근육의 긴장을 푸는 일종의 근육 진정제로 의무실장이 항상 휴대하고 다니는 필수 응급 약품입니다."

청와대 의무실은 행정관뿐 아니라 경호원들의 응급처치도 담당한다. 해외순방 때 경호원들이 어떤 상황에 처할지는 아무도 모른다. 무장을 하고 있는 경호원들에게 돌발적인 응급상황이 발생할 때를 가정해야 한다. 해외순방뿐 아니라 국내에서도 마찬가지다. 또 비아그라는 처방약인데 함부로 다뤄도 되느냐는 지적도 나왔지만 의무실장 역시 대통령 주치의의 처방을 받고 준비한 것이었다.

고산병 치료와 예방제로서의 비아그라에 대해 의학적으로 의사들 간에 논란이 있을 수는 있을 것이다. 그렇다면 언론은 부정적인 측면과 긍정적 측면을 함께 들여다봤어야 했지만 거의 대부분이 부정적인 면만 강조하느라 여념이 없었다. 극히 일부 언론, 전문지만 사실을 중시했다.

"실제 비아그라는 산악인들 사이서 고산병 치료제로 이용된다. 고산병으로 나타나는 증상인 두통, 구토, 수면 장애, 호흡 곤란

등은 높은 해발 지역으로 이동했을 때 산소가 희박해지면서 나타나는 증세로 알려져 있는데 비아그라에 포함된 실데나필 성분이 혈관을 이완시켜 혈액순환을 촉진, 저산소증을 완화시켜주는 것으로 알려져 있다. 비아그라의 고산병 완화는 2005년 미국 학회서도 인정받았다. 당시 미국 호흡기 및 중환자 학회지는 실제 고지대에서 6일간의 임상실험 결과, 실데나필 성분이 저산소증 억제에 효과적이었다고 밝혔다."

영화 '히말라야'에서도 등반을 앞두고 비아그라를 챙기는 모습이 담겼다. 청와대 측이 비아그라를 대량 구입한 것은 지난 5월 에티오피아(아디스아바바), 우간다(캄팔라), 케냐(나이로비) 등 아프리카 3개국 순방을 앞두고 고산병에 대비한 것으로 보인다. 구매 시점도 지난해 12월이다. 대통령 순방에 약 200여 명이 수행하는 것을 감안하면 대량 구입 역시 이해가 가는 대목이다."(컨슈머타임즈 2016년 11월 23일자)

아이러니 하게도 진보 인터넷 매체인 〈오마이뉴스〉도 지난 2012년 8월 18일자 기사에서 '의사들 고산병에 권하는 비아그라, 왜 좋냐면 … '이라는 제목으로 비아그라가 고산병 치료용으로 사용된다고 했다. 기사의 일부를 보자.

"일행은 억지로 물을 마시며 한 알씩 먹고 잤다. 고산병은 뇌 속에 혈관이 팽창해 부종이 생기는 것으로 머리가 아픈 증상을 동반한다. 이뇨제인 다이아막스를 먹으면 몸속에 있는 노폐물을 배출해 두통이 사라진다. 하지만 약을 먹고 잠자리에 들면 자주 소변이 마려워 일어나야 한다 … (중략) … 의사들이 권장하는 또 하나의 약은 비아그라다. 의학계에서 에베레스트까지 올라 실험한 바로는 효과가 있다고 보고 됐다는 것이다. 혈관을 확장해줘 산소 공급을 원활하게 해준다는 것 … "

그럼에도 불구하고 언론들은 청와대 의무실에서 마치 성형수술을 하고 향정신성의약품을 구비하고 있는 것처럼 기사를 이어갔다. 청와대와 대통령, 청와대 근무자를 모두 비이성적 집단으로 매도하려는 악의가 노골적으로 표출됐다. 보다 못한 의무실장이 언론이 의혹을 제기한 약품의 용도와 구입경위를 자세히 설명하는 자료까지 만들어 배포했다. 하지만 거의 대부분의 언론은 이를 제대로 다루지 않았다. 국민에게 알려 주어야 할 정보는 알려주지 않고 쓰고 싶은 것만 쓴 전형적인 사례다. 자세한 내용은 알 것 없어 사람들이 이렇게 재미있어 하는데 뭘 더 끌고 가야해! 기사 욕구에 팩트는 눈 감아버렸지 않았나 하는 의구심마저 든다. 언론의 정도에서 완전히 벗어났다.

여기서 언론이 제대로 써주지 않은 청와대 의무실장의 설명자료 원문을 기록으로 남긴다.

"최근 청와대 의약품 구매 목록이 공개됨에 따라 여러 가지 의혹이 제기

진실

되어 국민 여러분께 혼란과 걱정을 끼쳐 드린 점 대단히 송구스럽게 생각합니다.

청와대 의무실은 대통령비서실과 대통령경호실 등에 근무하는 모든 직원들을 대상으로 하는 의료 지원 업무를 담당하고 있으며, 의약품 구입 또한 다수의 직원들에게 필요한 의료 지원 차원에서 이뤄졌음을 말씀드립니다. 청와대 의무실의 관리 책임자이자 의사로서 제기된 몇 가지 의혹에 대해 해명과 소견을 설명 드리고 국민 여러분의 양해와 이해를 당부 드리고자 합니다.

1. 비아그라, 팔팔정 구매 관련 사항입니다.

청와대 의무실에서는 해외 순방 행사 시 대통령님과 수행원들의 원활한 국정 수행을 보좌하고자 사전 방문 지역의 의료정보를 분석하여 우려 질환에 대해 대응책을 강구하여 대비하고 있습니다. 2015년 4월 남미 순방 시 황열과 고산병에 대한 우려로 주치의를 통해 자문을 요청한 바 있으며 당시 고산병 예방 및 치료를 위해 권고 받은 처방은 다음과 같습니다.

1) Acetazolamide(다이아막스정, 아세타졸정) 125mg 12시간마다 경구 복용(도착 하루 전부터 도착 후 2~3일간)

2) Sildenafil(비아그라정, 팔팔정) 50mg 8시간마다 경구 복용(도착일부터 3~5 일간) 위 처방의 적절성에 대해 논란이 있는 것도 알고 있습니다만 미국 질병 통제예방센터(CDC) 가이드라인을 비롯한 많은 교과서와 문헌에서 고산병의 예방과 치료를 위해 제시하고 있는 4가지 약품(Acetazolamide, Dexamethasone, Sildenafil, Nifedipine)에 포함된 처방이었습니다.

2015년 4월 방문한 콜롬비아 보고타 지역은 해발 고도 2,625m로 가이드라인에서 제시하고 있는 예방적 다이아막스 복용의 적응 고도였으나 상대적으로 위험성이 큰 고지대는 아니라 판단하여 휴대용 산소와 다이아막스, 덱사메타손 등 3종을 고산병 예방을 위해 준비하였습니다. 하지만 예상외로 고산 증상을 호소하는 수행원이 많아 향후 고산 지대 행사에 대한 추가 대책을 고민하게 되었습니다. 이에 2016년 3월 해발고도 2,200m의 멕시코 순방과 5월 해발고도 2,400m의 에티오피아 순방을 대비하고자 주치의 처방을 받아 2015년 12월 Sildenafil 성분인 비아그라정과 팔팔정을 구매하였고 위 3종에 추가하여 준비하였습니다.

의학적 통념과는 달리 멕시코시티는 우려되는 고지대가 아니었음에도 불구하고 고산 증상을 호소하는 수행원들이 꽤 발생하였기에 에티오피아 순방 시에는 청와대 수행원들을 대상으로 다이아막스정을 자문받은 처방대로 일괄 지급하였으며, 비아그라정과 팔팔정을 포장하여 병원 또는 저지대 이송 전 단계의 고산병 환자 발생에 대응하고자 하였습니다.

많은 언론과 전문의료인들께서 제시해주신 바와 같이 고산병 예방의 일차 선택 약제는 다이아막스정이 맞습니다. 하지만 혹시 모를 상황을 대비해야 하는 의료진으로서 다이아막스 외 치료에 도움을 줄 수 있는 약제의 구비가 필요하였습니다.

Sildenafil 성분의 비아그라정과 팔팔정에 대해 근거가 부족하다거나 효과가 없다는 의견을 제시해주신 분들께는 겸허하고 신중히 검토하겠다는 말씀을 드립니다. 하지만 여전히 Sildenafil 성분의 약은 발기부전치료제임과 동시에 그 혈관확장 효과로 적정 용량으로 지속적으로 사용했을 때 고도 뇌부종이나 폐부종 등 중등도의 고산병 치료와 예방을 위한 선택 약제임을 이해해주시기 바랍니다.

비아그라정과 팔팔정으로 나누어 구매한 이유는 오리지널 제품인 비아그라정으로 구매를 추진하였으나 가격이 비싸 상대적으로 저렴한 동일한 성분의 제네릭 제품인 팔팔정을 구매하게 된 것입니다. 구매량의 산정은 1회 1정 하루 3회 기준으로 3~5일간 복용이므로 1인 9~15정 소요로 판단하여 30~40명의 환자 발생에 대비하고자 하였습니다.

2. 에토미데이트프리로주 구매 관련 사항입니다.

외상이나 기도 내 이물질, 중추신경계 질환 등에 의한 호흡장애나 기도 폐색, 심정지 등 응급상황 발생으로 자발 호흡이 제한될 때 기도를 유지하고 인공 호흡을 효과적으로 제공하기 위한 적극적인 방법으로 입이나 코를 통하여 기관으로 관을 삽입하는 것을 기관삽관술이라 합니다.

기관삽관술은 의식이 있는 환자에게는 매우 고통스러운 시술이며, 뇌압의 상승이나 혈역학적 불안정성을 야기할 수 있어 보다 안정적이고 효과적인 기관삽관술의 시행을 위해 의식을 저하시키고 완전히 이완된 상태로 유도하여 신속히 삽관을 시행하는 것이 필요한데 이를 신속 연속기관내삽관술(Rapid Sequence Intubation)이라 합니다.

신속 연속기관내삽관을 위해서는 진정제와 근이완제 등의 약물 요법이 필요하며 환자의 상태와 여건, 의료진의 선호에 따라 그 약제의 선택은 다를 수 있을 것입니다. 청와대 의무실에서는 만약의 경우를 대비하여 응급 상황에 신속히 처치할 수 있도록 응급 약품을 상황별 세트화시켜 휴대하고 보관하고 있으며 신속 연속기관삽관술을 위해 선택한 진정제가 호흡 억제나 혈역학적, 뇌압 안정성 면에서 우수하고 작용시간과 지속시간이 짧은 에토미데이트입니다.

구매 관련 사항입니다. 청와대 의무실에서 판단한 필수 보유량은 응급카트, 수행가방, 응급가방, 운송수단 탑재용 등 13개로 20개를 구매하여 13개를 비치하고 7개를 예비로 보관하였습니다. 2013년 9월 20개를 구매하였으며, 15년 2월 유효기간이 도래되어, 2014년 11월 20개를 구매하여 교체하였고, 16년 3월 유효기간이 도래되어, 2015년 11월 10개를 구매하여 일부 교체하였습니다. 다행히 실제 사용이 필요한 응급 상황은 발생하지 않았기에 사용량은 없었습니다.

3. 리도카인 구매 관련 사항입니다.

많은 분들이 아시겠지만 리도카인은 대표적인 국소마취제입니다. 몇몇 언론에서 제기하신 피부 미용 시술에 더 자주 사용된다는 말씀은 죄송스럽지만 제 소견으로는 납득하기 어려우며, 저희 의무실에서는 피부 미용 시술을 할 수도 없고 능력도 없습니다.

청와대 의무실의 진료 대상은 청와대 경호실, 비서실, 안보실 직원들뿐만 아니라 경내에서 근무하는 경찰, 군까지 다양하고 적지 않은 인원입니다. 특히 경호실 직원과 경찰, 군 인원들은 외상에 노출되기 쉬운 환경에서 근무하고 있습니다. 리도카인의 사용은 열상 등 외상처치 시 통증 감소를 위한 국소 마취용이었습니다.

4. 엠라5%크림 구매 관련 사항입니다.

언론에서 말씀해주신 바와 같이 엠라크림은 피부에 바르는 국소마취제입니다. 다만 피부과와 성형외과 시술에 주로 쓰이고 다른 용도로는 잘 쓰이지 않는 약품은 아닙니다.

엠라크림은 주삿바늘 삽입시 또는 표재성 외과적 처치 시 피부의 표면 마취를 위해 사용되는 약물로 간편하게 바르는 방법으로 효과가 아주 강하진 않지만 짧은 시간 통증 완화를 도모할 수 있는 약제입니다. 거듭 말씀드립니다만 저희 의무실은 피부과나 성형외과 시술을 할 수 없습니다.

　5.보스민액, 니트로주사, 아데노코주사, 염산도파민 등 구매 관련 사항입니다.

언론에서 수술용 의약품으로 의혹을 제기해주신 상기 약들에 대해 간단히 설명 드리겠습니다. 참고로 청와대 의무실은 수술을 할 수 있는 여건을 갖추고 있지 않기에 수술이 필요할 경우 외부 병원으로 이송을 할 수밖에 없습니다.

보스민액은 기관지 천식 발작의 완화와 국소 부위의 출혈(외상, 코, 입, 인후두 점막의 출혈) 시 사용하는 지혈제입니다. 많은 의료인 분들은 응급실에서 코피 환자나 구강 내 열상이 발생했을 때 등 국소적인 출혈 시 지혈을 돕기 위해 보스민액을 거즈에 적셔 패킹하는 형태로 흔히 사용해보셨을 겁니다. 수술 시 지혈을 막는데 주로 사용하는 약물이라는 말씀은 오해의 여지가 있을 것 같습니다.

니트로주사는 수술 전후의 혈압조절을 위해서도 사용할 수 있겠지만 많이 알려져 있기는 급성 심근 경색이나 협심증 등 응급상황 시 혈관확장제로 사용하는 선택 약제입니다. 협심증 시 혀 밑 또는 구강 내에 녹여 복용하는 응급 약제인 니트로글리세린설하정의 주사제로 생각하시면 이해가 쉬울 겁니다.

에토미데이트와 마찬가지로 만약의 응급상황에 대비한 약물로 구매한 것입니다. 아데노코 주사 역시 발작성 심실상성 빈맥 시 심장 박동을 정상적인 동율동으로 신속히 전환시키기 위해 사용하는 응급 약물인 아데노신 주사로 이를 수술 중 사용하는 약물로 정의하시는 것은 무리한 오해가 우려됩니다.

염산도파민 주사도 응급 상황을 대비한 약물로 다양한 원인의 쇼크 시 혈압을 올리기 위한 승압제로 같은 이유로 보유한 것입니다. 앞서 말씀드린 바와 같이 청와대 의무실은 수술실을 갖추고 있지 않습니다. 청와대 내에서 수술은 불가능합니다.

하나의 약물도 다양한 적응증이 있고 의료진의 경험과 선호가 다르기에 그만큼 다양한 견해를 말씀해 주실 수 있습니다. 그러나 저도 의사로서 양심과 소신에 따라 필요한 의료적 판단을 하고 있으며, 청와대 의약품도 그런 판단에 따라 구입된 것이라는 점을 분명히 말씀드립니다."

2016년 11월 24일 청와대 의무실장

진실

재단은 왜?

박 대통령은 매우 친 기업적이었다. 기업을 어떻게 하면 도와 줄 수 있을지 많은 고민을 한 것으로 보였다. 기업의 경영에 간섭하는 것이 아니라 정부가 도와 줄 수 있는 방법을 찾는데 관심이 많았다. 단순히 말하자면 기업이 잘 돼야 국가 경제가 좋아지고 나라가 부강해지며 국민이 잘 살 수 있다고 생각한 듯했다. 기업과 관련된 간담회 때는 어김없이 규제철폐를 강조했다. 정부는 기업이 무엇을 원하는지 옆에 붙어 앉아서 파악하고 실행하라고 주문했다.

"외국에 없는 규제나 인증 제도를 우리는 신주단지 모시듯 해서는 안 된다. '인증이 곧 품질보증'이라는 인식에서 탈피해야 한다. 생산 활동을 억제하는 규제는 과감하게 없애라.

신산업의 성장을 가로막는 규제로 의심이 되면 정부 입맛에 맞게 골라 없애는 것이 아니라 일단 모두 물에 빠트려 놓고 꼭 살려야 할 규제만 살려두도록 전면 재검토하겠다."

이 말을 두고 당시 야당은 전혀 관련 없는 세월호와 연관시켜 끔찍한 표현을 했다며 비난 공세에 열을 올렸다. 일부 진보언론은 또 이를 받아 제목으로 달고 받아썼다. 박 대통령은 특히 신기술에 큰 관심을 보였다. 미래 세계경제는 신기술에 달렸다고 보았다. 하루가 다르게 신기술이 개발되고 있는 상황에서 우리 기업이 국제시장을 선점하는 것이 중요하다고 강조했다. 선점을 하려면 기업의 발목을 잡고 있는 규제를 다 풀어줘야 한다는 것이었다.

"기업이 요청하기 전에 풀어야 한다. 기술은 빠르게 발전하고 있는데 허가가 늦으면 다 선점된다. 속도가 중요하다. 시간 지나면 아무 소용이 없다. 빨리 시장에 진출할 수 있도록 선제적으로 해야 한다."

경제관련 간담회 때면 어김없이 수없이 반복하고 강조했다. 세계 시장에서 우리 기업의 앞선 기술력으로 세계 시장에 진출해 경쟁력을 확보하면 우리나라의 경제체질도 더욱 튼튼해질 것으로 보았다. 미래 시장 선점이 왜 중요한지를 이렇게도 표현했다.

"힘이 약해서 멸종된 것이 아니라 시대 흐름에 적응한 자만 살아

남는다. 큰 고기가 작은 고기를 잡아먹는 게 아니라, 빠른 고기가

느린 고기를 잡아먹는다."

　미르와 k스포츠 재단도 그렇다. 한마디로 한류 콘텐츠의 경쟁력을 강화해 기업의 제품 수출을 늘리자는 것이었다. 지난 정부와 박근혜 정부 때 한류가 세계적으로 열풍을 일으켰다. 드라마 '대장금'의 시청률이 중동에서 80%를 넘고 서유럽과 아시아, 아프리카까지 대단한 인기를 끌고 있었다. 가수 싸이의 열풍까지 더해져 한류 바람이 세계인을 사로잡았다. 문화융성을 국정목표의 하나로 삼고 있었던 박 대통령은 한류를 시스템화할 필요를 느낀 듯했다. 한류가 곧 수출 경쟁력이라는 것이다. 해외시장에서 한국드라마가 선풍적인 인기를 끌면 곧 한국제품에 대한 인기로 이어져 전자제품을 비롯한 한국제품의 수출증가에 큰 힘이 될 것으로 여긴 것이다. 당시 실제로 한류의 영향으로 수출 상품이 늘었다. 한류를 이끄는 방송 콘텐츠와 기업의 제품 수출이 매우 밀접한 관계를 이루고 있었던 것이다. 그럼 콘텐츠의 질을 높이기 위해서는 어떻게 하느냐?

　방송사 등 프로그램 제작자들은 제작비 부담으로 질 좋은 프로그램을 만들기 어려우니 투자가 필요하고, 그 혜택을 보고 있는 기업이 투자를 하면 좋겠다는 생각이었던 것으로 보였다. 콘텐츠 제작사도 좋고 기업도 좋은, 서로 상생하는 구조였다.

　그런 구상을 나는 박 대통령이 간간히 방송사와 외주 제작사 등 프

로그램 제작자들이 참여하는 간담회에 참석해 콘텐츠 경쟁력 강화방안 마련을 위해 토론할 때 들어 알게 됐다. 방송에 종사했던 사람으로서 아주 좋은 방안이라 여겼다. 이후 해외 순방 때마다 가수들과 태권도인들이 참가하는 한류 프로그램을 순방 도시에서 열었는데 엄청난 한류 열기를 취재진을 비롯한 모든 수행원들이 실감했다. 인근 나라에서 와 공연장 앞에서 밤을 세우는 젊은이들을 실제로 목격하고 놀라움을 감추지 못했다. 그런 열기를 기업의 제품 수출 확대로 이어지도록 할 목적이었다.

당시 어느 회의나 간담회에서도 미르는커녕 재단이라는 말도 나오지 않았다. 나는 한 번도 듣지 못했다. 미르나 k스포츠재단이라는 용어를 2016년 7월 26일 언론의 보도 이후에야 알았다. TV조선이 '청와대 안종범 수석, 문화 재단 미르 500억 모금 지원'이라는 제목으로 보도를 하면서 시작됐다. 미리 기획해 두었다가 연속 보도로 이어갔다. 나는 청와대를 직접적으로 언급하지 않았지만 안종범 수석을 겨냥한 것이 심상치 않았다.

그러나 본인은 "모금에 개입한 사실이 없다" "기업 관계자와 전화한 사실이 없다"고 했다. 해당 수석실에서도 별다른 해명 자료도 주지 않았고 요구도 하지 않았다. 대통령도 특별한 언급이 없었다. 나는 의미 있는 정책을 TV조선이 흠집 내기를 한다는 정도로 여겼다.

그러나 보도는 TV조선에서 한겨레 신문으로 이어져 '권력의 냄새, 또 다시 등장한 최순실'이라는 기사로 최순실이라는 여자가 부각되더니 '문화계 황태자'라는 이름을 달고 차은택이라고 하는 듣도 보도 못한 인물이 등장했다. 재벌에 출연금 납부 독촉, 졸속 설립, 인사 개입 의혹 등이 제기됐으나 나는 최순실을 몰랐기에 그때까지도 최순실의 개인 비리로 여겼지 청와대나 대통령과의 직접적인 연관성은 드러나지 않아 공식적으로 대응할 수 없었다.

박 대통령은 검찰 진술에서 재단을 설립하라고 지시하지 않았다고 한다.

"기업인들도 한류가 세계에 널리 전파되면 기업의 해외 진출이나 사업에 도움이 된다며 저의 정책 방향에 공감해 주셨고, 그래서 저는 전경련 주도로 문화재단과 체육재단이 만들어진다는 소식을 관련 수석으로부터 처음 들었을 때 기업들이 저의 뜻에 공감한다는 생각에 고마움을 느꼈고, 정부가 도와줄 수 있는 방안이 있으면 적극적으로 도와주라고 지시를 하였던 것입니다.
그런데 그렇게 좋은 뜻을 모아 설립한 위 재단들의 선의가 제가 믿었던 사람의 잘못으로 인해 왜곡되고 이에 적극 참여한 우리나라 유수의 기업 관계자들이 검찰과 특검에 소환되어 장시간 조사를 받고 급기야는 국가경제를 위해 노력해 오던 글로벌 기업의 부회장이 뇌물공여죄 등으로 구속까지 되는 것을 보면서 너무나 가슴이 아팠습니다."

미르라는 재단 이름도 본인이 지은 것이 아니라 재단이 설립된다는 말을 들을 이후 몇 가지 안이 올라와 그 가운데서 골랐다고 했다. 그러나 검찰과 언론은 박 대통령과 최순실이 짜고 재단을 설립해 재벌들의 돈을 받아 이를 빼돌리려 했다고 보았다. 검찰은 뇌물죄로 기소했다. 재단 기금을 사사로운 목적으로 기업에 강요를 해서 뇌물로 받았다는 것이다. 592억 원. 국민들의 머릿속에 부패 대통령으로 각인됐다.

검찰은 조사에서 박 대통령에게 이렇게 물었다

"퇴임 후 운영할 생각으로 미르와 K스포츠 재단을 설립한 것은 아닙니까?"

"그런 사실이 없고 그런 생각도 전혀 없었습니다. 제 임기 동안 문화융성 기반을 닦아서 국민의 삶의 질을 높이고 경제도 발전시키겠다는 생각이 있었을 뿐이지, 제가 개인적으로 재단을 이용할 생각은 없었고 관심사도 아니었습니다."

그럼 최순실의 재단 개입은?

"최순실과 의논할 일도 아니고 의논한 사실도 전혀 없습니다. 최순실로부터 일부 임원의 추천은 받은 사실이 있습니다. 그러나 최순실로부터 정관 초안 등을 받은 사실이 없습니다. 그리고 저는 최순실이 이렇게까지 관여할 줄 몰랐습니다. 저는 재단의 이사도 아니고 재단과 관계가 없는 최순실이 왜 이렇게 관여를 했는지 잘 모르겠습니다. 최순실이 임원들에 대한 면접도 보면서 적극적으로 재단에 대하여 알아보고 회의도 하고 그랬다는 언론 보도를 보고 상당히 의아했고 지금도 그렇습니다."

검찰은 또 이렇게도 물었다

"이재용으로부터 삼성물산 제일모직 간 합병, 순환출자 해소를 위한 삼성물산 주식 처분 최소화, 삼성생명의 금융지주회사 전환, 바이오로직스의 상장 및 규제완화 등과 관련하여 부탁을 받고 정유라 승마 지원금, 영재센터 및 미르, k스포츠 재단에 대한 후원금을 받은 것입니까?"

박 대통령의 답은 이랬다

"있을 수 없는 일입니다. 순환출자 문제는 제가 아예 모르고 바이오산업 문제는 아이디어 차원에서 이재용으로부터 들을 수는 있었겠지만 구체적인 부탁을 받은 것은 없습니다. 제가 정치 생활을 하는 동안 대가관계로 뭘 주고받고 그런 일을 한 적은 없고 할 수도 없는 더러운 일이라고 생각합니다. 그런데 제가 대가관계로 돈을 받았다고 하다니 어이가 없고 그런 일을 하려고 제가 대통령을 했겠습니까? 제가 나라를 위해 밤잠을 설쳐 가면서 기업들이 밖에 나가 활발하게 활동할 수 있게 하고 국내에서는 어떻게 일자리를 만들 수 있을까 그렇게 고민을 하고 3년 반을 고

생을 고생인줄 모르게 살았는데 제가 그런 더러운 돈을 받겠다고 … 사람을 어떻게 그렇게 더럽게 만듭니까! 저는 대한민국을 위해 임기 3년 반 하루하루를 노력했습니다. 특히 삼성이 미르, k스포츠 재단에 낸 돈까지 뇌물이라고 한다는 것인데 만약에 뇌물을 받는다면 제가 쓸 수 있게 몰래 받지 모든 국민이 다 아는 공익재단을 만들어서 출연을 받겠습니까? 그 돈은 제가 한 푼도 쓸 수 없습니다. 그리고 모든 기업은 항상 현안이 있습니다. 재단 출연금까지 뇌물로 본다면 그동안 기업들이 정부가 주도하는 일에 성금을 내거나 하는 것도 전부 뇌물이라는 것인데 이것은 말이 안 되는 것입니다."

　　결국 삼성의 이재용 부회장 1심 선고에서 재단에 낸 기금은 뇌물로 인정되지 않았다. 검찰의 무리한 기소로 판명됐다. 그러나 박 대통령은 최순실과 공모해 재단을 만들어 뇌물을 받았다는 검찰의 공소장에 따라 탄핵이 된 뒤였다.

　　한류는 잠잠해졌다. 언론은 재단의 취지엔 관심이 없었고 검찰의 주장만 받아쓰기 했다. 결과에 대한 책임의식은 찾아볼 수 없었다. 물론 박 대통령도 검찰에서 본인에게 유리한 주장만 했을 수 있다. 그러나 나는 그의 진정성을 믿는다.

올림머리

국회의 박 대통령 탄핵소추안 표결 (12월9일)을 사흘 앞둔 12월 6일. 한겨레 신문은 단독이라며 '박 대통령, 세월호 가라앉을 때 '올림머리' 하느라 90분 날렸다'는 제목으로 이렇게 보도했다.

"세월호가 가라앉던 2014년 4월16일 박근혜 대통령은 승객 구조 대책을 마련하는 대신 강남의 유명 미용사를 청와대로 불러 '올림머리'를 하는 데 90분 이상을 허비한 것으로 6일 확인됐다. 의문의 7시간 가운데 1시간 30분은 밝혀진 셈이나, 나머지 5시간 30분 동안은 무엇을 했는지 여전히 의문이다."

탄핵안 가결을 위한 민심의 불에 기름을 끼얹기에 충분했다. 이 기사를 보고 누가 울분을 터뜨리지 않을 수 있겠는가? 그 절박한 시간에 대통령이라는 사람이 그렇게 오랫동안 머리나 하고 앉아 있었단 말인가?

아니나 다를까 당시 야당 인사들은 '인간이기를 포기한 대통령. 탄핵을 넘어 학살의 책임을 죽을 때까지 묻고 치르게 해야 한다' '인간의 도리를 저버린 패륜' '비정하고 잔인한 대통령' 등 이루 입에 담을 수 없는 표현을 쏟아냈다.

언론들은 한겨레 기사를 가감 없이 받아쓴데 이어 정치권 반응을 쿼터(" ")로 달아 "아이들 물에 잠길 때 머리 올린 대통령" "세월호 인양보다 가라앉은 머리 올리는 게 더 중요했나?" 같은 악의에 찬 제목들을 마구 달아 거리낌 없이 보도했다.

민심을 동요시키고 여론을 몰아 탄핵을 성사시키기 위해 쐐기를 박은 듯했다. 보도의 시점이 절묘했다. 만약 보도가 사실이라면 공분을 일으키기에 충분하였기에 심각한 문제였다. 그러나 확인결과는 달랐다. 대통령의 미용을 담당하는 사람은 두 명으로, 한 사람은 머리, 한사람은 메이크업을 주로 하는 자매들이었다.

관저와 경호실 모두를 확인한 결과 이들은 4월 16일 오전에 청와대를 들어오지 않았고 오후에 들어와 1시간가량 머물렀는데 대통령 머리 손질에는 20여 분이 걸렸다고 했다. 나는 기자들에게 브리핑했다.

"청와대에서는 대통령의 머리손질과 메이크업을 위해 총무비서
관실 소속으로 2명을 계약직으로 채용하고 있습니다. 이들은 미

용실 등을 운영하며 외부에서 활동하고 있으나 2013년부터 계약을 맺고 출입증을 발급받아 거의 매일 출입하고 있으며 대부분의 경우 2명이 함께 다닙니다. 4월 16일 출입기록에 따르면 오후 3시 20분경부터 약 1시간가량 청와대에 머문 것으로 확인됩니다. 당사자들에게 확인한 결과 실제 머리 손질에 소요된 시간은 총 20여 분입니다.

참고로, 대통령은 오후 3시에 중대본 방문지시를 내렸고, 경호가 출동준비를 하는 동안 서면보고를 받으며 머리 손질을 했습니다."

시간대별로 보면,

-15:00대통령, 중대본 방문지시

-16:00경호 출동준비 완료 및 경호 선발대 출동

-16:30경호실, 중대본 경호안전 조치 완료

-17:10본대 출발

-17:15본대 중대본 도착

대통령은 경내 외에서 행사가 있을 때 그들 계약직 미용사를 불러 머리 손질을 했는데 거의 매일 오전에 행사가 있기 때문에 이들은 대체로 오전에 청와대에 들어왔다고 한다. 그러나 4월 16일엔 행사가 없어 오전엔 들어오지 않았다는 것이다.

조간신문 한겨레가 아침에 보도하여 불을 붙여 놓더니 저녁엔 SBS

가 다시 한 번 기름을 부었다. 똑같은 올림머리였으나 이번엔 "흐트러진 머리로 연출을 했다"는 것이었다.

> "오늘(6일) 8시 뉴스는 박근혜 대통령의 세월호 7시간의 비밀, 그 일단을 보여주는 충격적인 단독 보도로 시작하겠습니다.
> 세월호가 물속으로 가라앉고 있던 그 절박한 시간, 박근혜 대통령은 머리를 손질하고 있었습니다. 중앙대책본부 방문을 앞두고 깔끔한 헤어스타일이 부담스러웠던 듯 일부러 부스스한 모양으로 머리를 연출했다는 증언이 나왔습니다."

앵커가 말한 대로 그 절박한 시간에 어떤 정신 나간 대통령이 머리 분위기 연출을 위해 시간을 허비했단 말인가?

오전에 미용사들이 들어오지 않았다고 낮에 그렇게 확인해서 설명을 했는데도 SBS는 오전에 와서 머리를 하고 오후에 머리를 연출하기 위해 다시 들어왔다고 했다.

사실관계의 확인은 아예 도외시했다. 오로지 머리의 모양만을 보고 "깔끔한 머리가 부담스러웠던 듯 일부러 부스스한 모양으로 머리를 연출했다"며 마음대로 판단했다. 추측성 보도의 전형이다.

그런데도 SBS는 다음날, 정정보도는커녕 자신들의 보도로 청와대가 머리 손질을 인정했다며 사실을 포장하고 선동을 이어갔다.

"청와대가 그토록 숨겨오던 세월호 7시간의 한 조각이 마침내 확인됐습니다.

어제(6일) 이 시간을 통해서 참사 당일 대통령의 머리를 만졌다는 미용사의 인터뷰를 보도한 직후, (▶ [단독] 세월호 침몰 때 … '대통령, 흐트러진 머리 연출') 청와대가 그 사실을 시인했습니다. 청와대는 딱 20분 머리를 손질했을 뿐이라고 밝혔지만, 바닷속 아이들에게 그 시간은 생사의 갈림길이었습니다."

의도성, 악의성을 갖고 있지 않다면 불가능한 보도였다. 게다가 일부 언론은 미용사들의 출입기록을 확인해주자, '청와대가 그동안 4월 16일 외부에서 들어온 사람은 없다'고 거짓말을 했다고 보도했다. 미용사들은 계약직 직원으로 신분증을 갖고 출퇴근을 하는 사람들이다. 그들의 신분을 분명히 밝혔는데도 불구하고 청와대가 거짓말을 하고 있다고 비난한 것 역시 의도가 분명했다고 볼 수밖에 없다

잠이 보약

잠이 보약. 중앙선데이는 2016년 11월 13일자 505호 6면에 〈박 대통령은 침묵 … 청와대 "민심 겸허하게 받아들인다"〉 라는 제목의 기사 말미에 다음과 같이 전했다.

〔박 대통령은 공식 일정을 최소화한 채 '칩거 모드'를 이어가고 있다. 그러나 최근 대통령과 만난 종교계 인사는 "박 대통령이 예상과 달리 상당히 밝은 표정과 맑은 눈이었다. 그래서 '잠은 잘 주무시나 봅니다'고 인사말을 건넸더니 미소를 지으며 '잠이 보약이에요'라고 하더라"고 당시 분위기를 전했다.〕

당시는 주말 촛불 집회가 서서히 달아오르기 시작하던 때였다. 박 대통령은 각계 인사들의 조언을 구하기 위해 7일과 9일 종교계 인사들을 잇달아 만났다. 기자들에게 면담 일정만 알려주고 내용에 대해서는 별도로 브리핑을 하지 않았다.

내가 직접 배석을 하지 않아 어떤 대화가 있었는지 정확히 알지 못했다. 그런데 '잠은 잘 주무시나 봅니다' 했더니 '미소를 지으며 잠이 보약이에요'라고 말했다는 것이다. 실망한 국민들이 충격에 벗어나지 못해 밤잠을 설치거나 거리로 뛰쳐나와 추위를 무릅쓰고 울분을 터뜨리고 있는데 대통령은 잠이 보약이라며 관저에서 들어 앉아 아무 일도 없는 듯 잠이나 자고 있다?

국민감정을 폭발시키고도 남음이 있었다. 그 보도는 촛불에 기름을 부어주었던 것이다. 나는 당시 종교계 원로들과의 간담회 내용 전문을 확인해야 했다. 그런 내용의 대화는 11월 9일 있었다. 기자들에게 이렇게 브리핑했다.

> "전체 대화 내용을 확인해 보면, 종교계 원로께서 '대통령께서 잠 잘 주무시고 잠 못 이루시면 의사를 통해서 수면유도를 해서라도 맑은 정신으로 지혜롭게 이 어려운 문제를 해결하셔야 합니다'라고 말하자 박 대통령이 '다른 좋은 약보다 사람한테는 잠이 최고인 것 같아요. 또 뵙겠습니다. 와 주셔서 고맙습니다'라고 말했다."

그러면서 대화에서 '보약'이라는 단어를 사용한 적도 없고, 종교계 인사의 덕담에 대한 화답으로 한 말이라고 부연했다. 대화의 전체 내용은 누가 봐도 극히 의례적이고 상식적으로 볼 수 있다. 그런데 '국가가 발칵 뒤집혔는데 잠은 잘 자나 봅니다' 했더니

'네 잘 잡니다. 잠이 보약입니다'라고 말한 것처럼 전달됐다. 야당은 민심을 자극할 호재로 삼기에 충분했다.

"국민은 나라가 걱정이라며 날 밤을 세우고 있는데 대통령은 잠이 보약이라는 말을 하고 있다. 한심하고 부끄러울 뿐이다."

(당시 더불어민주당 기동민 원내 대변인)

아니나 다를까 다음 날 아침 대부분의 신문은 잘못된 기사의 원문을 퍼 나르고 정치권의 날 선 발언을 가감 없이 전하는데 열중하고 대통령을 조롱거리로 삼았다.

SNS는 '잠자는 청와대속의 공주'라는 등 온갖 비난과 조롱의 글로 뒤덮이다시피 했고 언론들은 이를 네티즌들의 반응이라며 기사로 만들어 돌렸다.

대화 내용 전체를 공개한 것은 대화의 흐름과 분위기 앞뒤 문맥을 이해하라고 한 것이었지만 상당수의 언론사들은 이를 무시했다. 진실이 무엇이든 간에 자신들이 쓰고 싶은 대로 쓰겠다는 것이었다.

어떤 신문은 청와대가 '잠이 보약'이 아니라 '잠이 최고'라고 말했다며 정정해 달라고 요청했다고 보도했다. 그러면서 네티즌이라는 익명을 인용해 '보약하고 최고가 뭐가 다르냐? 청와대가 참으로 한심하다는 반응을 보였다'고 전했다.

'세월호 7시간 의혹'이 '박근혜-최순실 게이트'의 핵심 이슈로 부

진실

각된 가운데 박 대통령의 '잠' 관련 발언이 주목받고 있다. 박 대
통령은 공식석상에서 유독 '잠'과 관련된 발언을 많이 해왔다. 최
근 제기되는 의혹의 핵심은 박 대통령이 '프로포폴'을 투여받았
는지와 관련이 많다. 프로포폴은 잠과 직결된 약물이다.

(헤럴드 경제)

과연 이게 가능한 기사인지? 사안의 본질은 외면하고 꼬투리를 잡아
비난을 위한 소재로만 삼겠다는 의도로 밖에 읽히지 않는다. 당시에는
무엇이든 세월호 7시간과 연관 지으려는 시도가 있었는데 '잠' 또한
그랬다. 상상력이 최대한 동원된 기사였다.

종합편성채널들 또한 국민들을 흥분시키는데 혈안이 된 듯했다. 대
통령을 후안무치한 비인격자로 만들고 조롱했다. MBN의 뉴스파이터

라는 프로그램 진행자의 말과 자막을 보자. '100만 인파에 둘러싸여 편히 주무셨나?' '다른 좋은 약보다 사람에겐 잠이 최고' '설마 지난 주말에도 숙면?' '잠이 아니면 잠잠이 최고?' 국민의 공공재인 전파를 개인의 화풀이 저주를 퍼붓는 도구로 삼은 것으로 밖에 볼 수 없는 내용의 방송이 전 국민에게 전달됐다.

그 진행자는 이렇게 말했다.

"종교 지도자들을 만난 자리에서 대통령이 '다른 좋은 약보다 사람에겐 잠이 최고다' 이렇게 말했다고 하는데 설마 지난 주말에도 편히 잠을 자지는 않았겠죠? 잠이 최고가 아니라 '잠잠'이 최고다라는 말씀을 하고 싶은 것이 아니었을까요?

그런데 어쩝니까, 잠잠할 것 같지는 않아 보입니다."

중앙일보는 다음날, 중앙선데이 원본 기사에 해명 때 밝힌 대화 내용을 추가하고 〈종교계 인사 "박 대통령, 밝은 표정에 맑은 눈 … 예상과 달라"〉라는 제목으로 수정했다.

[그는 "박 대통령이 상당히 밝은 표정과 맑은 눈이더라"며 "우울한 모습일 거라는 예상이 빗나갔다"고 말했다. 그러면서 "대통령이 요즘 잠도 잘못 주무신다는 소문을 들어서, 눈 밑에 다크서클이 있거나 얼굴이 푸석푸석해 보일 거라 생각했는데 전혀 그런 모습이 아니었다"고 덧붙였다.

당시 면담에서 한 종교지도자는 "대통령님께서 잠을 잘 주무셔야 한다. 잠을 못 이루시면 의사를 통해서 수면유도를 해서라도 맑은 정신으로 지혜롭게 이 어려운 문제를 해결하셔야 한다"라는 말도 했다고 한다.

이에 박 대통령은 "다른 좋은 약보다 사람한텐 잠이 최고인 것 같아요. 또 뵙겠습니다. 와 주셔서 감사합니다"라고 인사했다고 한다.]

여기에 마지막 한 줄이 더 추가됐다. [종교지도자는 "잘 자고 있다는 뜻으로 알아 들었다"고 말했다.]

결국 다른 사람의 말을 인용해 '그 와중에서도 잠을 잘 자고 있었다'는 기사의 의도는 바뀌지 않았다. 어찌 대통령이 잠을 제대로 잘 수 있었겠나?

나는 당시 박 대통령이 매일 저녁 울고 지냈다는 말을 들었다. 실제로 참모들 앞에서도 나라를 걱정하며 처연하게 울었던 기억이 생생하다. 눈물을 흘리면서 담담히 말을 이어가는 그 처연한 모습이 잊혀지지 않는다. 본래 밤잠이 많지 않은 분인데, 어떻게 그 상황에서 잠을 제대로 잘 수 있었겠나?

변기공주, 거울공주

국회의 탄핵소추안 처리를 하루 앞
둔 2016년 12월 8일. 송영길 더불어민주당 의원이 진보진영 사람들이
주로 참여한 '민주종편티비'라는 곳에 출연해 박 대통령이 2013년 국
정간담회 참석을 위해 자신이 시장으로 있던 인천시를 방문하게 됐는
데 '청와대 관계자들이 시장실의 변기를 뜯어가고 새로 교체했다'고 주
장하면서 시작됐다.

사실이 아니었다. 당시 의전 담당자에게 확인한 결과 의전이나 경호
실에서 인천시에 변기교체를 요청 사실이 없다는 것이었다. 인천시청
국정간담회는 일정이 촉박하게 잡혀서 그럴 만한 여건도 되지 않았다
는 것이다. 그러나 이때부터 박 대통령은 '변기 공주'가 됐다. 참으로 지
저분하고 잔인한 선전전이었다.

12월 8일은 국회의 탄핵안 처리를 하루 앞둔 날이다. 치졸하기 짝이
없으나 여론을 최악으로 몰고 갈 최고의 전략으로 저들은 여겼을지 모

른다. 의도는 분명했다. '이런 정신 이상자에게 어떻게 나라를 맡기겠나. 탄핵해야 한다.' 변기는 민심을 악화시키는 기폭제가 됐다. 이후 변기와 관련된 기사들이 줄줄이 이어졌다. 야당 인사들은 '변기' 의혹을 지속적으로 제기하면서 여론을 악화시키는데 활용했다. 언론들은 사실관계를 확인해 볼 생각도 없이 이들이 '제보'라며 트위터 등에 올리는 내용을 그대로 기사화해 여론몰이에 기여했다.

'지난 2013년 박 대통령이 해군 2함대 인천해역방어사령부 사령관실을 방문한 뒤 사령관 집무실 화장실 전면교체 지시가 내려왔다. 또 공군 제8전투비행단의 귀빈실 화장실 변기를 교체하라고 해 리모델링 하고 행사를 치렀다' 그러나 국방부를 통해 확인한 결과 인천해역방어사령부는 사령관실 화장실에 변기교체 공사를 한 사실이 없고, 내실 배관에 문제 있어 용접작업을 한 적은 있었다고 했다. 또 제8전투비행단 역시 운행관제대 귀빈실 화장실을 2012년 이후 공사를 한 적이 없다고 했다.

그 중에 가장 터무니없고 악의적인 여론 조작은 김경진 의원의 핵안보정상회담 '숙소 화장실 사용'이었다.

'박 대통령이 (정상들과 단체 사진을 찍지 못하고) 회담장에서 마지막 순간에 없어졌는데, 나중에 확인해 보니까 본인이 머물렀던 숙소에 다녀오셨다는 거다. 그것도 연장선이라는 거다. 본인이 쓰던 것만 써야 하는 – 공중건물에 있는 거(화장실)는 (사용할 수 없다는) … '

화장실을 이용하기 위해 회담장에서 나와 미국 경찰과 경호원들의 모터케이드(오토바이를 타고 대통령 차량을 앞에서 인도하는 행렬)를 받으며 워싱턴 시내 한 가운데 있는 숙소를 다녀왔다?

2016년 4월 1일, 당시 나는 회담장 안에 있었다. 오전에 개최된 본 회의가 당초 예정보다 늦게 끝나 박 대통령은 잠시 행사장 안에 있는 세면장에 갔었고, 그 사이 오바마 미국 대통령의 안내로 예정보다 일찍 단체 사진 촬영이 시작되면서 박 대통령이 사진촬영에 참석하지 못했다. 청와대 의전 담당자들이 대통령을 모시고 사진촬영장으로 이동했다. 오바마 대통령도 그 상황을 지켜보고 있었고 미안하다는 뜻을 전달한 뒤 네덜란드 총리 등과 개별적으로 사진촬영을 했다.

나는 박 대통령이 단체 사진 촬영에 빠진 이유를 당시 수행 기자들에게 충분히 설명을 했고, 이 내용이 상세히 보도가 됐다. 그런데도 불구하고 '공중화장실을 쓰지 못하니까 숙소까지 갔다 왔다'고 확언을 했다.

일부 언론들은 당시 기사를 찾아보면 터무니없는 주장이라는 것을 알 수 있었지만 '말을 했다'고 '주장을 했다'는 것만으로 사실 관계와는 아무런 상관없이 그대로 받아 전달했다. 이 얼마나 무책임한 정치인이고 언론인가?

여기에 그치지 않았다. 박 대통령이 탄핵을 당하고 검찰 조사를 받고 구속이 된 이후에도 계속됐다.

'박근혜의 못 말리는 변기 사랑'

'전용 변기 없어 검찰 조사 어떻게 받지?'

'서울구치소장은 오늘 빨리 변기 교체를 해야 한다'

'변기공주의 수감 생활은?'

야당 쪽 인사들은 터무니없는 말을 쏟아내고 일부 언론들은 이를 제목으로 뽑고 받아쓰고 알렸다.

검찰에 출두하는 대통령이 '개인용 변기를 챙겼다'는 기사도 나왔다. 이 제목으로 보면, 개인용 변기를 챙겨갔으나 사용하지 못하고 어쩔 수 없이 공용화장실을 이용했다는 말이다.

"개인용 변기 안 챙겨갔다"고 설명하기 위해 기자실을 방문해야 했다. 청와대 기자실을.

어찌 우리 언론의 수준이 이 정도 밖에 안 된다는 말인가? 이 얼토당토 않는 보도에 '사실이 아니다. 안 챙겨갔다'고 부인하지 않으면 언론은 사실로 굳혀 버렸다.

사실 인천시청 변기 보도가 나왔을 때 너무도 지저분하고 수준 이하여서 대응을 하지 않았다. 정상적인 언론이라면 인용하지 않을 것이라고 판단했다. 그러나 나의 생각은 틀렸다. 착각이었다. 언론을 너무 높게 평가했다. 전혀 가치 없는 기사에 대해서도 '아니다'고 확인을 해줘야 했다. 그렇지 않으면 거짓이 진짜가 됐다. 언론은 사실여부와 관계없이 질러만 댔다.

조롱은 끝이 없었다. 저지른 일이 사실이었을 때나 조롱도 가능하다. 거짓을 사실이라고 우기고 조롱을 할 수는 없는 일이다. 그러나 우리 정치인과 언론은 그런 걸 가리지 않았다.

자기 나라 대통령의 얼굴에 변기를 뒤집어 씌워 국가적 수치심을 심어 놓고도 반성은 없었다. 조롱은 정권을 가져가고서도 계속됐다.

이번엔 거울공주였다.

박 대통령을 '거울 공주'로 만든 기사를 보자.

[박 전 대통령 관저 '거울방' 때문에 청와대 입주 늦어졌다.

문재인 대통령이 취임 직후 바로 청와대 관저에 들어갈 수 없었던 이유가 거실을 사방으로 둘러싼 거울 때문이라는 증언이 나왔다. 이 같은 사실은 "청와대 관저는 어떻게 생겼냐"는 의뢰를 받고 취재를 하던 중 드러났다. 문 대통령이 취임한 건 지난 10일. 통상적으론 취임 다음 날 바로 관저에 들어가지만 문 대통령은 사흘이나 지난 13일에 짐을 풀었다. 대통령직인수위원회 기간이 없었다는 점을 감안하더라도 예상보다 입주가 늦어진 건 박근혜 전 대통령이 사용했던 거실이 온통 거울로 뒤덮여 있었기 때문이다. 더불어민주당 관계자는 "실무진이 관저를 손보려고 들어갔는데 거울이 사방에 붙어있어서 깜짝 놀랐다"며 "지금은 거울을 떼고 벽지로 마감했을 것"이라고 전했다. '거울방'은 지난 1월 민주당 우상호 원내대표가 세월호 참사 당일 박 전 대통령이 요가 수업을 들었다는 의혹을 제기한 뒤 논란이 됐었다. 이 거울방이 요가나 필라테스를 배우기 위한 작은 공간이라면 문 대통령의 입주에 문제가 되지 않는다. 그러나 박 전 대통령은 거실 전체를 거울로 채워 놓았던 것이다.] (2017년 5월 15일 국민 일보)

거짓이다. '박 전대통령이 사용했던 거실이 온통 거울로 뒤덮여 있었다' '거울이 사방에 붙어 있었다' '거실 전체를 거울로 채워 놓았다'고 단정했지만 사실과 다르다. 우상호 대표가 세월호 참사 당일 요가 수업을 들었다고 제기한 의혹도 거짓이다. 어느 것 하나 맞는 팩트가 없었다. 거짓으로 만들어진 기사다. 관저는 새 대통령이 본인의 기호에 맞게 벽지를 바르고 가구를 배치해야 하기 때문에 미리 공사를 할 수 없다. 새 대통령이 원하는 대로 고치려면 거울 때문이 아니라도 바로 입주를 할 수 없다. 그 또한 팩트가 맞지 않은 것이다.

내가 확인한 바로는 거실에 거울이 있었던 것은 맞다. 취임 초기 요가를 배울 때 붙여 둔 것이라고 한다. 그러나 한 쪽 벽면의 일부다. 사방에 거울이 붙은 거울방이 아니었다.

'문 대통령 입주 늦어진 이유가 박근혜 거울방 때문?'

거의 모든 언론이 국민일보 기사를 인용해 보도했다. '거울 떼 내느라 문재인 대통령의 청와대 관저 입주가 늦어졌다는 말도 나온다고 한 발 더 나가기도 했다.

당연히 현직 청와대 출입기자들의 질문이 있었을 것이다.

그런데 청와대는 '노코멘트 하겠다'라고 했단다. 참으로 알 수 없는 일이다. 있는 그대로 말해주면 될 일을 왜 답을 안 해 줬을까? 시시콜콜 청와대 내부 얘기를 그렇게 잘 전하면서 왜 확인을 안 해 줬을까?

사방이 거울로 뒤덮인 방에서 지냈다는 말은 정신병자를 떠올리게 한다. 의도는 분명했다. 여론을 악화시키는 소품으로 변기를 활용했듯이 거울로 다시 한 번 성난 민심에 불을 지피려 한 것이다. 이미 모든 것을 빼앗고 인격마저 유린한 뒤인데도 말이다. 변기는 의혹을 제기해도 과거의 일로 말만 있을 뿐 실물은 없는 것이고 거울은 실물이 있었던 바, 청와대는 아무리 그래도 사실이 아닌 것을 맞다고 거짓으로 확인해 줄 수는 없었을 것이다. '노 코멘트'라고 하면 의혹은 그대로 살아 국민들의 머릿속에 남아 손해 볼 것은 없을 터.

그렇게 하여 박 대통령은 '변기 공주'가 되고 '거울 공주'가 됐다.

대통령의 옷, 옷값

2017년 3월 21일 박 대통령이 검찰에 출석한 날, 그녀의 코트 차림 복장을 두고 상당수 언론은 '전투복을 입고 나왔다'라며 검찰과 각을 세우는 이미지를 전달했다. 조사를 받고 있는 내내 종편들은 '불복의 메시지'로 규정했다.

남색 겨울 코트. 사실 나도 박 대통령이 대통령직을 파면 당한 지 11일, 관저를 나온 지 9일째 되는 날 검찰 조사를 받기 위해 삼성동 자택을 나서는 모습을 보고 '또 남색 코트구나'라는 생각을 했다. 12일 관저에서 삼성동 자택으로 돌아 갈 때도, 1월1일 기자간담회 때도, 1월 24일 직무가 정지된 이후 첫 바깥출입으로 현충원의 부모님 묘소를 성묘할 때도 항상 그 코트였다. 사실 청와대에서 두 번의 겨울을 보내는 동안 다른 코트를 보지 못했다. 옷이 많지 않았던 것이다.

직무가 정지된 대통령과 간담회를 공손히 했다며 청와대 출입기자들이 온갖 욕을 먹은 1일 신년기자간담회 때의 기억을 한 신문기자는 사석에서 이렇게 말한 적이 있다.

"대통령이 관저에서 걸어 내려와 상춘재 뜰에서 대화를 나누다
안으로 들어와 (그 남색)코트를 벗고 블라우스 차림이었는데 그 블
라우스를 얼마나 오래 입었는지 올이 겉으로 다 돋아나 있더라.
참 안됐더라."

대통령이 업무상 입는 옷은 누가 비용 부담을 해야 할까? 대통령은
국내에서 수많은 행사에 참석하고 수많은 사람들을 만나면서 대통령
으로서의 품위유지가 필요하다. 더군다나 해외 순방에 나설 경우 양자
회담 다자회담 만찬 오찬 행사 등 다양한 행사에 참석해야 하고 국빈
의 자격으로 나라를 대표해 상대방 국가를 방문할 경우도 많다. 행사
성격에 맞게 옷을 준비해야 하는 것이 당연하다. 대통령의 옷은 개인
의 옷이 아니다. 남성 대통령이라면 양복 아니면 파티복일 테니 단순
할 수 있다. 여성 대통령은? 한 번도 여성 대통령이 없었기에 이에 대
한 규정이 제대로 마련돼 있지 않았던 것으로 보인다. 복장에 대한 별
도의 예산항목이 없었다는 얘기다. 당시 총무비서관은 국회 국정조사
특별위원회에서 '대통령의 옷이나 가방에 예산을 집행한 적은 없다'라
고 말했다.

실제로 최순실이 대통령의 옷값을 대납했다는 의혹이 불거졌을 때
대통령은 "최순실을 통해서 구입한 옷값 등은 본인이 모두 정확히 전

액 지급했다"고 말했다. "최씨가 대납한 돈은 없다"고 확인했다. 사비로 지급했다는 얘기다.

최순실도 대통령으로부터 직접 현금을 받아 지급했다고 특검에서 같은 진술을 했다. 특검이 박 대통령에게 뇌물죄를 적용하기 위해 최순실과의 관계를 '경제공동체'라는 특이한 용어를 가져와 적용한 배경에도 이 '옷값'이 있다. 최순실과 대통령의 지갑이 같다는 추측이었다. 그러나 재판 과정에서 경제공동체 논리는 무너졌다.

대통령의 '옷값' 의혹은 첫 여성 대통령으로 받은 불이익일 수도 있다. 재임 시절 그녀의 옷이 다른 나라 여성 대통령에 비해 그렇게 화려했다고 볼 수 있을까? 공적 시스템이 제대로 갖추어져 있는지 점검해 볼 필요가 있다. 대통령의 임무를 공식적으로 수행하는 일에 사비를 들이는 것은 이치에 맞지 않는다. 기업도 직원에게 모든 업무용 비용을 지급한다. 대부분의 방송사에서도 시청자들을 화면으로 대면하는 앵커와 진행자들에게 의상비를 지급하거나 의상 코디를 지정해 출연용 옷을 지원한다. 국회는 국가 최고 권력을 견제한다는 의미로 청와대 예산에 지나치게 인색하고 견제하는 경향이 강하다. 나라의 품격이 '대통령의 옷' 같은 어쩌면 사소한 것으로 인해 저평가되는 일은 없어야 하지 않을까.

Chapter

4

"어둠은 빛을 이길 수 없다.

거짓은 참을 이길 수 없다.

진실은 침몰하지 않는다.

우리는 포기하지 않는다."

무너진 법치

'형량이 20년이든 30년이든 개의치 않겠다'는 것은 법치주의를 반드시 세워놓겠다는 의지다. 법이 서야 나라가 바로 설 수 있다는 확고한 신념의 일환이다. 그런데 아니나 다를까 여당은 이를 두고 '법치주의에 대한 심각한 도전'이라고 비난했다.

정치재판을 거부하면 법치에 대한 도전인가? 이미 방향을 정해 놓고 가는 재판이 명백한데도 불구하고 하릴없이 재판을 계속 받아야 하는가? 어느 것이 정의인가? 그래서 재판은 오로지 법리에 근거해 이뤄져야 하는 것이다. '무죄추정의 원칙'과 '불구속 재판의 원칙'이 명확히 살아 있도록 해야 한다. 원칙이 사라지면 오해가 생기는 법이고 갈등이 빚어진다. 법은 원칙이 생명이다. 인신구속은 가장 비인간적인 행위인 만큼 철저한 원칙이 요구된다. 하지만 우리나라 사법부는 개념 없이 남발한다. 인권을 그렇게 존중한다면서 어떻게 구속에 대해서는 그렇게 관대한지 알 수 없다. 그래서 불신이 넘치는 것이다.

박 대통령은 법정에 드리워진 정치그늘을 걷어내야 나라가 바로 설 수 있다고 생각하는 듯하다. 그래도 믿을 곳은 법 밖에 없다는 것이다. 탄핵과정을 겪으면서 법치에 대한 신념이 구체화되고 굳어진 듯 보인다. 철저한 정치검찰과 언론이 새 권력의 입맛에 맞추려 맹목적으로 정의를 버렸다고 규정짓고, 그에 대한 영원한 해결책은 무엇인가를 고민한 듯하다. 그 결과가 법치다. 언제부터 법치가 답이라고 결심했는지는 알 수 없다. 직무정지기간 중이었는지 구속 이후였는지는 분명치 않다. 그러나 본인에 대한 이번 탄핵사례에서 자신을 던져 우리나라에 법치를 세울 수 있는 절호의 기회라고 여긴 것으로 보인다. 정치적 목적을 가진 세력으로부터 자신의 모든 명예와 정치적 생명을 빼앗기고 평생을 부정당하는 고통을 겪고 있지만 본인은 떳떳하기 때문에 법으로 바로 잡을 수 있다는 믿음에서다.

　역대 정부의 비극을 되풀이하지 않기 위해 형제들까지 철저히 멀리하는 인간적 고통을 감수하며 어떠한 부정과도 결탁하지 않고 오로지 나라만을 생각하며 일한 죄 밖에 없다는 생각에서다. 수십 년 동안 옆에 둔 최순실을 관리하지 못하고, 최순실의 비행을 눈치 채지 못한 것은 잘못이지만 형사적 처벌을 받을 만한 어떠한 비리에도 연루되지 않았으며 단 한 푼의 뇌물도 받지 않았기 때문에 사법부가 오로지 법에 따라 판단한다면 통치행위와 관련한 어떠한 행위도 무죄로 판결날 수밖에 없다는 믿음에서다. 그렇게 되면 정치적 판단으로 정의를 무너뜨린 국회와 언론, 검찰이 모두 바로 설 수 있는 기회가 될 것이며, 대한

　　　　　　　　　　　　　　　　　　　　　　　　　　　　진실

민국이 한 차원 업그레이드 된 성숙한 나라로 거듭날 수 있다는 확신이 깔려 있는 것으로 보인다.

사법정의가 바로 서면 판결에 대한 사회적 불신이 해소되고, 정치적 권위로 법망을 피해가는 불의로 국민적 공분을 일으키는 사태가 사라지게 되며, 언론이 의도적 목적으로 편향된 뉴스를 만들지 못할 것이다. 검찰이 정치적 의도로 수사하고 무리하게 기소를 하지 못할 것이며, 대통령이 정의롭지 못하게 권력을 행사하거나 가족과 주변인이 부패에 연루돼 명예롭게 은퇴하지 못하는 역사를 반복하지 않을 수 있다. 본인의 희생으로 그런 기회를 만들어 보겠다는 의지로 읽힌다. 그러나 박 대통령의 생각대로 법치가 제대로 설 수 있을지는 미지수다. 여전히 우리나라 법정은 정치에 자유롭지 못하다. 정권에 따라 달라지는 법의 심판이라는 오명에서 벗어나기는 어려운 상황이다. 오히려 더 정치화하고 있다고 봐도 지나침이 없어 보인다.

재판은 곧 정치

현직 판사가 '재판은 곧 정치'라고 공개적이고도 노골적으로 말하고 있는 지경이다. 오현석 판사는 법원 게시판에 '재판이 곧 정치라고 말해도 좋은 측면이 있다' 면서 '개개의 판사들 저마다 정치적 성향들이 있다는 진실을 존중해야 한다'는 글을 올렸다고 한다. 참으로 우려스러운 일이 아닐 수 없다. 그럼 판사들이 자신의 정치적 성향에 따라 죄의 유무를 판단할 수도 있다는 말인가? 자신과 이념, 성향이 다르면 유죄,

같으면 무죄를 선고할 수 있다는 말이 아닌가? 정치 상황에 따라 판결이 달라질 수도 있다는 얘기다. 재판정마저 정치적 이념으로 물들고 있다. 언제 법치가 제대로 세워질 수 있을 것인가?

진실

법 감정

법리와 법 감정 가운데 무엇이 우선일까? 법 감정이라는 용어는 국어사전에도 나오지 않는다. 기대 이하의 판결을 평가하거나 판결의 가이드라인을 제시하면서 묵시적 압박을 가하려는 의도로 정치권에서 가끔 사용되었던 용어다.

국민들이 상식적 수준으로 받아들일 수 있는 정도의 판결을 의미하는 것으로 여겨지지만 법 감정은 곧 여론과의 동의어에 다름 아니다. 법에 감정이 개입되는 것이 바람직한가?

판사도 인간이기에 오로지 법리에 의해서는 판결을 내릴 수는 없을지 모른다. 그렇기 때문에 '양심에 따라 법리만으로 판결해야 한다'라며 '양심'을 덧붙인다. 사람들의 미묘한 감정에 얽히고 섞인 현상들을 오직 법전에 따라 판결하기는 어려울 것이다. 그러나 판결에 양심이 개입하려면 어느 한 쪽으로 치우치지 않는 '절대적 양심'이 있어야 할 것이다. 외부 환경, 말하자면 여론으로부터 초연한 양심이어야 한다.

양심이 평정을 잃으면 곧 여론에 휘둘리게 되고 법리가 뒤로 밀린다.

"세월호 참사는 국민 공분을 불러일으키고 있는 중대 사안인데
도 영장을 기각한 것은 국민 법 감정을 무시한 결정이다"

2018년 3월 6일 김관진 전 국가안보실장의 구속영장이 법원으로부터 기각되자 검찰이 내놓은 반박문이다. 법리가 아니라 법 감정이 우선이다. 즉, 법리는 상관없고 여론에 따라 사법적 판단을 해야 한다는 논리와 다름없다.

김실장은 2017년 11월 군 사이버사의 정치댓글 작성을 지시했다는 혐의로 구속됐다가 구속적부심으로 법원에 의해 11일 만에 풀려났다. 검찰은 이에 반발해 자택 압수수색 등의 온갖 수단을 다 동원해 석방 3개월 만에 다시 구속영장을 청구했다. '정치 댓글 작성을 지시했다'가 먹히지 않자 '댓글 작성의혹에 대한 국방부 수사를 축소하라고 지시하고, 세월호 참사 이후에 국가 위기관리 지침에서 대형 재난 컨트롤타워를 청와대라고 명시된 부분을 삭제했다'는 혐의를 적용했다. 그러나 법원은 이를 인정하지 않았다.

검찰은 '지극히 비상식적이고 사안의 진상을 이해하지 못한 결정'이라며 법 감정을 내세워 또다시 조사할 뜻을 비쳤다. 기어코 구속을 시키겠다는 의지다. 인신을 구속하는 것은 인권을 억제하는 가장 비인간적인 강제행위다.

그렇기 때문에 죄를 지은 것이 분명해 보이고, 자유롭게 활동하도록 두면 관련 증거를 없애버리거나 도주의 우려가 있을 때 하는 것이다.

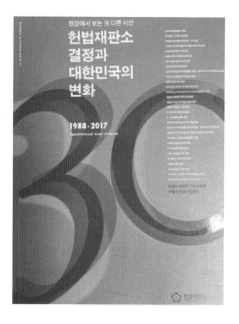

법 감정. 법 감정은 국민에 의해 선출된 현직 대통령을 탄핵하는 과정에서도 법리를 뛰어넘었다. 헌법재판소는 2018년 1월 22일 「헌법재판소 결정과 대한민국의 변화」라는 책자를 통해 이를 공식적으로 인정했다.

'촛불집회의 헌법적 완결체" "법적 인증 도장을 꾹 눌러준 것"

이게 도대체 무슨 말인가? 헌법재판소는 이 책자에서 "헌재 선고는 '촛불집회의 헌법적 완결체'라고 규정하고 '사상 첫 현직 대통령 파면이라는 선고는 국정 농단 사건에 대한 분노로 촉발된 촛불시위가 헌법적으로 승화된 결과물이었다"고 했다.

이는 '헌재의 선고는 헌법재판관들의 양심과 법리에 따라 내려진 것이 아니라 촛불집회를 통해 형성된 여론에 따라 이루어진 것'이라는 얘기다. 즉, 국민 법 감정을 헌법으로 추인해 주었다는 말이다. 따라서 앞으로는 여론, 법 감정이 모든 것을 우선하게 되었다.

또 "살아 있는 최고 권력을 민주적으로 퇴진시키는 역사의 도도한 물결에 법적 인증 도장을 꾹 눌러준 것"이라고도 했다.

　오로지 법관의 양심과 헌법적 판단에 따라 내려야 할 중차대한의 엄중한 현직 대통령 탄핵을, 헌재는 같은 이념과 목적을 공유한 단체의 정치집회에서 터져 나온 구호에 따라 결정했다고 인정한 것이다. 이것이 대한민국 최고 사법기관의 수준이었다니 참으로 어처구니가 없다.

미국 특검, 한국 특검

'무죄추정의 원칙'과 '피의사실 공표 금지'만 지켜져도 사회는 조용해진다. 2017년 10월 30일 현재 미국에서도 특별검사가 임명돼 수사를 진행하고 있는 상황이다. 러시아 스캔들이다. 지난 대선에서 러시아가 트럼프의 당선을 위해 선거에 개입했느냐가 핵심이다.

특별검사로 미 연방수사국 FBI의 수사국장을 지낸 로버트 뮬러가 2017년 5월 임명됐다. 미 상,하원 특별조사위원회도 가동 중이다. 미국은 이른바 '박근혜, 최순실 특검'을 거치면서 경험한 한국의 사회적 분위기와 달라도 너무 많이 달라 다소 생경할 정도다.

언론들이, 특검이 수사하고 있는 내용을 세세하게 보도하고 연관된 온갖 의혹들이 쏟아져 나와 TV화면을 하루 종일 채워야 할 텐데 전혀 그렇지가 않다. '아니, 특검에 소환되는 사람들이 매일 카메라 앞에 서는 모습들이 나오고 하루 종일 같은 장면이 방송돼야 하는데 왜 안 나오지?'

특검이 진행되고 있지만 방송이나 신문 지면은 평소와 다른 게 없다. 간혹 트럼프 대통령과 날을 세우고 있는 CNN 정도가 의혹을 제기하면 이를 인용해 받아쓰는 정도다. 관련자에 대한 특검의 자택 압수수색 정도로 일반에 노출되는 경우나 소식통을 인용한 신문들의 일부 추측 보도가 전부다. 언론은 특검이 누구를 상대로 어디서 어떤 조사를 하고 있는지 심지어 누구에게 소환장을 보냈는지 조차 모른다. 특검이 알려주지 않기 때문이다.

'박근혜 최순실' 특검이라면?

박영수 특검의 소환장을 받은 사람들이 매일 특검 사무실 앞에 장사진을 이루고 있는 카메라 앞에 서야 한다. 가는 길을 몸으로 막아서 마이크를 들이대는 기자들의 폭력 같은 질문 세례를 받아야 한다. 피의자도 아닌 참고인조차도 이미 죄인이 되고 만다.

우리나라 언론이라면?

매일 단독 보도를 한다. 피의자 신분으로 누군가 소환되면 다음 날 아침이면 벌써 진술 내용이 나온다. 특검팀이 의도적으로 기자들에게 흘려준 것이거나 특정기자의 빨대(기자들이 부르는 정보원)역할을 하는 특검팀의 누군가가 빼내 준 것이다. 사건 진실에 접근하기 위한 것보다는 대중의 호기심을 자극하기에 좋은 단편적인 것들이 주를 이룬다. 특검의 중간 수사결과 발표나 최종 수사결과 발표는 별 관심이 없다. 의미도 없다.

왜? 이미 모든 내용들이 다 언론에 공개가 됐다.

미국 특검은 중간 수사발표는커녕 수사가 끝나도 결과를 공개하지 않는다. 피의자에게 불리한 내용이 공개되면 배심원들에게 선입견을 줘 공정하지 않은 재판이 될 우려가 있기 때문이라는 것이다. 판결이 내려질 때까지는 무죄추정의 원칙이 지켜져야 하고, 그래야 피의자의 인권과 헌법상의 권리가 보호 받을 수 있다.

우리는?

조사 과정에서부터 모든 피의 사실이 다 공개된다. 재판이 시작되기도 전에 이미 피의자는 '유죄'로 낙인찍힌다. 온갖 추악한 이미지를 다 뒤집어쓴다. 누가 그렇게 만드나? 피의사실을 흘리는 검찰과 이를 받아쓰기해서 보도하는 언론이다. 검찰은 혐의를 둔 사람에 대해 죄가 있다고 입증 시키는 것이 임무다. 검찰이 보는 시각일 뿐이다. 그래서 재판과정에서 검찰은 유죄를 변호인은 무죄를 다투는 것이다. 검찰의 기소 내용은 검찰의 주장에 다름 아니다. 언론은 검찰의 주장을 그대로 받아 보도하면 안 되는 것이다. 검찰이 발표하면 모두 사실인 것처럼 보도하는 것이 우리나라 언론 풍토다. 매우 잘못된 것이지만 아무런 개념도 개선하려는 의지도 없다.

왜? 검찰이 찔러 주는 내용이 한마디로 보도하기 좋다. 대체로 자극적이고 선정적이기 때문에 방송과 지면을 채우기 좋다. '검찰이 밝혔다'로 쓰기 때문에 사실관계에 대한 책임도 없다. 항의하면 검찰이 그렇게 밝혔다고 책임을 검찰로 넘겨버린다. 언론은 수사권이 없고 검찰은 수사권이 있기 때문에 기자들이 접근할 수 없는 정보를 가지고 조사한 것이니 믿을 만하다는 생각도 깔려 있다.

우리나라도 미국과 같이 피의사실 공표 금지와 무죄추정의 원칙이 있다. 검찰이 이를 지키지 않을 뿐이다. 검찰이 이 두 가지만 철저히 지키면 우리나라도 의혹공화국에서 벗어날 수 있다. 피의사실이 공개되기 때문에 하루도 조용한 날이 없을 정도로 시끄러운 것이다. 재판 결과가 나온 뒤 언론이 보도를 하면 사회도 혼란스러운 과정에서 벗어나고 피의자도 인권과 헌법적 권리를 보호 받을 수 있다.

그런데 왜 못하나?

언론과 검찰이 공동의 이익을 위해 묵시적으로 동조하기 때문이다. 검찰은 자신들의 수사내용을 국민들에게 미리 알려 유리한 여론을 조성할 목적으로 언론을 활용해야 한다. 오로지 법리로만 판결을 해야 할 판사도 여론을 무시하지 못한다. 언론은 검찰의 막강한 권력과 정보에 의존하지 않을 수 없고 가끔씩 흘려주는 특종거리를 무시하지 못한다.

특별검사의 수사가 진행 중인데도 불구하고 미국 언론과 사회가 우리나라만큼 시끄럽지 않은 것은 피의사실 공표 금지와 무죄추정의 원칙이라는 두 가지가 철저히 지켜지고 있기 때문이다.

우리나라 언론 환경으로 보면 이해가 되지 않지만 미국 언론은 수사

진실

결과보고서가 나올 때까지 인내하고 기다린다. 그게 언제 일지 알 수 없다. 특검의 활동기간이 법적으로 명시가 돼 있지 않다. 몇 년이 될지 알 수 없다.

지난 1973년 닉슨대통령의 워터게이트 특검 이후 클린턴 대통령의 일명 르윈스키 스캔들 특검까지 11개 특검의 평균 기간은 무려 5년이 넘었다. 그렇게 오랫동안 사건의 실체를 규명한다는 얘기다. 미국 특검은 특검이라고 부르기는 하지만 엄밀히 말하자면 '특별 변호사'다. Special Counsel. 용어에서도 여론으로부터 피의자의 인권을 보호하려는 의지가 묻어난다. 특별검사라고 하면 반드시 기소를 하여 처벌해야 한다는 선입견으로 부작용이 발생할 수 있다는 것이다.

오로지 공정한 수사로 의혹을 밝힐 뿐 처벌이 목적이 되어서는 안 되며 여론의 일방적인 공격과 비판으로부터 피의자를 보호하기 위한 취지라는 것이다. 임명도 국회가 하는 것이 아니라 법무부장관이 한다. 국회는 임명할 것을 법무부장관에게 요청할 수 있으나 강요할 수는 없다.

우리는?

달라도 너무 다르다. 대한민국 국회는 당시 여당은 아예 제외하고 야당들만 모여 특검 후보를 추천했다. 출발부터 정치적이었다. 야당에 의한 정치적 목적으로 특검이 발의되고 임명된 것이다. 현직 대통령의 하야와 탄핵을 지상과제로 삼은 정당이 추천한 특검이었다. 박영수 특검이 부여 받은 과제는 명확했던 것이다.

미국 트럼프 대통령을 취임 때부터 끈질기게 괴롭히며 미국을 정쟁의 소용돌이 속으로 몰아넣었던 뮬러 특검의 활동은 22개월 만에 마무리됐다. 2019년 3월 수사보고서가 법무부장관에게 보고되고 의회에 제출됐다. 2,800여 개의 소환장이 발송되고 약 500건의 압수수색 영장이 발부됐으며 230건의 통신기록이 조회됐다. 증인만 500여 명에 이르렀고 외국 정부를 상대로 한 요청도 13건에 달했다고 한다.

뮬러 특검의 결론은 미국 민주당을 실망시켰다. 탄핵의 빌미로 벼르고 있던 민주당의 기대에 훨씬 미치지 못했다. '러시아의 정치개입 논란과 관련해 트럼프나 트럼프 캠프 관련자들이 공모한 정황이 명확하지 않다'는 것이었다. 여론조사 기관 '인터넷 리서치 에이전시'를 이용한 허위사실 유포와 소셜미디어 작전과 관련해서도 트럼프 선거캠프 관계자들의 연루 정황이 규명되지 못했다는 것이다. 무려 22개월 동안의 온갖 추측들이 억측으로 결론지어졌다.

우리나라 같았으면

이미 대통령직에서 끌려 내려온 뒤였을 것이다. 실제로 박근혜 대통령은 불과 90일, 3개월의 박영수 특검에 의해 구속됐다. 미국과 비교하면 너무도 지나친 졸속이다.

미국 탄핵, 한국 탄핵

한국은 대통령에 대한 탄핵안을 국회에서 발의해 국회의원들의 무기명 투표로 가결해 헌법재판소로 넘기고, 헌법재판소가 탄핵여부를 결정한다. 국회는 그 과정에 특별검사를 임명해 조사하게 하고 별도의 국정조사를 실시한다.

미국은 하원이 대통령에 대한 탄핵안을 의결해 상원으로 보내고, 상원이 심리를 해 탄핵여부를 가린다. 상원에서의 재판은 대법원장이 주심이 된다. 하원이 상원에 보내는 것이 검찰이 기소하는 것과 같고 상원의 심리가 재판이 되는 것이다. 특별검사가 조사보고서를 토대로 하원에 탄핵 발의를 요청할 수 있다. 상원의 심리는 비공개이고 투표는 실명이다.

미국 역사상 탄핵이 발의된 대통령은 3명으로 17대 앤드루 존슨과 37대 리처드 닉슨 42, 43대 빌 클린턴 대통령이었다. 그러나 이들 가운데 탄핵을 당한 대통령은 아무도 없다.

빌 클린턴의 탄핵 사례를 살펴보자.

1994년 클린턴 부부의 부동산 의혹을 조사하기 위해 특별검사로 임명된 케네스 스타는 클린턴대통령과 르윈스키의 성추문을 위주로 보고서를 작성해 하원에 제출했다. 445쪽에 달하는 보고서에는 11가지 항목의 탄핵 사유가 적시됐다. 그 증빙서류와 자료 등이 밴 차량 두대 분량이었다고 한다. 1998년 9월 9일이었으니 조사기간만 5년이었다는 얘기다.

그렇다고 하원이 곧바로 탄핵안을 발의하는 것이 아니다. 하원 법사위에서 특검 보고서의 사실 여부에 대해 조사를 할 것인가 말 것인가에 대한 표결을 하고 다시 하원 전체회의를 거치고 나서야 정식 조사에 착수했다.

하원 법사위는 모두 6만 쪽에 달하는 특검의 보고서와 서류를 검토하고 스타 검사 본인과 관계자를 증인으로 불러 조사하고 전문가 의견을 청취하고 청문회를 열고 의회조사국까지 동원해 사실 관계를 확인했다고 한다.

이런 과정을 거친 뒤 다시 하원 법사위의 탄핵안 의결에 이어 하원 본회의에 상정됐다. 그게 12월 16일이니 특검과 별도로 국회가 4개월 동안 조사를 벌인 것이다.

탄핵안이 본회에 상정됐다고 그대로 표결에 부쳐진 것도 아니다. 표결은 12월 19일 이뤄졌다. 무려 4일간 전체회의에서 격론을 벌인 것이다. 표결도 탄핵 사유 대한 항목별로 따로 따로 시행됐다.

진실

이렇게 발의된 탄핵 소추안은 상원에 넘겨졌다. 1월 14일부터 재판을 시작한 상원은 다시 하원의 탄핵안 발의 배경과 대통령측의 변론을 듣고 증인을 심문했다. 그 과정이 또 한달이었다. 결국 2월 12일 무죄로 탄핵안은 부결됐고 클린턴 대통령은 임기를 마쳤다. 퇴임 후 기소도 면제돼 사법 처리도 없었다.

실정법을 위반하고 백악관 집무실내에서 인턴과의 부적절한 행위까지 불거져 도덕적으로 치명상을 입었지만 탄핵도 구속도 되지 않았다.

닉슨대통령도 마찬가지다. 선거과정에서 상대 당의 선거사무실에 도청장치를 설치해 적발되고 녹음테이프를 고의를 지우고 위증에 거짓말을 일삼았다. 그런데도 탄핵안이 곧바로 발의되지 않았다. 특별검사와 의회특별위원회의 조사가 2년에 걸쳐 다방면으로 진행된 뒤에 누구나 받아들일 수 있을 정도로 명백히 혐의가 인정되었을 때 의회에 탄핵안이 상정됐다. 그렇게 탄핵 여부를 사전에 철저히 따졌다. 닉슨은 탄핵 이전에 스스로 사임했다. 사법적 처벌도 받지 않았다. 후임 대통령 제럴드 포드는 취임 한 달만에 닉슨의 사면을 발표했다.

우리나라는?

탄핵안 발의에서 의결까지 단 1주일 걸렸다. 그 짧은 1주일 사이에서도 국회의 활동이 특별히 있었는가 하면 그런 것도 아니다. 탄핵안 가결에서 탄핵 결정까지 91일 걸렸다. 3달만에 모든 것이 끝났다.

물론 우리나라와 미국의 제도는 다르다. 미국엔 헌법재판소가 없고 그 역할을 상원에서 한다. 상원은 탄핵을 심판할 경우 재판을 진행하는 사법부의 역할을 하는 것이다.

우리나라에서는 박 대통령을 탄핵해야 할지 말아야 할지 국회차원의 사전조사는 한 차례도 없었다. 그럼에도 불구하고 대한민국 국회는 2016년 12월 2일 야 3당과 무소속 의원들만으로 대통령 탄핵안을 발의했다. 국민의 절반만으로 발의한 경우다. 8일 본회의에 상정하고 9일 가결했다. 속전속결이었다. 미국같이 실명 투표였을까? 무기명 투표였다. 책임을 지지 않겠다는 발상이다. 그렇다면 발의에서 가결까지 그 일주일 사이 치열한 토론이라도 있었던가? 없었다.

현직 대통령을 탄핵하는 역사적 사건을 두고 본회의에서 조차 찬반토론은 없었다. 어떤 나라에서 그런 일이 있을 수 있을까? 미국의회는 4개월간 자체 조사를 하고도 본회의에서 4일간 또다시 격론을 벌였다. 그렇다면 국회가 대통령을 탄핵하겠다고 제시한 주요 증거자료는 무엇이었을까? 언론이 보도한 기사였다.

21건의 증거자료 가운데 6건을 제외한 15건이 1건의 보도자료를 포함해 모두 기사 복사본이었다. 국회가 우리 언론의 기사를 언제부터 이렇게 신뢰하고 있었는지 놀라울 따름이다. 나머지도 가관이다. '최순실 안종범 정호성에 대한 공소장' 등 검찰의 공소장이 2건이다. 국회의원들이 검찰의 공소장 내용에 적시된 혐의를 재판결과의 유죄와 동일시 한 것은 아닌지 모를 일이다. 검찰의 공소장은 검찰의 주장일 뿐이다. 죄의 유무는 재판에서 가려진다. 여기에 추가된 증거물은 '노무현

진실

전대통령 탄핵관련 헌법재판소의 결정문, 일해재단 설립, 전두환 노태우 사건 관련 대법원 판결문, 경제활성화 5대노동개혁법 처리 등을 위한 내용으로 하는 박근혜 대통령 시정연설 국회본회의 회의록, 2016년 11월 박근혜 대통령 대국민 담화문'이다.

대한민국 국회는 탄핵안 상정과 처리의 타당성 여부를 두고 사실 확인을 위해 아무런 노력을 기울이지 않았다.

표결과정에서도 자신들이 제시한 13개 탄핵사유에 대해 하나 하나 투표를 하지 않고 하나로 뭉뚱그려 일괄 투표해서 처리했다. 미국은 탄핵 사유를 항목별로 하나 하나 별도로 투표를 진행해 3분의 2의 찬성을 얻은 것만 사유로 인정했다. 그래서 절차상 위법성 논란인 것이다.

그렇다면 특검은?

국회는 당시 야당만의 추천으로 특검을 임명했다. 정치 특검이라는 말이 붙어 다니지 않을 수 없는 상황이 처음부터 시작됐다. 3개월뿐이었다. 클린턴 특검은 5년이었다. 그것도 당사자인 대통령의 말은 들어보지도 않았다. 헌법재판소가 심리를 진행하는 같은 기간에 특검 조사가 이뤄졌다. 헌재의 결정이 내려지기 불과 3일 전에 수사를 끝냈다. 헌법재판소가 현직 대통령의 탄핵 여부를 결정하는데 대통령이 헌법과 법률을 위반하여 명백하게 범죄를 저질렀는지 여부에 대해서는 애당초부터 전혀 고려하지 않았다.

미국은 대통령이 명백히 법을 위반했다고 판단한 뒤 탄핵여부를 심리했다. 심리가 진행되는 동안 대통령의 직무도 정지되지 않는다. 형이 확정될 때까지 무죄추정의 원칙이 적용되는 사법적 규정과 같다. 유죄가 인정돼야 탄핵으로 대통령의 직위와 권리를 박탈하는 것이다. 그러나 우리나라는 국회에서 탄핵안이 가결되면 직무가 정지된다. 무죄추정이 아니라 유죄추정이다.

우리나라는 미국과 달리 사법적 절차도 거치지 않고 사법적 판단에 앞서 헌재가 유무죄의 결정을 먼저 내린다. 헌재의 탄핵결정은 유죄나 마찬가지다. 모든 직위와 권리, 명예를 박탈당한다. 재판부에 헌재의 결정에 부응하라는 가이드라인을 제시해 주는 것이나 마찬가지다. 몇년의 법정 공방을 벌여도 유무죄를 가리기 어려운 사법적 판단을 헌법재판소는 3개월의 짧은 기간 동안 증인 심문만으로 결정을 내린다.

헌재가 내려놓은 결정을 재판부가 뒤집을 수 있을까? 결코 불가능하다. 만약 그런 일이 있다면 대혼란이 벌어질 것이다. 박탈한 대통령직을 어떻게 회복시킬 것인가? 불가능한 일이다. 사법체계는 무너질 것이다.

결국 사법부의 판단에 앞서 국회는 언론이 제기한 '의혹' 기사로 탄핵안을 헌재에 내고 헌재는 그에 기초해 판단을 내렸다. 언론 기사가 탄핵의 증거라는 것은 여론이 유일한 증거라는 의미에 지나지 않는다. 언론의 책임감이 더욱 막중해졌다.

진실

잣대

2016년~17년 우리사회에서 가장 유행했던 신조어 가운데 하나를 꼽으라면 아마도 '내로남불'이 될 것이다. 내가 하면 선이고 남이 하면 악, 내가 하면 옳은 것이고 남이 하면 틀린 것, 내 시각은 공평하고 남의 시각은 불공평한 것, 내 생각은 바른 것이고 남의 생각은 올바르지 못한 것. 이를 단체로 확대해도 마찬가지다. 내가 속한 집단의 사람들은 모두 옳고, 다른 집단 사람들은 모두 틀렸다는 것이다.

정치인들의 주장에서, 인사청문 대상자인 고위직 공무원의 이력에서, 언론의 비판적 기사에서, 검찰의 수사에서, 곳곳에서 너무나 많은 편파 사례를 보아왔다.

모든 현상은 양면이 있기 마련이다. 음양이 있고 옳고 그름이 있다. 어느 쪽이 진실인지 판가름하기 어려운 것이 많다. 쉽게 명확히 구분짓지 못하는 것이 무지기수다. 감정적인 것이든 물리적인 것이든 겉으로 보이지 않고 내재된 연관 요인들이 측정할 수 없을 정도로 다양하다. 그런 현상에서 진실을 찾는 것은 불가능할 수도 있다. 그래서 자기에게 불리한 것은 숨기고 유리한 주장만 하는 것일 게다.

잣대가 다르다

내가 할 때와 남이 할 때 서로 다른 잣대를 들이댄다. 가치판단을 달리한다는 얘기다. 중립적 객관적이지 않고 극히 주관적으로 판단해 자신에게 유리한 쪽으로 적용하는 것이다. 자기방어를 위한 본능적 판단으로 인간은 누구나 그러한 본성을 가지고 있을 수 있다. 그러나 개인이 아닌 정치적 영역으로 오면 달리 해석해야 할 여지가 많다.

의도적 이중 잣대, 이념 잣대를 들이댄다

똑같은 정치행위를 두고 자신들이 한 행위는 정의이고 상대 정치세력이 한 것은 부정부패이고 불의라고 한다. 명분을 유지해 정치적 목적을 이루기 위한 것이다. 명분이 흔들리면 밀리기 때문이다. 현 정부의 장관 후보자가 전 정부의 청문회 과정에서 낙마한 후보자와 똑같은 불법 비위행위를 저질렀는데도 불구하고 자진사퇴하지 않는다. 권고사퇴도 시키지 않는다. 누가 봐도 똑같은 사례지만 '과거 사례와 다르다'고 억지를 부리고 '직무 수행과는 아무런 연관성이 없다'며 대통령은 지명을 강행한다. 과거 자신들이 야당시절에 들이댔던 잣대와 다른 잣대를 들이대고 아전인수를 부린다.

위선이다

　명백한 사례로 그 불법 비위행위를 인정하지 않을 수 없는데도 불구하고 강행하는 것은 국민을 무시하는 처사다. 그런데도 밀어붙이는 것은 지명 철회로 명분에 밀리면 국정운영에 부담으로 작용하고 개혁의 동력이 떨어질 위험에 빠질 것을 우려하기 때문이다. 정치적 목적을 달성하기 위해 자신들에게 유리한 잣대로 재단하고 위선의 옷을 입는 것이다. 무수한 정치적 '내로 남불' 가운데 미르, K스포츠 재단도 대표적일 것이라 여겨진다.

　진보좌파 세력들은 재단의 설립에 대해 '박 대통령이 마치 개인적 목적으로 대기업을 협박해 돈을 뜯어내 사후를 준비한 것'처럼 주장하고 '뇌물'로 규정해 탄핵의 주요 사유로 들었다. 그리고 선동의 소재로 삼았다.

　비교할 만한 사례로 노무현 정권 때 삼성그룹이 내놓은 돈으로 설립한 재단을 들 수 있겠다. 이와 관련해 김경재 한국자유총연맹 총재는 2016년 11월 19일 집회에서 "노무현 전 대통령도 삼성에서 8,000억 원을 걷었다. 돈을 걷은 사람은 이해찬 전 총리의 형과 이학영 전 의원이었는데 기술을 좋게 해서 안 걸린 것"이라고 발언했다. 김총재는 이후 '걷었다'를 '받았다'로 정정했지만 명예훼손 등의 혐의로 고소 고발돼 기소됐다. 8,000억 원은 삼성 이건희 회장의 에버랜드전환사채 편법증여 문제 등을 계기로 삼성이 조건 없이 사회에 헌납하겠다고 내놓은 돈이다.

내막을 좀 들여 다 보자

노무현 대통령은 2006년 1월 4일 경제계 신년인사회에서 이렇게 말했다.

"우리 소비라든지 소득격차를 줄여나갈 수 있는 정책적 수단들이 그렇습니다. 마지막으로 할 수 있는 정부의 개입에 의한 재정의 재분배 부분도 아마 지금으로는 좀 부족한 것 아닌가 생각되고, 함부로 손댈 수 있는 사회적 여건도 아니라는 것입니다. 이런 많은 문제들을 가지고 있습니다. 이 문제를 푸는 과정에서 우리는 기존의 발상을 뛰어넘는 뭔가 결단을 해야 한다고 생각합니다. 이것은 대통령 혼자 결단한다고 되는 일이 아니고 정치권의 결단으로 되는 일이 아닙니다. 이렇게 우리에게 부딪혀 있지만 아직 해결책이 분명하지 않은 분야에 대해서는 우리 모두가 함께 관심을 가지고 심각하게 고민하며 문제를 풀기 위한 노력을 해 나가야 합니다. 아니, 뭔가 결단을 하지 않으면 어려울 것입니다. 그래서 제가 올해는 막연하게 큰 소리만 치고 나가지는 않겠습니다. 2003년, 2004년, 2005년까지만 해도 우리 경제적 상황이 너무 어려운 가운데 대통령까지 신년 인사회 하는데 와서 우는 소리 하고 싶지는 않았습니다. 그렇게 해서 될 일이 아니라고 생각했습니다. 그러나 이제 (경제가) 궤도에 들어가면서 걱정스러운 얘기도 올해는 좀 드리겠습니다. 우는 소리도 좀 해야겠습니다. 다니면서 도와주십시오, 도와주십시오 하고 간곡히 부탁드

리는 일도 앞으로 좀 더 많아질지도 모르겠습니다. 우리가 힘을
모으지 않으면 극복할 수 없는 문제이기 때문에 이 점에 대해서
간곡히 제가 도움을 청하겠습니다."

이후 삼성은 열흘 뒤 이해찬 당시 총리의 친형을 삼성사회봉사단 사
장으로 임명하고, 약 3주 뒤인 2006년 2월 7일 이건희 회장 일가의 8
천억 원 헌납을 발표했다. 2월 20일 노무현 대통령은 8천억 원의 운영
과 관련해 "정부가 나서서 과정과 절차를 관리해 줄 필요가 있다." "예
를 들어 빈곤 세습과 교육기회의 양극화를 위해 소외계층과 저소득계
층에 대한 지원에 사용되는 방향이라면 사회 분위기와도 맞을 것"이라
며 일종의 지침을 내렸다고 한다.

그런데 문제는 이 민간재단에 정부가 개입해 인사에 관여하고 출
연금도 친노좌파 성향의 단체 집중 지원됐다는 것이다. 월간조선은
2009년 8월호에 이와 관련한 관련 기사를 자세히 실었다.

월간조선 보도에 따르면, 2009년 당시 이사장이었던 신인령 씨는
김대중 정부 시절 '올바른 남북정상회담을 위한 민간 모임'의 일원으로
'한반도의 평화와 통일을 위한 300인 선언'에도 참여해 김정일 방한과
2차 남북정상회담의 조속한 성사, 한반도 평화선언 및 정상회담 정례
화, 미(美) 부시 행정부의 국가미사일방어체제(NMD) 철회, 한반도 평화를
위한 군비감축, 대(對) 북한 군사훈련 축소 등을 촉구했다고 한다.

재단 이사였던 이학영 씨는 '남조선 민족해방전선 준비위원회'(남민전)

사건으로 복역한 인물로 쇠고기 수입반대 촛불집회에서 격렬한 시위를 벌이고 국가보안법 폐지운동에 앞장섰다고 한다. 또 재단사업 선정위원회에도 좌파 성향의 인물들이 포진해 같은 성향의 단체와 인물들에게 자금을 지원했다고 한다.

민간기업이 출연한 돈이 불편부당하게 쓰이지 않고 특정 세력에게만 집중됐다면 그것은 사회정의에 결코 부합하지 않는 것이다. 더구나 박근혜 정부의 이른바 블랙리스트와 비교해도 다를 바 없는 것이다. 이 또한 편파적으로 잣대를 들이댄 것이다.

2017년 8월 25일 삼성의 이재용 부회장에 대한 1심 선고에서 재판부는 미르, K스포츠 재단의 출연금을 뇌물로 보지 않고 무죄로 선고했다. 재단의 설립이나 운영 방식에 다소 차이가 있다고는 하나 기업자금을 출연한 재단은 역대 정부 모두에서 있었다. 국가발전과 국민행복이라는 취지는 다르지 않았을 것이다. 그런데도 불구하고 미르와 K스포츠 재단은 실체조차 제대로 규명되지 않은 채 박 대통령의 탄핵의 빌미가 됐다. 공평하지 않은 잣대로 민심을 흔들어 정권을 잡으면 언제 잠재된 불신이 거품처럼 일어나 뒤덮을지 모른다. 그때그때 달라지는 잣대로 측량된 건물은 위험하다.

2017년 11월 23일 김관진 전 국방장관이 구속적부심을 통해 석방됐다. 진보 좌파 세력들은 김 전 장관이 구속될 당시 '이명박을 잡기 위한 법원의 용기 있는 결정'이라고 환호했다. 그러더니 석방이 되자 담당 판사를 두고 '(없애야 할) 재선충 같은 존재' '쥐박이의 똘마니' '부역자

법관'이라며 인격을 모독하는 상식 이하의 폭언을 퍼부었다. 집권세력도 이에 가세했다. 더불어민주당 의원인 안민석은 "김관진을 도주 우려가 없다고 석방한 판사, 정유라를 영장 기각시킨 적폐 판사들을 향해 국민과 떼창으로 욕하고 싶다"고 했다.

박범계 의원은 "우병우와 특수 관계설이 퍼지고 있다. 김관진 석방 결정은 일정한 흐름 속에서 나온 것이라고 본다"고 했고, 송영길 의원은 "신광렬 판사는 우병우와 TK 동향으로 같은 대학, 연수원 동기, 같은 성향이다"고 했다.

여당의 중진의원들이라는 사람들이 자신들만의 이념의 잣대로 사법부를 위협하고 판사를 협박하고 음모설을 퍼뜨리며 국민들을 선동하는데 앞장섰다. 불신을 조장하다 자신도 불신에 당할 날을 겪을지도 모른다.

대통령의 강요

기업에 대한 대통령의 협조 요구는 앞으로 어디까지가 가능할까?

박 전 대통령의 사례에 비추어 보면 대부분이 강요에 해당할 것이었으나 이런 경우는 어떤가?

"후원이 좀 부족하다는 실정을 말씀하시는데 기업들 특히 공기업들이 올림픽을 위해 좀 더 마음을 열고 많은 후원을 해주시기를 부탁드립니다."

현직 대통령이 공개적으로 한 말이다. 2017년 7월 24일 문재인 대통령은 강원도 평창 알펜시아 리조트에서 열린 'G-200 평창을 준비하는 사람들' 행사에 참석해서 이 같이 말했다.

강요다

대통령이 기업들에게 대놓고 돈을 내라고 강요한 것에 다름 아니다. 이 말을 들은 기업인들은 누구 할 것 없이 압박 받았을 것이다. 현직 대통령이 공개적으로 말을 했는데 모른 척하고 있을 수는 없었을 것이다. 대통령이 기업을 압박하고 강요한 것이다.

더군다나 당시는 미르와 K스포츠 재단에 돈을 낸 기업들이 모두 '강요에 의한 출연'이었다고 주장하며 다투던 때다.

문재인의 정부는 미르와 K스포츠 재단에 대한 기업의 출연금을 뇌물로 규정했다. 박근혜 전 대통령이 기업들을 압박해 뇌물 받았고 기업들은 박 대통령에게 뇌물을 제공했다는 것이다. 기업들은 한결같이 강요받아 출연했다고 주장했다. 박 대통령은 '재단 설립을 지시하지 않았고 기업들의 자발적 참여와 협조로 설립된 것'이라고 주장했다.

2018년 4월 6일 박근혜 전 대통령에 대한 1심 공판에서 재판부는 박 대통령에 대해 직권남용 권리행사 방해와 강요혐의를 유죄라고 판결했다. 직권남용에 대해 '출연 기업들의 경영의 자유를 심각하게 침해'했고. '대통령은 기업의 존립과 활동전반에 지대한 영향을 미칠 수 있는 막강한 권한을 가진다'며 '그런 대통령 요구를 거절할 수 있는 기업은 흔치 않다'고 판결 이유를 밝혔다.

또 '비록 명시적인 협박은 하지 않아도 지위를 이용해 출연을 요구하고 응하지 않을 경우 불이익을 얻을 수 있다는 불안감을 일으킨 것으로 보기에 충분해 강요죄 역시 유죄로 인정할 수밖에 없다'고 했다. 재판부는 그러나 뇌물죄는 인정하지 않았다.

이 판결에 비추어 본다면 문재인 대통령 발언 역시 직권남용과 강요에 해당한다. 그 대상 범위와 강요의 강도는 박 전 대통령에 비해 훨씬 넓고 크다. 검찰의 주장을 사실이라고 할 경우, 박 전 대통령은 몇몇 대기업에 강요한 것이고 문재인 대통령은 대한민국 기업 전체에 강요를 한 것이다. 그 결과에 따른 것일까? 대규모 적자가 예상됐던 평창올림픽이 흑자로 끝났다. 기업들의 대대적후원에 따른 것이었다고 한다.

이 기사를 보자

"국내 기업들은 공식후원 및 별도 추가지원 포함해 1조1,100억 원이 넘는 대대적인 지원을 아끼지 않았다. 국내 주요 대기업들이 국제올림픽위원회(IOC)와 맺은 후원 계약금과 별도의 추가 지원금을 합한 총 기업 후원금이 1조1,100억 원 이상으로 집계됐다. 이는 강원도와 평창올림픽 조직위원회가 경기장 건설과 인건비 등 실제 동계올림픽에 사용한 예산 약 2조8,000억 원의 40%에 육박하는 것이다.

재계 맏형 삼성전자는 국내 유일 올림픽 월드와이드파트너로서뿐만 아니라 이번 평창올림픽에만 1,000억 원을 추가로 지원했다. 삼성전자는 여기에 별도로 1,000억 원을 지원했다. 현금 800억 원과 성화봉송 요원 1,500명, 패럴림픽 기간 건조기·세탁기 150대 등 각종 전자제품 후원이 포함됐다. 올림픽 참가 선수와 대회 관계자들에게 제공된 4,000여 대의 '갤럭시노트8'은 대회의 생생한 감동을 전세계로 전하는데 일조했다.

평창동계올림픽 공식파트너는 현대기아차, 포스코, 롯데, LG, SK, KT 등이 포함됐다. 이들 기업은 약 500억 원 이상의 후원금을 부담한 것으로 알려졌다. 공식스폰서에는 한화와 CJ, 신세계, 삼성생명 등이 이름을 올렸고, 공식공급사에는 현대백화점그룹, 에쓰오일 등이 참여했다. 공식 스폰서는 150억 원 이상, 공식 공급사는 25억 원 이상을 부담한다. 국내 기업들은 공식 파트너십 이외에도 별도의 대규모 지원도 아끼지 않았다.

평창올림픽 조직위원회에 따르면, 민간기업과 공공기관을 포함한 총 후원기여금(IOC 후원금과 별도)은 1조1,123억 원으로 집계됐다. 이는 당초 목표치였던 9,400억 원을 118.3% 초과 달성한 것이다. 동계올림픽에 82개 사, 패럴림픽은 36개 사가 참여했다."

(2018. 3. 16 헤럴드경제)

대통령의 말 한마디에 한국전력을 비롯한 공기업들도 속속 후원을 발표하고 나섰다. 공기업들은 적자경영에도 불구하고 출연하지 않을 수 없는 곤혹스런 입장을 감추지 못했다. 대통령만 기업을 압박하고 강요한 것이 아니었다. 총리까지 가세했다.

2018년 1월 10일 전경련 회관에서 열린 '2018 평창 동계올림픽대회 및 동계패럴림픽대회 성공을 위한 후원기업 신년 다짐회'에 참석해 대기업 총수 등 70여 명을 모아 놓고 "여러분께서 도와주신 덕분에 평창올림픽은 동계올림픽 역사상 가장 많은 후원사를 확보했다"며 "기왕 신세를 진 김에 한두 가지만 더 부탁드리겠다"고 했다. 그러면서 "올림픽 티켓 판매율 65%, 패럴림픽 59%인데 아직은 조금 더 갈 길이 남아 있지 않나. 큰 부담이 안 되는 범위에서 도와 달라"고 요구했다.

참으로 후안무치한 태도다. 미르, K스포츠 재단에 출연금을 냈다는 이유로 이 정부로부터 뇌물제공 혐의를 받은 기업인들이었다. 이들에게 후원에 이어 티켓구매까지 강요한 것이다. 총리는 제2의 권력자다. 박근혜 전 대통령 1심 판결문에 대입해 보면 그의 강요행위는 자명하다.

'총리는 기업의 존립과 활동에 막강한 권한을 행사할 수 있다. 그런 총리의 요구를 거절할 수 있는 기업은 흔치 않을 것이다. 해당 기업들은 응하지 않을 경우 불이익을 받을 수 있다는 불안감을 일으키기에 충분하므로 유죄에 해당한다.'

공교로운 두 판결

전혀 다른 두 사건이지만 이 정부와 깊은 인연을 맺고 있는 언론사와 인물이라는 점에서 무죄와 석방의 의미와 무게가 결코 가볍지 않다. 그래서 사법부는 불신의 늪에서 벗어나지 못한다. 판결에 대한 신뢰는 점점 요원해지는 것 같다. 재판부의 판결을 믿지 못하면 이 사회에서 신뢰를 기대하기는 어렵다.

JTBC는 2014년 6월 4일 KBS와 MBC SBS 지상파 3사가 실시한 지방선거 출구조사결과를 도용했다. 한마디로 훔쳐서 방송을 했다는 것이다. 공정성 신뢰 도덕을 바탕으로 하는 방송이 남의 지적 재산을 도용한 것은 결코 용납되어서는 안 될 행위다. 그 방송은 사회적으로 지탄받아 마땅하다.

당시 MBC의 선거방송을 총괄하는 기획단장이 나였다. 단 하루의 선거방송을 위해 무려 6개월을 준비했다. 방송사의 선거방송은 비록 단 하루지만 그 방송사의 최신 기술과 최고의 기획력과 업무능력을 갖춘

직원들이 총 동원되어 만드는 하나의 대작이다. 그렇기에 방송사 간에는 한판의 자존심을 건 전쟁이다. 선거방송의 하이라이트는 저녁 6시, 시보와 동시에 송출되는 출구조사결과 발표다. 이 출구조사를 위해 당시 방송 3사는 8억 원씩 무려 24억 원을 지출했다. 출구조사를 담당할 여론조사 기관을 선정하고, 이 여론조사 기관이 출구조사를 할 인력을 모집해서 교육하고, 시스템을 구축하는 등의 제반 비용이다. 조사결과는 많은 예산이 투입된 것이고 철저한 비밀성이 유지되어야 하는 만큼 방송 3사는 비밀유지 각서를 작성한다. 이 결과를 송출하기 위해 방송사들은 사전에 CG(컴퓨터그래픽스,Computer Graphics)를 만들어 가상의 수치로 업로드 하는 연습을 수없이 한다. 준비를 해놓지 않은 상태에서 조사결과를 송출할 수는 없다. 미리 CG를 만들고 그 CG에 숫자를 올리는 시스템을 구축해야 한다.

그런데 JTB는 방송 3사가 조사결과 발표를 시작한지 47초 뒤, 그러니까 6시 47초부터 지상파 출구조사결과를 발표했다. MBC가 1,2위 예상 득표율을 가장 먼저 발표했는데 바로 그 2초 뒤부터 방송을 한 것이다. KBS와 SBS는 1,2위 예상 득표율 발표를 시작조차 하지 않는 때였다. 8억 원이라 예산을 들인 방송사보다 JTBC는 결과를 먼저 사용했다. JTBC는 MBC 발표를 보고 인용했다고 한다. 불과 2초 만에 따라 했다? 2초 만에 1,2위 예상 득표율을 발표할 포맷 CG를 만들어 올렸다? 미리 만들어 놓고 있지 않으면 결코 가능하지 않는 일이다.

방송 3사는 민형사 소송을 제기했고, 2015년 8월 민사재판부는 1심

진실

에서 각 사에 4억 원씩 12억 배상을 판결했다.

"JTBC의 행위는 경쟁자의 노력과 투자에 편승해 부당하게 이익
을 얻는 불법행위다."

2016년 11월 항소심에서도 각 사에 2억 원씩 6억 원 배상 판결이
내려졌고 2017년 6월 대법원도 원심 판결을 확정했다. JTBC는 부도
덕한 불법행위를 한 것이다.

형사 재판에서도 검찰은 관계자들에 대한 실형 구형과 함께 벌금 12
억 원 선고를 요청했고 1심은 담당자들에게 800만원의 선고로 유죄를
인정했다.

그런데 2017년 10월 21일 항소심에서 서울고등법원(김문석 부장판사)
은 이들에게 무죄를 선고했다. 한마디로 MBC가 방송을 시작한 이후
에 JTBC가 했기 때문이라는 것이다. "전체 정보가 공지될 때 비공지성
이 상실되는 것이 아니라 개별적으로 방송될 때마다 비공지성이 상실
되는 것으로 봐야 한다"는 이유였다. 간단히 말하면, 전체 출구조사결
과가 다 방송된 이후가 아니라 하나하나 공개된 뒤에는 누구나 곧바로
가져다 쓰도 된다는 것이다. 미리 결과를 빼내 준비해 놓았다가 3사 가
운데 한군데라도 발표하면 0.0001초 뒤에 방송을 해도 된다는 얘기가
된다. 거액을 투자해 수천 명(지상파3사의 전체 준비인력, 출구조사 현장 투입인력 등)
이 심혈을 기울여 만든 재산을 보호해 주려는 법인지, 훔친 자의 행위

를 두둔해 주려는 법인지 도무지 이해가 되지 않는다.

JTBC에 무죄가 선고 된 지 일주일 뒤 2017년 10월 27일 고영태가 석방됐다.

진보인사들과 매체들은 마치 영웅이 돌아온 것처럼 환호했다. 199일 만이란다. 관세청 인사에 개입해 뒷돈을 받아 사기 등의 혐의로 구속됐다. 이번 사태로 구속된 사람 가운데 도중에 풀려난 사람은 고영태 한 사람 뿐이다. 재판부는 '증거 인멸의 우려가 없다'고 판단했다 한다.

박 대통령은 10월 16일, 구속기일이 만기가 됐는데도 연장됐다. '증거 인멸의 우려가 있다'는 것이다. 전직 대통령의 인격을 호스트바 출신의 사기 혐의자 인격보다 못하게 봤다. 법은 참으로 평등하다. 고영태를 보는 두 가지 시각이 있다. 하나는 국정농단을 폭로한 영웅이고, 하나는 사기꾼이다. 극명하게 엇갈린다. 진실은 무엇인가?

'고영태는 최순실과 가까운 사이로 지내면서 최순실이 대통령 곁에 있다는 것을 알았다. 최순실을 언젠가 활용할 만한 가치가 있다고 판단하고 굴욕적인 관계까지도 감수하고 지냈다. 그러다 재단이 만들어진다는 것을 알았다. 고영태는 그 재단에 눈독을 들였다. 재단 사무실 주변에 '예상'이라는 이름의 별도 사무실을 두고 체육대학 동문들인 노승일, 류상영 등을 중심으로 조직을 만들어 운영했다. 재단 설립이 가시화되자 더블루K라는 회사를 만들었다. 최순실로부터 자본금을 대도록 하고 자신은 신용불량자라 조승민이라는 바지 사장을 두었다. 재단이 설립된 이후 이들은 연구용역 등의 명목으로 돈을 빼돌리려 획책했다.'

내가 추정하는 그들의 시나리오다.

"내가 제일 좋은 그림은 뭐냐면 … 이렇게 틀을 딱딱 몇 개 짜 놓
은 다음에 빵 터져서 날아가면 이게 다 우리 거니까 난 그 그림
을 짜고 있는 거지."(고영태)

고영태와 주변인물들이 나눈 녹취 파일 속의 대화 내용과 최순실의
진술 등으로 미루어 이들이 구상한 범행을 미루어 짐작해 볼 수 있다.
이는 최순실을 이용해 국가를 상대로 대(大)사기극을 펼칠 음모를 꾸몄
다고 볼 근거가 될 수 있다. 그 음모가 실행에 옮겨진 것도 있을 것이고
미수에 그친 것도 있을 수 있다. 마땅히 검찰이 수사를 해야 할 부분이
다. 들여다봤어야 한다. 누가 봐도 거대한 사기극의 냄새가 나는데 검
찰은 몰랐다? 벌써 알았을 것이다. 그러나 검찰은 눈을 감았다. 수사의
초점을 흐릴 수는 없었다. 고영태의 협조와 진술이 더 필요했다. 국민
들이 열광하고 있는 박 대통령과 최순실에 집중해야 했다. 고영태 일
당의 사기극은 덮었다.
　나의 추측이다. 소설이라 할 수 있겠다. 그러나 의구심은 가시지 않
는다. 검찰은 과연 한치 부끄러움 없이 정의를 실현했다고 힘주어 말
할 수 있을까? 사회 정의를 지키려는 조직이 맞는가?

5

부패에 연루됐거나 부정을 저지른 것이 명백하다면 누구나 개혁의 대상이 되어야 한다. 그러나 국가 발전을 위해 나름대로 혼신을 다한 사람들마저 정치적 이념으로 편을 갈라 칼끝을 들이댄다면 이를 정의롭다고 할 수는 없을 것이다.

탈脫진실과 한국 언론

Fact(사실)

사실을 찾는 것은 기자의 숙명이다. 사실에는 객관적 사실이 있고 주관적 사실이 있다. 훼손되지 않고 자연 상태로 온전히 살아있는 것이 객관적 사실이다. 주관적 사실은 판단이 개입된 것이다. 법정에서 판사들은 피고와 원고의 주장을 듣고 객관적 사실을 찾아서 판결해야 한다. 양쪽은 모든 수단을 동원해 자기주장을 정당화하려 한다. 둘 다 거짓말을 하고 있거나 둘 다 사실을 말하고 있다고 봐야 한다. 미리 판단을 내리면 안 된다. 편견이 개입되면 사실을 찾지 못한다. 기자도 마찬가지다.

기자는 기사를 쓸 때 주관을 개입시켜서는 안 된다. 오로지 팩트, 사실을 기반으로 해야 한다. 그것이 객관적 보도의 출발점이다. 모든 언론사들이 지향하는 기본적인 가치이자 저널리즘의 기본이다.

팩트만이 공정성과 객관성을 담보할 수 있다.

'사실'이라는 재료를 사용하지 않고 '공정하고 공평한 물건'이 만들어질 수는 없다. 기자들에게 객관적 보도는 영원한 숙제다. 그만큼 어렵다는 얘기다. 팩트는 쉽게 드러나지 않는다.

기사 가운데서 가장 단순하다고 할 수 있는 사건사고와 같은 발생 기사에도 팩트가 아닌 주관이 개입된다. 사고가 발생했다고 하자. '누가 언제 어디서 무엇을 어떻게 왜'라는 육하원칙에 따라 기사가 작성됐다 하더라도 '누가 언제 어디서 무엇을'까지는 팩트가 쉽지만 '어떻게 왜'라는 부분은 가볍지 않다. 조사를 통해 실체가 규명되지 않은 상태에서 그 사건사고의 성격을 규정지을 수 있고 가해자나 피해자의 잘못을 특정할 수 있으며 또 다른 피해자를 만들 수도 있다. 그렇지만 마감 시간에 쫓기는 기자들은 원인도 내막도 명확히 모르면서 섣불리 추정하고 결론을 지어 기사를 쓰는 경우가 많다.

정치 분야 기사는 더 위험하다.

여야가 한 이슈를 두고 서로 다른 주장을 했다고 치자. 어느 것이 팩트인지 기자들은 구분해야 한다. 그러나 정치적으로 복잡하게 얽혀 있는 사안을 두고 단 시간에 팩트를 찾기는 사실상 거의 불가능하다. 기자들은 그래서 양쪽이 주장하는 그대로 기사화한다. 어느 주장이 사실인지 아닌지 따지지도 않는다. 독자와 시청자들은 행간을 읽고 어느 주장이 옳은지 가늠한다. 여기에 기자가 팩트도 모르면서 정파적인 판

진실

단으로 한쪽 주장에 힘을 실어주면 그 쪽이 사실에 가까워진다.

기자는 정치인들의 주장을 있는 그대로 받아 적어 기사화할 것이 아니라 사실관계를 따져야 하는 것이 맞다. 사실관계를 모르면 전달하지 말아야 한다. 정치인들이 말을 하면 아무리 저속한 말이라도 '말을 했다'는 그 자체로 기사화한다. 정치인들은 그런 언론의 속성을 알고 언론을 이용한다. 정치인들이 의혹을 양산하는 이유가 여기에 있다. 전혀 검증되지 않은 소문까지 국회로 가져와 의혹을 제기하면 언론은 이를 그대로 보도한다. 의혹을 가지고 속보경쟁까지 벌인다. 언론이 정당과 정치인들의 주장과 의혹의 확산도구가 되는 것이다.

언론사와 기자는 책임감도 느끼지 않는다. 전달만 했을 뿐이라는 것이다. 이는 잘못이다. 사실관계를 확인이라는 기본적인 책무를 저버린 것이다. 언제부터 인가 우리 언론들이 누가 주장을 했다고 그 주장을 여과 없이 그대로 보도하는 경향이 일반화되었다.

언론이 이를 차단해 주어야 한다.

그것이 게이트 키핑(Gatekeeping)이다. 언론의 게이트 키핑이 무너지고 있다. 언론사는 기자들이 취재해온 기사를 독자와 시청자들에게 전달해야 할지 말아야 할지 취사선택하고 결정해야 한다.

국민들에게 전달할 만한 정보의 가치가 있는 것인지, 어느 한 방향으로 편향되지 않았는지, 정당한 방식으로 취재가 이루어졌는지, 기사에 오류가 없는지를 확인하고 보도해야 한다. 무엇보다 사실관계가 맞는지를 따지고 팩트 체크를 한 다음에 출고해야 한다. 그것이 원칙이다.

게이트 키핑을 위협하는 요인은 다양하다.

무엇보다 속보 경쟁이다. 다른 경쟁사 보다 빨리 기사를 내 보내야 한다는 강박관념이 지배한다. 팩트를 찾기 위해서는 많은 시간과 지난한 노력이 요구된다. 복잡하게 얽혀있는 사안들은 더욱 더 그렇다. 다양한 증거 자료를 찾아야 하고 많은 목격자와 관련자를 만나야 하고 현장을 확인하고 당사자의 답변을 들어야 한다. 기자 혼자가 부족하면 특별취재팀을 만들어서 동료들의 도움도 받아야 한다. 그 사이 타사가 팩트 체크도 없이 기사를 내 보내면 무책임하다고 비판하면서도 경쟁에서 지지 않기 위해서 점점 닮아간다. 그러다 모든 언론사들이 팩트 경시에 대한 죄의식과 무책임에 대한 부담에서 벗어나 버린다.

또 다른 요인은 인터넷과 SNS다. 이제는 더 이상 정보를 오래도록 쥐고 있을 시간적 여유가 없어졌다. 거의 모든 정보가 인터넷을 통해 공유되고 있는 현실이다. 전 국민이 시민기자가 됐다고 볼 수 있다. 언론사가 정보를 독점하는 시대는 지나갔다. 언론사가 팩트 체크를 하기 위해 시간과 노력을 들이고 있는 사이 인터넷에서는 검증 없이 정보가 떠다닌다. 포털사이트에서는 사실 관계에 대한 확인 여부는 관심 없다. 그저 1인 언론사라 하더라도 돈만 받고 제휴하면 기사를 올린다.

기존 언론사들은 조급해질 수밖에 없다. 더구나 정보들은 SNS를 통

진실

해 더 빨리 확산된다. SNS는 팩트 여부가 중요하지 않다. 이들이 언론 기능에서 가장 중요한 게이트 키핑을 무너뜨리고 있는 것이다. 그런데 문제는 언론이 SNS를 견제하고 경원시하는 것이 아니라 스스로 격을 떨어뜨려 SNS화하려고 한다. 대중의 구미에 맞추려는 인기 영합적인 기사를 양산하면서 검증되지 않은 의혹을 마구 쏟아내고 있다.

유수의 신문뿐 아니라 방송까지도 인터넷을 통해 정보지 수준의 기사를 만들어 내면서 여론을 혼탁하게 만들고 있다. 시장경제 체제에서 살아남아야 하는 절박감에서 비롯됐다고 하더라도 너무나 무책임하다. 언론이 여론을 따라가야 하는 것일까?

물론 여론의 흐름을 읽고 같이 호흡해야 한다. 그러나 언론은 여론을 형성하기도 해야 한다. 일반 독자와 시청자들이 접하기 어려운 많은 정보를 제공하고 다양한 논리와 시각을 키우고 안목을 넓힐 수 있는 역할을 해야 한다.

여론을 따라만 갈 것이 아니라 여론이 올바른 방향을 잡아가도록 할 의무도 있는 것이다. 그래야 건강한 국민과 함께 건강한 국가가 가능한 것이다. 필요에 따라서는 권력뿐 아니라 여론도 견제를 해야 하는 것이다.

지난 2002년 독일에서 연수할 당시, 독일 언론들이 논설이나 전문가 기고 등을 통해 인터넷의 확산을 우려하는 것을 보고 적잖이 놀랐다. 인터넷의 보급이 한창이었을 때다. 우리나라는 인터넷의 속도가 빠르면 빠를수록 좋다고 여겼다. 그러나 독일 언론은, 인터넷이 빠르게 보급되면 사람들이 생각할 시간을 잃는다거나, 사람들 간의 대화시간이 줄어들 수 있다거나, 어린이들의 수면에 지장을 줄 수 있다는 등이었다. 빠른 것만이 능사가 아니라는 경고였다. 인터넷에 대한 세계인들과 독일국민의 관심이 폭증하고 있을 때 여론을 거슬러 속도조절을 촉구하고 있었다. 언론의 역할이 그런 것이었다.

언론의 게이트 키핑 기능이 무너지면 사회가 혼란해진다

온갖 의혹이 난무하게 될 수밖에 없다. 정치인들은 점점 더 선동적이고 자극적 발언으로 언론의 관심을 모으려 하고, 특정 세력이나 단체의 비이성적 주장이나 행위도 가감 없이 기사화되고 여론화된다. 소문도 기사화되고 둘이 나눈 대화도 기사로 둔갑할 수 있다. 소설 같은 기사가 만들어질 수 있다.

그것이 현실화되고 있다. 의혹들은 그 의혹이 진실이기를 희망하는 집단이나 개인 대 개인을 통해 공유되면서 사실 여부와는 관계없이 믿음으로 굳어진다. 진실이 무엇이든 보고 싶은 대로 보고 알고 싶은 것만 알려는 풍조가 형성되고 있다. 이것은 여론이라고 할 수 없다. 비이성적 반사회적 굴곡 현상이다. 진실이 필요 없는 사회, 사실을 기반으로 하지 않는 사회는 위험하다. 무엇이 사실인지 거짓인지 구분하지 못하는 사회가 되면 불신과 갈등으로 중심을 잃게 된다. 신뢰는 사실에 기반하고 불신은 거짓에 기반한다. 거짓이 사실을 덮는 사회를 올바른 사회라 할 수 없다.

탈 진실(脫 眞實, Post Truth)

2016년, 탈 진실이라는 용어가 국제사회에 등장했다. 옥스퍼드 사전은 '탈 진실'에 대해 '대중의 의견을 형성하는데 있어서 객관적 사실이 개인적 신념과 감정에 호소하는 것보다 영향력이 적은 환경'이라고 정의했다.

언론이 금과옥조로 여기며 추구하는 객관적 사실, 진실이 위협받고 있는 것이다. 객관적 진실과 개인적인 감정 가운데 대중들에게 영향을 더 많이 미치는 것은 '진실'이 아니라 '감정'이라는 얘기다. 객관적 진실이 무엇이든 상관없고 감정에 따라 자기가 생각하고 싶은 대로 생각하고 보고 싶은 것만 보며 자신이 진실이라고 믿는 그것이 바로 진실이 된다. 심리학적으로 이를 '확증 편향'이라고 한다.

이 같은 현상을 특정한 의도를 가지고 정치적으로 악용하려면 대중의 감정을 자극하는 것이 가장 효과적이라는 말로 풀이된다. 즉, 대중의 감정을 자극하면 진실을 덮어버릴 수 있다는 것이다. 무서운 말이다. 그 탈 진실의 시대적 조류와 2016년에 집중된 각종 의혹들, 대중집회 그리고 탄핵을 연장선상에 두고 생각해보지 않을 수 없다.

'탈 진실'은 SNS의 급속한 보급과 함께 탄생했다. 자신의 취향에 맞는 정보만 수집하고 같은 이념을 가진 사람들과 같은 사이버 공간에서 대화하며 마음만 먹으면 언제든지 한 장소에 집결할 수 있다. 대중의 감정을 자극할 수 있는 가짜뉴스를 만들어 진실인 양 공유하고 확산시킬 수도 있다.

그런 영역에 언론이 발을 들여놓을 수는 없는 것이다. 의혹이 산을 이루었을 때 언론은 SNS에서 무시된 진실을 제자리로 돌려놓고 중심을 잡아주어야 했지만 대다수는 오히려 동조했다. 진실을 추구하려는 인내 보다는 세태의 흐름에 올라타 결국엔 흥분한 대중의 목소리에 갇히고 말았다.

대중이 진실을 버렸다고 언론마저 진실을 버렸다.

언론이 바로 서야 대한민국이 바로 설 수 있고 민주주의를 지탱할 수 있다. 2016년 겨울 촛불집회에서 이 노래가 가장 많이 불렸다고 한다.

"어둠은 빛을 이길 수 없다.
거짓은 참을 이길 수 없다.
진실은 침몰하지 않는다.
우리는 포기하지 않는다."

역설적이다. 내가 보는 진실은 무엇이며 저들이 보는 진실은 무엇인가? 나 역시 보고 싶은 것만 보고 있는 것인가?

나는 이 책에서 몇 가지 사례들을 통해 탄핵 기간 동안에 우리 언론이 진실에 대한 인내를 뒤로하고 얼마나 '탈 진실'의 시대에 적극적으로 동조하였는지를 보여주고자 했다.

어떻게 보면 본질에서 벗어나는 사소한 곁가지 사례의 보도라고 일

축할 수도 있다. 그러나 나는 이런 사례가 오히려 탄핵에 더 큰 영향을 미쳤을 것으로 본다. 박 대통령의 탄핵이 대통령으로서의 직무수행능력보다는 국민감정에 기인했다고 볼 여지가 더 많기 때문이다. 이 사례들은 하나의 이미지를 형성하였고 이미지들의 결합이 월트 리프만이 일찍이 규정했듯이 '여론이 된 것이다.'

민심

2016년 대한민국의 겨울은 정치사회적으로 탈 진실과 확증편향의 정점에 있었다. 대중의 감정이 '진실'보다 앞서고, 사람들은 보고 싶은 것만 보고 듣고 싶은 것만 들었다. 광화문 광장이라는 정치화된 공간이 대한민국을 지배했다. 세계 1위 인터넷 국가답게 같은 이념과 목적을 공유한 그룹이 사이버 공간을 벗어나 현실무대에서 하고 싶은 얘기만 하고 듣고 싶은 주장만 들었다. 손바닥 위 핸드폰 안에 있던 가상공간의 대화방이 광장으로 옮겨져 실제화된 것이다. 문자와 특수기호로 나누던 정치적 공감을 얼굴을 마주보고 소리치며 나누었다. 두 종류의 다른 이념과 목적을 가진 국민들이었다. 이를 민심이라고 부를 수 있을까?

영국에서 태어나 〈더 타임즈〉와 〈가디언〉, 미국의 〈워싱턴타임스〉 서울 특파원 등으로 30년 넘게 한국에서 살아온 언론인 마이클 브린은 촛불시위가 한창이던 2016년 12월 20일 미국 〈포린폴리시〉(Foreign

Policy)에 기고한 글에서 한국민의 민심을 이렇게 표현했다.

"한국에서는 대중의 감정이 일정선을 넘어서면 정책결정과 기존에 확립된 법체계를 붕괴시킬 정도로 강력한 야수로 돌변한다. 한국인들은 이를 '민심'(public sentiment)이라고 부른다. 한국인들에게는 친숙한 표현이지만 영어로는 그 근저에 깔려 있는 현상을 다 전달하기는 힘들다. 영어로 더 정확한 문구는 '대중의 감정'(the emotion of masses) 또는 '군중의 열정'(mob passion)이 될 것이다. 이 같은 표현에는 부정적인 의미를 내포하고 있지만 한국인들에게는 그렇지 않다. 그것은 집단적인 정신이며 초월적인 것으로 간주된다. 한국인들은 심지어 '민심은 법보다 위에 있다'고 표현하기까지 한다." (중략) … (한국에서) 대통령이 그 자리에 있는 것은 '민심'이 요구하는 바를 수행하기 위한 것이다."

그러면서 박 대통령의 탄핵요구에 따른 민심에 대해 이렇게 결론을 내렸다.

"민심은 일단 불이 붙으면 그런 세세한 내용은 상관하지 않는다. 일단 스캔들이 드러나면 관련 당국에 대통령의 유죄를 밝혀내도록 하고 쫓아내는 것이다. 야수의 주장이 거부되지는 않을 것이다."(The beast will not be denied)

브린의 예측은 그대로 적중했다. 브린이 말한 한국민의 민심에 따라 대통령은 당국에 의해 쫓겨나고 당국에 의해 구속됐다. 야수화된 광장의 민심은 정치인들에 의해 언론에 의해 최고 언어로 칭송되고 그 상징물인 촛불은 신격화됐다. 어느 누구도 촛불을 부정하면 온전하게 생활을 영위할 수 없을 정도의 위협을 받고 자기 방어권을 행사할 수단조차 차단될 지경에 놓이게 된다.

광장의 민심이 평화적이고 자발적으로 형성된 것이라고 이념을 같이 하는 세력들이 목소리를 높이지만 엄밀히 말하면 인위적으로 만들어진 민심이고 진실에는 관심 없는 자극된 민심이었다. 같은 이념과 목적을 공유하고 있는 2천300여 개 단체들이 질서정연하게 깃발을 들고 평화롭게 줄지어 모여서 만든 민심이었다. 본색을 가리고 평화를 가장한 정치 선동의 광장이었지만 이를 눈치 채지 못한 순수 민심들이 일부 가세했다.

광장의 외침이 국민의 의사라면 누구나 자유롭게 그 광장에서 목소리를 낼 수 있어야 한다. 그래야 다양한 국민의 생각들이 드러나는 것이고 그것이 모였을 때 민심이 된다. 그러나 광화문 광장은 특정 이념, 단체의 전유물이었다. 같은 이념, 특히 좌파적 이념을 가진 단체만 사용이 가능했다. 보수이념을 가진 단체의 집회를 차단할 목적으로 미리 장소를 장기간 선점하고 마치 자기들만의 공간인 양 행세했다. 보수단체들은 서울시로부터 허가조차 받지 못했다. 오로지 진보단체만 가능했다. 한 쪽 국민 목소리를 아예 차단해 버린 것이다.

언론 역시 한 쪽 목소리만 전했다. 좌파의 외침만 민심이었고 우파의 외침은 민심이 아니었다. 좌파의 목소리는 신성한 것이었고 우파의 목소리는 불결한 것이었다. 아예 무시하고 보도하지 않거나 전한다 해도 구색 맞추기에 불과한 수준이었다. 일방적인 보도로 여론을 호도했다. 위대한 촛불이라고 입이 마르도록 칭송하고 또 칭송했다. 보도준칙은 서랍 속에 넣어버렸다. 이를 본 반대 의견의 국민들은 몸을 움츠리고 입을 닫아야 했다. 동조하지 않으면 이 땅에 살 수도 없는 위협까지 느껴야 했다.

그렇게 강요된 민심이었다. 이를 두고 국민의 의사이고 전체 국민의 민심이라고 했다. 정치권은 언론이 극도로 편파적으로 조성해준 여론을 등에 업고 반 쪽 민심을 온전한 민심이라며 현직 대통령을 끌어내리는 도구로 활용했다. 탄핵 소추안에 그것이 민심이라고 못 박았다.

"2016. 11. 12. 및 같은 달 26. 서울 광화문에서만 100만이 넘는 국민들이 촛불집회와 시위를 하며 대통령 하야와 탄핵을 요구하였다. 박근혜 대통령을 질타하고 더 이상 대통령 직책을 수행하지 말라는 국민들의 의사는 분명하다. 주권자의 뜻은 수많은 국민들이 세대와 이념과 출신지역에 상관없이 평화롭게 행하는 집회와 시위에서 충분히 드러났다."

광장의 촛불을 혁명이라 부르며 미화하고 선동하여 정권을 잡은 정부는 스스로 승화시켜 부른 '촛불 민심'을 최고의 가치로 두었다. 어떠한 비판도 '촛불 민심을 거스르는 짓'으로 낙인찍고 적대화했다.

스스로 '촛불 대통령'이라 부르는 문재인은 '촛불이 민주주의와 헌법의 가치를 실현하고 대한민국의 방향을 제시했다'고 했다.' 좌파 진보단체의 깃발 아래 모인 광장의 요구와 주장이 대한민국 미래라는 얘기다. 이 나라를 어디로 끌고 갈 것인지는 분명해졌다. 동일한 이념과 목적을 공유한 집단의 '광장 민심'이 최대 가치이자 최고 기준이 됐다.

겉으로는 평화와 민주를 가장하지만 실상은 가장 비민주적으로 집단화되고 동원된 민심이 헌법적 가치인 대의민주주의마저 위협하고 있다. 촛불 대통령은 이렇게 말했다.

"국민은 주권자로서 평소에 정치를 그냥 구경만 하고 있다가 선거 때 한 번 행사하는 이런 간접민주주의로는 만족하지 못하고 있다. 그렇게 한 결과 우리정치가 낙후됐다고 생각하고 계신 것이다. 그래서 촛불집회처럼 정치가 잘못할 땐 직접 촛불을 들어서 정치적 의사표시를 하고, 댓글을 통해 정치적 의사표시를 하고, 정당의 권리당원으로 참여하고, 또 정부의 정책도 직접 제안하고, 그것을 반영해줄 것을 요구하고, 이런 직접민주주의를 국민께서 요구하고 있다."

직접민주주의 상징인 그리스 아테네의 '아고라 광장'은 누구나 스스

진실

로 참여하여 자신의 정치적 소신을 밝히고 토론하는 광장이었다. 광화문 광장을 그런 광장이라고 보는 것인가? 광화문 광장은 같은 이념과 목적을 가진 수천 개 단체의 깃발들이 뒤덮은 광장이었다.

다른 이념을 가진 사람들은 원천적으로 차단되었다. 열린 정치의 광장이라면 다른 이념의 사람들도 함께 참여해 반대 토론을 벌일 수 있어야 한다. 그렇게 해서 드러난 국민들의 의사가 바로 제대로 된 민심이다.

'대한민국의 주권은 국민에게 있고, 모든 권력은 국민으로부터 나온다'

주권자인 국민의 생각을 따르는 것은 너무도 당연하다. 주권자의 생각이 곧 민심이다. 그 민심을 어떻게 바르게 읽을 것인가가 중요하다. 인터넷과 SNS가 발달하면서 나와 다른 생각을 가진 사람과의 관계가 불편해지고, 같은 생각을 공유하는 사람들이 편해지면서 집단화, 그룹화 경향은 점점 더 강화될 것이다. 서로 다른 생각을 가진 사람들 간의 소통은 약화되고 같은 생각을 가진 사람들 간의 소통은 늘어날 것이다. 교류가 차단되면 갈등은 심화될 것이고 이념과 가치를 공유하는 집단의 크기와 세력에 따라 민심은 왜곡될 가능성이 높아진다. 한 쪽 눈으로 보고 한 쪽 귀로 들으면 민심을 잘못 읽는 것이다.

여론

'탈 진실'은 불신에서 기인한다. 언론보도를 더 이상 사실이라고 믿을 수 없다는 데서 시작된다. 인터넷이 발달하지 않고 SNS가 등장하기 전에는 정보가 통제됐고 일방적이었다. 신문과 방송이 전달해 주는 것만으로 세상이 돌아가는 것을 알았고 가치를 판단했다. 정확한 정보인지 아닌지 쉽게 믿을 수 없는 것까지도 별 다른 수단이 없었기에 사실로 받아들였다. 의심을 가지고 받아들여도 확인할 방법도 물어볼 곳도 없었다. 하지만 모두에게 자신만의 판단치는 정해져 있었다.

미국의 유명한 저널리스트이자 사상가인 월트 리프먼은 『여론』(Public Opinion)에서 "사람들은 자신이 살고 있는 '실제 환경'이 너무 넓고 복잡하고 직접 경험을 하지 못하니까 언론이 제공해 주는 '유사 환경'을 통해서 판단한다"고 보았다. 그것도 발생한 현상에 따라 정의를 내리는 것이 아니라 이미 자신의 경험을 통해서 결론지어져 있는 정의에 맞추어서 해석한다고 했다. 따라서 언론이 믿을 만한 정보를 제때 제대로 제공해 주어야 사람들이 이성적인 행동을 할 수 있고 합당한 목표를 정하고 개인의 욕구도 채워줄 수 있다고 했다.

1922년 당시 미국 언론은 그러한 역할을 다하지 못하고 있다고 리프먼은 평가하고 그 위험성을 경고했다. 100년 가까이 지난 지금 사람들도 기성 언론을 신뢰하지 않는 상황에 왔다. 더 이상 언론이 제공해 주는 유사 환경의 틀 속에 갇혀 있지 않게 됐다. 인터넷이 제공하는 무한대의 정보량으로 그동안 접근할 수 없었던 '실제 환경'을 직접 파악하는데 가까워졌다. 사람들은 과거에 언론들이 제공한 정보가 부정확하고 의도되고 왜곡된 것들이 많았다는 것을 간파했다. 더 이상 기성 언론들이 제공하는 뉴스를 신뢰하지 않게 됐다.

팩트에 근거한 진실 뉴스의 노력이 부정되는 상황에 이르렀다. 지치고 실망한 뉴스 소비자들은 그동안 자신이 구축해둔 정의와 가장 가까운 정보를 찾아 전 세계로 연결된 도서관과 학교와 관공서를 마음껏 다닐 수 있게 됐다. 원하는 정보는 언제 어디서나 얻을 수 있게 됐고, 혼자인줄 알았던 세계에 자신과 똑같은 정의를 가지고 있는 사람들이 있고 그곳에서 자유롭게 자신의 경험과 의견을 나눌 수 있는 공간이 있는 것도 알았다.

더 이상 신문이 제공해 주는 객관 아닌 객관적인 진실은 소용이 없게 됐다. 나와 생각을 같이 하는 사람들의 공간이 넘쳐났다. 그것으로 편하고 충분하다. 보고 싶은 것만 보고 알고 싶은 것만 알면 된다. 생각

을 같이 하는 사람들끼리 같은 공간에 모여 같은 의견을 확인하고 그
것을 진실화시키면 그만이다. 다른 사람들의 의견은 필요하지 않다. 그
들만의 세계로 충분하다. 그룹핑 사회, 밴드 사회, 조각난 사회로 가고
있는 것이다.

더 이상 토론이 필요 없어진다. 얼굴을 맞대고 앉아 불필요한 감정
을 드러내고 언성을 높일 필요도 없어진다. 각자의 생각이 맞는 그룹
에서 활동하고 이념을 공유하고 정치적 목적을 달성할 수 있다. 오프
라인의 정당이 사라질 수 있다. 인터넷 공간 속에서 같은 정치적 이념
을 가진 사람들끼리 정당을 만들고 연합해 정권을 창출할 수 있다. 이
들이 온라인에서 오프라인인 광장으로 나오면 걷잡을 수 없다. 오로지
한 목소리만 있을 뿐이다. 타협과 절충은 사라진다. 서로 다른 이념을
가진 집단 그룹과의 갈등과 충돌은 불가피하다. 나와 다른 사람의 의
견은 받아들일 자세도 공간도 없다. 쌍방 모두 신뢰라는 것은 필요치
않다.

인터넷과 SNS로 광대역의 열린사회가 된 것 같지만 역설적으로 닫
힌 사회가 되고 있다. 이질적인 의견은 허용하지 않는다. 나와 다르거
나 내가 속한 그룹과 다른 생각은 무시하거나 집단 따돌림으로 차별화
한다. 진실에 대한 불신은 그렇게 세분된 개별 집단을 형성해 사회화
되어 가고 있는 것이다. 세력화된 집단은 광장으로 몰려 나와 자신들
의 정치적 목적을 이루고자 하고 언론은 눈치를 보다 강한 세력의 목
소리를 여론으로 몰아간다. 그것이 비록 일부에 지나지 않는 민심이라

할지라도 한 쪽 눈은 감아 버린다. 객관적 진실을 버린 세력과 손잡고 함께 객관적 진실을 버린다.

외눈박이 언론이 전하는 민심은 여론이 아니다.

여론은 대중의 공통된 의견이어야 한다. 동일한 정치적 이익과 목적과 이념을 공유한 대중에서 나온 의견은 여론이라 할 수 없다. 다양한 이념을 가진 대중의 의견 가운데 공통된 다수의 의견이어야 여론이라 할 수 있을 것이다.

여론은 정치가 법으로 개인의 행동을 제약하거나 구속하는 근거가 될 수 있고 정책을 실현하는 동기가 될 수 있다. 그래서 '여론을 핑계로, 여론을 등에 업고, 여론에 따라'라는 용어들이 난무한다. 그만큼 큰 위력을 가진 용어이기 때문에 조작이나 조장, 선동의 결과물이 될 수 있다.

여론은 언론을 통해 전달되기도 하고 조성되기도 한다. 언론은 중립성과 객관성을 유지하고 사실에 충실하고 진실을 추구해야 올바른 여론을 조성할 수 있다. 월트 리프먼은 이렇게 말했다.

"건전한 여론이 되기 위해서는 여론이 언론을 위해 조성되어야지,
지금처럼 언론에 의해 여론이 조성되어서는 안 된다는 것이다"

100년이 지난 지금 대한민국의 현실을 그대로 지적하고 있는 듯하

다. 탈 진실은 언론이 경계해야 할 대상이지 조장할 대상이 아니다. 언론마저 객관적 진실을 도외시해 버리면 우리 사회에 희망은 없어진다. 리프먼은 1차 세계대전 이후 미국의 신문들이 소문이나 상상력에 기반을 두어서 사회현실을 선택적으로 보도하는 것을 보고 이를 개탄해 『여론』이라는 책을 펴냈다고 한다. 놀라운 일이다. 우리의 언론환경이 100년 전 미국 모습에 지나지 않는다.

승자의 논리가 된 진실

진실은 거짓이 없는 사실을 말한다

어떠한 왜곡도 편견도 개입되지 않은, 있는 그대로의 사실을 뜻한다. 옳고 그름의 판단이 아니라 옳든 그르든 있는 그대로이어야 한다. 옳은 것이 진실일 수도 있고 나쁜 것이 진실일 수도 있다. 어느 것이 진실인지 가려야 할 때 우리는 판단이 필요하다. 세상의 모든 현상 속에는 어느 누구도 부정하지 못하는 진실이 있다. 하지만 우리는 진실을 찾기가 어렵다. 나이를 먹고 세상 경험이 쌓일수록 진실에 대한 확신이 사라진다. 내가 직접 경험하지 않은 모든 것에 대해 진실여부를 마주하게 되면 확신을 가지기 어렵다. 설사 직접 관여했다고 해도 내가 하지 않은 행위 밖의 것에 대해서는 진실여부를 알 수 없다. 오로지 내가 스스로 한 것만 알 수 있다.

도처에 진실에 대한 불확실성으로 가득 찼다

누구의 말이 진실인지, 어떤 행위가 진실에 기반을 둔 것인지 도무지 알 수 없는 게 현실이다. 동일한 사안을 두고 한 쪽은 정당하다고 하고 다른 쪽은 부당하다고 주장한다. 사실 관계를 알아보고 싶지만 일반인은 접근이 불가능한 영역이 대부분이다. 그럼 어떻게 진실여부를 판단한단 말인가?

1차적인 방법은 언론이 제공하는 정보다. 언론이 국민들에게 전달하는 정보는 가공되지 않은 것이어야 한다. 그래야 객관적 판단의 근거가 될 수 있다. 언론이 정보의 순수성을 보장해야 한다. 하지만 대부분은 그렇지 못하다. 언론으로 건네지기 전에 이미 명확히 주장이 상반되는 제공자들의 의도가 가미된 것이기 때문이다. 여기에 언론보도형식이나 기사내용 전개방식 등에 따라 정보 순수성은 또 훼손된다. 언론보도를 통해 진실을 찾기는 매우 어렵다. 그럼에도 불구하고 대중은 언론이 제공하는 정보를 통해 진실을 알게 됐다고 믿는다. 한번 보고 듣고는 그것으로 이미 판단은 끝난다. 더 지속적으로 관련 정보를 수집하며 진행과정을 지켜보고 결론이 내려질 때까지를 기다리지 않는다. 언론이 이런 대중의 심리를 악용하려고 마음먹으면 언제든지 가능하다. 그래서 편파보도의 시비가 끊이지 않는 것이다.

월트 리프먼은 『여론』에서 진실과 뉴스는 동일하지 않다고 말한다.

"뉴스의 기능은 사건을 두드러지게 하는 것이고 진실의 기능은 감춰진 사실들을 밝혀내고 그 사실들 사이의 올바른 관계를 정립시키고 사람들이 행동할 수 있는 근거로 삼을 현실의 그림을

진실

만드는 것이다.

언론은 사건을 하나씩 어둠에서 꺼내 빛을 밝히는, 끊임없이 움직이는 서치라이트의 빛과도 같은데, 사람들은 이 빛만으론 세상사를 다 알 수는 없다."

이기적 진실

그러나 언론이 감춰진 팩트, 사실들을 있는 그대로 드러내 밝혀주면 대중은 진실에 훨씬 쉽게 접근할 수 있다. 진실에 대한 최종적인 판단은 사법부의 영역이다. 재판 과정을 통해 진실이 가려져야 한다.

법은 공정한 잣대로 공평하게 집행되어야 한다. 그래야 국가와 사회가 건강하게 지탱할 수 있다. 사법부가 권력에 휘둘리고 정치와 손을 잡으면 공정은 기대할 수 없다. 판결이 정의롭지 못하다고 불신을 받으면 우리 사회에 신뢰가 존재할 곳은 사라진다. 불신과 부패가 만연할 수밖에 없다.

우리나라 사법부는 이미 깊은 불신의 늪에 빠져 있다. 재판정마저 정치화됐다는 비난에서 자유롭지 못하다. 사람들은 판결이 자신의 이익에 반하면 사법정의는 죽었다며 인정하려 들지 않는다. 사법부 최고기관의 판결을 받고도 '나는 결백하다'고 외친다. 그러면서 진실은 언젠가 밝혀질 것이라며 진실이 승리하는 역사를 만들어 사법정의를 살리자고 정치구호를 남발한다.

축적된 판결의 역사가 누구도 범할 수 없을 정도의 권위를 갖출 만

큼 공정하지 못했기 때문에 불신을 드러내는 것이다. 어떠한 외부입
김에도, 흔들리는 여론에도 영향을 받지 않고 오로지 법리에 의해서만
판결을 내린 역사를 가졌다면 아무도 불신을 드러내지 못할 것이다.

불신을 드러내는 자가 손가락질을 받는다

하지만 그렇지 못했기 때문에 잘못을 저질러 놓고도 자신의 잘못을
인정하지 않는 정치 사회적 풍토가 만연해 있다. 이는 우리 사회를 지탱
하는 가장 기본적인 가치인 신뢰의 기반을 붕괴시키고 불신을 키워 악
순환의 반복을 부르고 있다. 언론의 공정한 보도와 법의 공평한 판단을
기대하지 못하자 대중은 그 기준을 잃고 진실에 대한 기대를 버렸다. 그
래서 생각하고 싶은 대로 생각하고 믿고 싶은 대로 믿는 것이다.

미국의 언론인인 파하드 만주는 이를 '이기적 진실'이라고 했다. 사
람들은 자신에게 유리한 것만 진실이고 자신에게 불리한 것은 진실이
아니라고 믿는다는 얘기다. 그는 "사람들이 객관적인 증거나 논리로
진실을 판단하는 것이 아니라 직감이나 결단만으로 진실이라고 믿는
다. 진실을 이성이 아니라 감정으로 판단한다. 그것이 아무리 거짓이라
도 상관없다"고 했다.

어느 야권 여성 정치지도자가 지난 2015년 불법 정치자금을 받은
혐의가 인정돼 2년의 징역형을 선고받고 '나는 무죄다. 억울하다'고 하
더니 형을 살고 나와서도 '억울한 옥살이를 했다. '사법정의를 다시 살
려 내겠다'며 아무런 죄의식도 없이 오히려 떳떳하게 목소리를 높인 것

도 그런 이유 때문이다.

증거에 의한 객관적 진실이 있는데도 불구하고 감정에 의해 판단하는 사람들에게 조작된 진실을 강요한 것이다. 천안함 조작설, 세월호 고의 침몰설을 만들어내고, 미국산 쇠고기를 먹으면 광우병에 걸린다고 말하고, 한미 FTA를 체결하면 농민들은 다 죽는다고 주장하고 사드를 배치하면 전자파에 타 죽는다고 아무렇지도 않게 주장하고 또 주장한다. '나는 세월호가 국정원의 소유임을 확신한다'고 주장한 여당 정치 지도자도 있다. 그것이 진실이라고 호도하고 선동한다. 객관성은 고려 않고 내가 생각하고 주장하는 진실만이 진실이라고 한다. 내 생각만 옳고 다른 사람의 생각은 틀렸다고 한다.

다른 사람의 의견은 받아들일 의지가 없다

신문과 방송도 자기 이념에 맞는 것만 골라 본다. 언론은 그런 독자와 시청자들의 입맛에 맞게 보고 싶어 하는 것 듣고 싶어 하는 것만 제공한다. 상반된 목소리는 아예 전달하지 않거나 저주의 대상으로 낙인찍어 공격하며 적대화를 강요하고 적개심을 자극한다. 객관적 사실과 진실은 필요치 않다. 객관적 사실을 밝혀내는 것은 지극히 어렵다. 객관적 사실은 분쟁이나 분규, 다툼, 논쟁의 여지가 있는 것에서 필요하다. 그러한 것들은 모두 매우 복잡하게 얽혀 있다. '뇌물 줬다, 받지 않았다' '법에서 정한 범위 안에서 일했다, 하지 않았다' '인사 청탁했다, 하지 않았다' '옳은 일했다, 부정하게 했다.' 모든 사안들이 이루 헤아릴 수 없이 복잡한 인과관계 등으로 엮여 있다. 이를 단순화시키면 진실에 접근하는데 오류가 생길 수도 있다. 오로지 본인만이 진실을 알 수 있는 것이다. 스스로를 속인다면 진실은 영원히 묻힌다. 결국 진실은 순수한 양심과 일치한다. 본인이 관여되지 않은 정치사회적 진실은 어떻게 판단할 것인가?

　개인도 기관도 자신들이 원하는 답을 얻지 못하면 '진실을 외면했다'고 한다. 언론은 자신들이 제기한 의혹에 대해 '사실이 아니다'고 해명하면 '진실을 외면했다'고 한다. 검찰도 다르지 않다. 이쪽에서 보는 진실과 저쪽에서 보는 진실이 다르다. 오른쪽에서 보는 진실과 왼쪽에서 보는 진실이 극과 극을 이룬다. 객관적 진실은 분명 하나로 존재하지만 보는 눈에 따라 다르다. 누가 진실을 말하고 누가 외면하고 있는지 누가 밝힐 것인가? 올곧게 선 언론과 법치만이 가능하다. 언론과 법마저 객관적 진실을 버린다면 음모가 사회를 지배할 것이다.

이념은 드러나고, 진실은 숨겨지고

이념은 자신이 최고의 가치를 두고 있는 생각을 말한다. 사람마다 다 다르지만 사랑, 가족, 행복과 같이 개인적인 삶이나 인류의 보편적 가치에 대한 이념은 다르지 않을 것이다. 다름이 없기 때문에 갈등이 없다. 종교적 이념은 절대자에 대한 믿음을 전제로 하고 있고 어느 국가나 헌법으로 자유를 보장받고 있기 때문에 존중과 함께 보호를 받는다. 그러나 종교 역시 서로 다른 신이 존재하기 때문에 갈등이 생긴다. 같은 나라 같은 민족 간에도 종교 분쟁으로 갈리고 국가 간에도 종교전쟁이 일어난다. 정치는 더 하다. 종교는 영원하다고 믿는 신이 존재하고 그 신의 가르침에 따라 안정이 유지된다. 그러나 정치는 오로지 이념만 있을 뿐이다.

신이라고 하는 절대 권력이 있는 것이 아니라 국민이 부여한 일시 권력만 있다. 한정된 권력은 그 주어진 시간동안 최대한으로 권력을 행사하려는 의지가 강하기 때문에 이념 간 갈등은 불가피하다. 특히 우리나라는 공산국가를 상대로 하고 있고 국가 탄생과정에서부터 겪은 이념 갈등의 유산이 남아 극심한 좌우대립이 계속되고 있다.

양분된 정치적 이념은 정치적 영역에서만 작동하는 것이 아니라 사회적 영역으로 확장돼 거의 모든 사회조직이 이념적 갈등에 휘말리고 있다. 권력이 좌우로 변동될 때마다 하부 조직인 사회구성원들 간에도 회오리가 일어 대혼란이 초래되고 있는 상황이 반복되고 있다. 정부 조직은 말할 것도 없고 언론과 법원, 검찰 등 극히 독립적인 역할을 수행해야 할 조직도 마찬가지다. 대통령이 바뀌면 최하위 조직까지 대변동을 일으킨다.

그 기준은 이념이다

기업을 비롯한 사회조직이 그 구성원을 특수한 정치적 이념의 소유자로 한정하는 것은 민주주의 사회에서는 용납될 수 없는 일이다. 조직원의 정치적 이념을 물어서도 안 될 것이며 조직원 개인 또한 공개적으로 표출할 이유도 없다. 설사 각기 다른 정치적 이념을 가졌다고 해도 소속된 기업이나 단체, 조직의 공동이익과 목표를 위해 노동하고 그 노동에 대한 정당한 대가와 대우를 받으면 된다. 그것이 바람직하고 건전한 조직이다.

대통령이 바뀌면 그 기업이나 단체, 조직의 수장이 같은 정치적 이념을 가진 사람으로 바뀌고 그 아래 조직원들이 줄줄이 동일 이념의 소유자로 교체된다. 이념을 같이 하지 않는 사람은 아무리 일을 잘해도 쫓겨

난다. 능력의 유무는 아무런 상관이 없다. 오로지 좌, 우 이념이다.

이념의 이분화가 심각하다.

기업이나 단체, 조직의 이념화 원인은 정치다. 정치가 민간영역을 오염시키고 있는 것이다. 최고 권력자는 자신의 정치적 영향력을 최대한 발휘하기 위해 자신과 이념을 같이 하는 사람들을 요직에 앉힌다. 이들은 자신을 선택해준 권력자의 의도를 헤아려 역시 같은 이념의 소유자로 하부 조직을 구성한다. 그러면 조직은 최고 권력자의 뜻대로 움직인다.

정당과 정치인들도 기업과 단체, 조직에 영향력을 행사한다. 이사회에 같은 이념을 가진 사람들을 포진시키고 단체장을 정치적 성향을 같이 하는 사람으로 골라 앉히고 노동조합을 비롯한 각종 단체를 활용한다. 소속 기업 근로자의 권익을 위해 만들어진 노동조합은 정치화된 지 오래다.

기업의 장이 최고 권력자에 의해 선택되고 노동조합이 정치권에 휘둘리면 그 조직은 정치가 움직이는 방향에 따라 휩쓸리지 않을 수 없다. 그렇게 된 대표적인 조직이 언론이다. 권력을 경계하고 독립적 지위를 유지해야 할 언론이 정치화에 가장 민감하다. 이는 권력자가 언론이 가장 대립적이고 불편한 관계이기도 하지만 가장 필요로 하는 관계이기도 하기 때문이다 권력자는 자신의 국정목표를 임기 내에 실현하기 위해서는 언론의 협조가 절대적으로 필요하다.

언론이 지속적으로 반대 입장을 고수하면 정책 실현이 불가능해질 수 있다. 언론은 최고 권력자에게 을의 입장이기도 하지만 갑의 입장이 되기도 한다. 그래서 견제할 수 없는 또 하나의 권력자로 언론이 꼽히고 있는 것이다.

언론은 국민과 권력 사이에서 균형을 잡아야 한다

그래야 나라가 올바로 설 수 있다. 그러나 2017년부터 우리나라 언론은 균형감을 잃었다. 중간자적 입장을 아예 포기하고 권력에 동조하기로 작정을 한 듯하다. 좌편향으로 일제히 한 목소리만 내고 있다. 권력에 대한 아부가 낯이 뜨거울 정도 이지만 마치 경쟁을 하고 있는 듯하다. 내가 겪은 언론 역사상 가장 한 쪽으로 기울어진 환경이다.

언론이 특정 이념에 동조하면 정치적 선동으로 읽히기 쉽다. 자연스럽게 형성된 여론이 아니라 의도적으로 여론을 형성해 특정 권력자와 단체에 정파적 이익을 줄 수 있기 때문이다. 이는 권력자의 눈과 귀를 가리는 것이고 특정 이념을 고착화시키도록 추동(推動)하는 것이다. 만들어진 여론은 민심이 반영된 것이 아니다. 언론이 오로지 한 목소리로 여론을 조장하고 있을 때 반대편 민심은 침묵으로 기회를 엿본다. 나라는 점점 더 이념의 투쟁장으로 변해 가고 있다.

이념 갈등은 언제부터 이렇게 극심해졌을까?

노무현 정부 때다. 노빠로 대표되는 좌파성향의 그룹이 집단적으로 정치성을 드러내며 공개 활동하면서부터다. 그 이전에는 정치권이 아닌 민간에서 좌파나 우파 어느 한 쪽의 정치적 이념을 매개로 집단을 형성하고 자기 목소리를 내지는 않았다. 비슷한 정치적 이념을 가진 사람들이 특정 이슈에 대해 시위를 벌이는 정도에 그쳤다. 개인적인 모임 등에서도 개인의 정치적 성향을 고스란히 드러내고 자신의 정치적 주장을 펼치는 것은 드물었다. 그러나 이른바 노빠는 달랐다. 인터넷을 통해 같은 이념의 소유자들과 소통하고 주장을 공유하면서 집단화되고 정치세력화된 것이다. 민간영역에서의 정치적 활동이 보다 체계화되고 광범위해졌으며 노골화됐다. 노무현이라는 대상을 우상화하고 반대세력을 공격했다. 정치를 이분화하고 사회를 이분화해 갈등을 조장하는데 크게 기여했다. 강력한 이념 세력에 의해 탄생한 정권은 보복의 정치를 한다. 반대 세력에 품었던 한을 풀기 위한 정치를 한다.

이념 갈등은 인종 갈등보다 더 무섭다

미국은 인종 갈등으로 5년에 걸친 남북전쟁의 내전을 겪었다. 전체 인구의 3%에 해당하는 103만 명의 사상자가 났다. 인간 노예라는 비인간적인 제도로 어디에도 비길 수 없는 혹독한 차별의 역사를 가지고 있다. 지금도 흑백 갈등은 완전히 사라졌다고 할 수 없으나 겉으로는 차별이 드러나지 않는다. 1964년 시민권법으로 공공시설과 장소에서의 흑백 차별, 선거와 고용에서의 차별을 금지시켰기 때문이다. 이제 인종 차별적 언급조차 용납되지 않는다. 인종차별적 행동은 사회적 지탄의 대상이라는 데 대해 이의를 다는 사람은 아무도 없다.

우리나라도 미국과 마찬가지로 민족전쟁의 아픔을 겪었다. 미국과 달리 인종 간의 갈등이 아니라 이념갈등의 연장선이었다. 자칫 공산주의 국가가 될 뻔했다. 이미 국가건설 당시부터 좌익과 우익이라는 이념으로 민족이 둘로 쪼개졌다. 이념갈등의 역사가 깊다. 지금도 적대적 이념을 가진 공산국가와 대치상황에 있다. 공산주의 이념이 민주주의 이념을 위협하고 있다. 어느 나라에 비해 이념 갈등이 위험한 이유가 여기에 있다.

그 갈등의 골을 메우려는 시도는 없었다

정치인들은 미래와 희망을 이야기하지 않는다. 오로지 권력을 잡기 위해 좌우 이념만 부각시킨다. 갈등은 치유되기보다 끝이 보이지 않을 정도로 깊어간다. 같은 정치적 이념의 동지들을 확인하고 세력의 크기와 영향력을 깨달은 개인들이 자신의 정치성을 노골화하고 더욱 집단화하려 한다.

이념으로 갈라진 적대적 대결 사회로 변해가고 있다

잠재돼 있던 세대 간 이념 차에 의한 갈등이 표면화되면서 세대 간 대립이 심각한 상황이다. 젊은 세대들은 고난을 무릅쓰고 나라를 지키고 번듯하게 키워온 기성세대를 존경하기는커녕 낡은 이념의 세대, 정리되어야 할 세대로 몰아 부친다. 부강한 민주국가를 만들기 위해 개

진실

인의 권리마저 양보하며 희생한 기성세대들은 아들딸의 세대에 불만이 가득하지만 서로 대화가 불가능하다는 것을 깨닫고 입을 닫고 있다. 이념으로 갈라져 세대 간에 소통이 되지 않는 사회가 된 것이다. 이는 동일한 정치적 이념을 공유한 집단이 공개적 활동과 함께 이념을 양극화시키고 대립화시켜 놓았기 때문이다. 순수해야 할 교육현장마저 이념화되면서 젊은 세대에 특정한 이념을 주입시켜 놓았기 때문이기도 하다. 그 결과는 세대 간 갈등에 이어 우리사회 구성체의 근본을 이루는 가정마저 위협하고 있다. 가족 구성원들 간의 대화마저 자유롭지 못하게 만들고 있는 것이다.

이념 갈등이 위험한 수준까지 왔다.

미국이 인종차별을 금지하는 법을 만들었듯이 우리는 '이념차별 금지법'을 만들어야 할 날이 멀지 않아 보인다. 이념마저 법으로 규제하느냐고 논쟁할 여유가 없다. 정치적 이념으로 적대화되어 서로 총을 겨누는 사회는 불신과 저주의 언어가 넘쳐나 황폐화되고 피폐해진다. 인간성은 메말라 간다. 끔찍한 일이다.

최소한 언론과 법의 영역은 정치적 이념에 종속되지 말아야 한다. 정치는 두 영역이 독립적 위치를 유지할 수 있도록 지켜줘야 한다. 정치가 먼저 엮어 둔 고리를 끊어야 한다. 언론과 법, 두 영역이 제자리를 지키고 제 역할을 다할 때, 그때 희망을 기대할 수 있다. 지금은 아니다.

애국

2017년 11월 9일 방문연구원으로 있는 미국 워싱턴의 조지 워싱턴대학에 미국의 전설적인 방송뉴스 앵커 댄 레더(Dan Rather)가 와서 강연을 했다. 1981년 월트 크롱카이트의 후임으로 미국 CBS이브닝 뉴스를 24년 동안 진행하는 등 45년 동안 기자로 활동하다 "여러분 용기를 가지세요"라는 마지막 앵커멘트를 남기고 떠났던 인물이다. 2004년 미국 대통령선거에서 조지 W.부시의 군 경력이 허위라며 관련 문서를 제시해 큰 파장을 일으켰으나 그 문서 자체가 위조된 문서로 밝혀졌다. 그는 이에 대한 책임을 지고 사과와 함께 앵커직에서 물러나는 오점을 남겼으나 여전히 미국민들에게는 친숙한 방송인으로 남아있다. 언론인들에게는 탐사보도의 유의점에 대한 학습 사례로 꼽힌다.

86살의 그가 『무엇이 우리를 하나로 만드나』(What unites us)라는 책을 출판하고 그 홍보 목적의 강연에 나서긴 했지만 예전의 인기가 어느 정도였는지 가늠하기에 충분할 정도로 호응을 받았다. 제목에서 말해 주듯 중심주제는 '애국'이었다. 책에서 한때 CBS가 "공산주의자 방송사"(Communist Broadcasting System) 라고 불리기도 했다고 술회한 것에서 알 수 있듯이 그 역시 좌파 성향의 언론인으로 봐야 한다. 그런데 좌파 인사가 '애국'을 얘기한다? 나는 다소 의외라는 생각이 들었다. 돌이켜 보면 '애국'은 정치적 이념이나 성향과는 무관한 가치이고 노 언론인으로서는 당연히 강조할 수 있는 주제였다. 그런데 내가 의아해 한 것은 우리나라 좌파 인사들과 대비가 됐기 때문이다.

한국 좌파는 '애국'을 경시한다. 좌파정권 10년을 지나면서 한국에서 '애국'이라는 단어는 이제 마치 보수 노인세대의 전유물처럼 여겨지고 있다. 고리타분하고 냄새나는 용어가 됐다. 애국을 입에 올리면 시대의 변화를 읽지 못하고 여전히 과거에서 살고 있는 사람쯤으로 여지없이 평가된다.

애국을 주제로 한 영화는 '국뽕'(애국 히로뽕)이라는 신조어로 좌파들의 기피대상이 되고 젊은이들은 봐서는 안 될 영화로 각인되어 있다. '애국'이 후진적 보수 세력만의 가치를 상징하는 것으로 치부되고 천시되고 있는 것이다.

애국은 좌파와 우파의 이념적 가치를 뛰어넘는, 한나라의 국민으로서 가지는 기본 가치다. 우리는 이미 나라 없는 국민의 서러움을 경험했다. 국민 없는 나라도 없지만 나라 없는 국민은 어떠한 기본 권리조차 행사하지 못한다.

우리나라 좌파들이 애국을 경시하는 것은 그들이 가진 낡은 이념에서 출발한다. 보수 세력이 건국한 나라를 인정할 수 없다는 것이다. 1948년 대한민국 건국을 부정하는 이유다. 전쟁의 폐허를 딛고 세계 12위 경제대국으로 우뚝 선 눈부신 발전을 두고 세계가 기적이라며 평가하며 놀라고 있지만 좌파 세력들은 이를 애써 무시하고 깎아내리고 있다. 이승만이라는 보수인사가 나라를 세우고 박정희라는 보수 대통령이 인권을 억압하고 경제성장을 이룬 나라이기 때문에 인정할 수 없다는 것이다. 공산주의국가로 전락할 위기의 나라를 지켜 민주주의국가의 기틀을 굳건하게 만들고 경제대국의 기반을 다진 대통령이 모두 보수이기 때문에 이 나라를 자랑스러워할 수 없다는 것이 그들의 인식이다. 참으로 편협한 이념에 갇힌 억지다. 특정한 목적의 정치적 이념 때문에 역사마저 부정하는 세력에게는 정의가 있을 수 없다.

어느 나라 선생님들이 내 나라가 자랑스럽지 못하고 치욕스럽고 부끄러운 역사를 가졌다고 아이들에게 교육을 할까?

가슴속에 자랑스러운 나라에 대한 긍지를 가지지 못하도록 교육하는 나라가 어디에 또 있을까? 불행하게도 우리나라 좌파들은 그랬다. 어느 한 순간부터 부정의 역사가 아이들의 교실 칠판에 채워졌다. 그런 교육을 받은 아이들이 나라를 사랑하는 마음을 가질 수 없는 것은 당연하다. 긍정의 역사는 배우지 못하고 부정의 역사만 배웠으니 '애국'이 자리할 공간은 없다. 애국 없이 앞으로 이 나라를 어떻게 지탱하려는가 진보 정의당은 2012년 창당대회 때 아예 애국가를 부르지 않았다. 민주국가 대한민국의 국민이 내는 세금을 받는 국회의원들이 나라를 부정한 것이나 다름없다. 그런 정당이 대통령 후보까지 냈다. 2007년 이후 보수정권 시절 젊은이들 사이에서 스스로를 비하하고 국가를 비하하는 신조어들이 난무했다.

'헬 조선' '망한민국' '개한민국' '오포 세대' '금수저' '흙수저' 마치 살 수 없는 나라에 살고 있는 절망적 감정으로 몰아넣었다. 취업난에 분노한 젊은이들을 선동하기에 적절했다. 그런 신조어들이 속속 만들어졌다. 취업이 어려운 것은 보수정권 때나 진보정권 때나 다르지 않다. 사회 계층 간의 갈등 역시 어느 정부에서나 존재했다. 그런데도 불구하고 자기 나라를 살 수 없는 나라로 부정하고, 부끄러운 역사를 가진 나라로 격하시키고, 사람들을 '양극화'라는 가장 극단적인 표현으로 갈라놓았다.

언론마저 그 같은 끔찍한 신조어들이 어디서 누가 어떻게 만들었는지는 상관하지 않고 있는 그대로 가져다 쓰면서 확산시키는데 동조했다. 함축적인 의미를 담은 선정적 단어가 방송과 신문의 헤드라인으로 가장 좋다. 편집자들의 고민을 들어주는 반면 시청자와 독자의 눈을 사로잡기에 그 보다 더 효과적인 것은 없다.

그런 국가 비호 신조어들은 젊은이들 사이에서 자생적으로 만들어져 자연스럽게 불리면서 유행했을까?

놀랍게도 좌파 정부가 출범하면서 한순간에 인터넷에서 SNS에서 뉴스에서 포털에서 자취를 감추었다. 금수저, 흙수저 정도만 남아 있을 뿐 헬 조선이니 망한민국이니 개한민국이나 하는 입에 담을 수조차 없는 극단적 용어들은 사라졌다.

2018년 12월 현재 청년 실업률은 더 악화됐고 부유층과 빈곤층의 소득격차는 더 벌어졌고 사업장에서는 귀족노조원들의 세습고용으로 불공정취업까지 횡행하고 있다. 최저임금 인상으로 자영업자들의 폐업이 속출하고 있고 기업의 해외 이전과 국민들의 타국 이민이 러시를 이루고 있을 정도로 심각하지만 보수정권 때와 같은 끔찍한 신조어들은 등장하지 않고 있다.

한순간에 인터넷에서 SNS에서 뉴스에서 포털에서 자취를 감추었다. 어떻게 그럴 수 있을까? 전쟁의 폐허를 딛고 세계 10위 경제대국이 된 위대한 성장역사를 가진 자기 나라를 누가 왜 절망과 비하용어로 얼룩지게 했을까?

의도를 가진 자들의 소행으로 볼 수밖에 없다. 미국에서는 학교에서 아이들에게 나라 사랑의 마음을 키워준다. '국기에 대한 맹세'도 그 하나다.

"나는 미합중국 국기와 그것이 상징하는 국가에 대한 충성을 맹세합니다. 우리는 결코 나누어 질 수 없습니다. 우리나라는 모든 이를 위한 자유와 정의의 나라입니다."

우리나라에서는 좌파 세력들에 의해 마치 전체주의 상징인 양 비난

받는 '국기에 대한 맹세'가 '자유의 나라', 미국에서는 자연스럽게 교육되고 있다. 뿐만 아니라 내외국에서 미국인 희생자들이 발생했다거나 국가적으로 안타까운 사건이 발생했다거나 하물며 총기난사로 많은 시민들이 죽는 사고가 발생하면 백악관을 비롯한 전국 관공서와 관광지에서는 성조기를 내려 조기를 게양한다. 모든 국민이 슬픔을 나누고 위기의 순간을 함께 넘기자는 의미일 것이다. 이 또한 애국이다.

우리도 국가적 재난을 당하면 조기를 게양하자고 하면? 이 또한 전체주의적 발상이라며 극악하게 막아서는 세력이 있을 것이다.

다양한 인종들이 모여 거대국가를 형성하고 세계 제1의 강대국으로 군림하고 있는 미국을 '하나로' 만들어 주는 밑바탕은 국기에 대한 사랑에서 시작하고 있는지도 모를 일이다.

영국에서는 종종 BBC 등 TV를 통해 군인들의 유해 송환 장면이 방송되는 것을 볼 수 있다. 해외에 파병된 영국군이 희생을 당해 본국으로 유해가 송환되면 방송사는 정규방송을 중단하고 유해가 실린 항공기가 런던 상공에 나타났을 때부터 시작해 착륙하고 운구 되는 행렬이 희생자의 고향마을에 도착해 도로변에 도열한 주민들이 꽃을 뿌리며 애도하는 전 과정을 생생하게 보도한다. 경우에 따라서는 몇 시간씩 방송되기도 한다.

그 장면을 보고 있으면 애국심이 저절로 생겨난다. 국가가 국민 한 명 한 명을 소중히 여기고 있다는 것을 실감하도록 한다. 희생이 따르더라도 나라를 위해 봉사할 만한 가치가 있다는 것을 현실로 보여준다. 우리나라에서 정규방송을 중단하고 '천안함 용사'들의 유해송환 장면을 몇 시간에 걸쳐 생중계했다고 할 경우 좌파 세력들의 반발이 어떨지 짐작하고도 남음이 있다.

정의와 불의

어느 쪽이 진정한 정의이고 어느 쪽이 불의인지 '탄핵 정국'을 거치면서 다시 생각해보게 된다. 좌파정치 세력의 주장이 절대 선 정의이고, 우파 세력의 주장은 불의일까? 여론을 등에 업으면 정의가 되고 여론을 등지면 불의가 되는 것인가?

'내가 정의이고 너는 불의다'는 위험한 이분법적 정의가 우리사회를 지배하고 있다. 동일한 사안을 두고 정치적 이념을 달리하는 두 세력이 서로 정의라고 주장한다. 도대체 무엇이 정의인가? 진실이 무엇인지 모르는 혼란의 순간에 '내가 정의'라고 외치는 목소리의 크기에 따라 사회가 움직이고 있다. 이긴 쪽은 '정의의 승리'라 하고 진 쪽은 '정의가 죽었다' 한다. 정의가 시각에 따라 입장에 따라 달라진다. 우리는 어디서 정의를 찾아야 할까?

2010년 미국보다 한국에서 더 많이 팔렸다고 하는 책 『정의란 무엇인가』에서 마이클 샌델이 설명한 공리주의니 자유주의니 공동선이니

하는 학문적 정의는 접어두고 합리적이고 이성적으로 생각해보자.

먼저 탄핵

대통령이 명백히 범죄를 저질렀다면 당연히 처벌을 받아야 한다. 그것은 정의다. 단 범죄 여부가 법에 의해 판정받은 이후여야 한다. 그 판정도 오로지 법리에 의해 절대적으로 공평하게 내려져야 한다. 법에 의해 정의가 실현되어 대통령의 범죄가 확정되었다면 탄핵은 마땅하다.

헌법재판소의 탄핵 결정문을 보자

"피청구인의 행위는 최서원의 이익을 위해 대통령의 지위와 권한을 남용한 것으로서 공정한 직무수행이라고 할 수 없으며, 헌법, 국가공무원법, 공직자윤리법 등을 위배한 것입니다."

결국 피청구인의 위헌·위법행위는 국민의 신임을 배반한 것으로 헌법수호의 관점에서 용납될 수 없는 중대한 법을 위반했는지 안 했는지 명확히 밝히지 않았다.

법 위반이 탄핵 근거다.

국회의 탄핵 소추는 검찰의 기소와 같은 것이다. 기소는 조사결과 범죄로 인정할 만한 타당한 근거가 있으니 재판을 열어 판사의 결정을 받겠다는 의지로 일방적인 주장에 지나지 않는다. 사실 여부는 재판

진실

을 통해 가려지는 것이다. 재판도 판사에 따라 오류가 있을 수 있으니 한 번이 아니라 고등법원, 대법원까지 진행된다. 그러나 탄핵은 헌법재판소의 단 한 번의 결정으로 끝난다. 헌재는 81일 동안 20번 재판하고 25명 증인신문으로 탄핵을 결정했다.

헌법재판소의 재판은 실체적 진실을 가리는 재판이라고 볼 수 없다. 재판은 2019년 11월 현재까지도 언제 끝날지 알 수 없다. 법을 위반했는지 아닌지를 가리는 과정이다. 그렇게 오랜 기간 많은 증인을 심문하고도 실체적 진실에 접근하기가 어렵다.

그런데도 불구하고 헌법재판소는 수사기록만 10만 쪽이 넘는 탄핵 심판을 25명 증인에 대한 신문만으로 '헌법, 국가공무원법, 공직자윤리법 등을 위배했다'고 결론을 내렸다. '중대한 법 위배 행위라고 보아야 한다'는 애매모호한 표현으로 탄핵을 경청했다. 특히 국회의 탄핵소추 근거는 검찰의 공소장과 언론보도 내용이었다. 공소 내용도 엄밀히 말하면 아직 실체가 가려지지 않은 혐의일 뿐이고 언론보도 역시 의혹이었다. 헌재는 그 진실이 가려지지 않았는데도 그 내용을 결정문에 그대로 인용하다시피 했다. 이를 정의라 할 수 있을까?

여론에 의한 감정적 정의는 정의라 할 수 없다

여론은 감정적이다. 실체적 진실과는 거리가 먼 경우가 많다. 헌재 판결 당시 광장의 여론은 '탄핵이 아니면 폭동이 일어날 것'이라며 위협적이었고 언론 역시 다르지 않았다. 헌재는 그러한 여론의 무게를 이겨내지 못할 것이라는 의견이 지배적이었다. 여론은 헌법재판관 전원일치라는 공산주의 사회에서나 볼 수 있을 결과를 도출했다. 단 한 명의 반대의사도 없는 전제적 정의는 정의라 할 수 없다. 자유주의 체제에서 각자의 다양한 의견은 건전한 국가와 사회를 형성하는 기본이다.

자신의 의사를 자유롭게 펼치지 못하는 사회는 전제 군주적 국가에서나 가능하다. 민주국가에서는 동일한 정치 이념과 노선을 가진 정치집단에서나 볼 수 있겠다.

개혁의 시대는 과연 도래했을까?

부정과 부패로 얼룩진 과거의 폐단과 관행을 없애는 것은 옳은 일이다. 낡은 것을 걷어내고 새로운 것으로 바꾸는 것은 언제나 가슴 설레게 만드는 기대이기도 하다. 정치적으로 보자면 국민들에게 꿈을 심어주는 것이다. 부단한 개혁을 통해 미래를 개척하는 것은 우리의 미래 세대에게 더 나은 세상을 물려줘야 하는 기성세대의 숙제이기도 하다.

개혁에는 저항이 있고 마찰이 있게 마련이다. 어느 시대 어느 사회나 가진 자가 있고 못 가진 자가 있다. 권력도 그렇고 재물도 그렇고 명예도 그렇다. 가진 것을 빼앗으려면 저항이 따르는 것이고 관행처럼 해 오던 것을 바꾸려면 불편과 불안에 따른 우려가 개혁의 발목을 잡을 수도 있다. 저항이 거세다 해도 부패한 것은 도려내야 하는 것이고 새살이 나오도록 하는 것이 맞다. 그러나 개혁에는 명분이 분명해야 한다. 정치적 동기가 배제돼야 한다.

한풀이나 보복적 개혁은 개혁이라 할 수 없다. 정치적 의도를 내포하고 있기 때문이다. 개혁은 순수해야 성공할 수 있다. 정치성이 가미되면 대결구도가 형성된다. 한을 품고 개혁을 주도하는 세력은 당하는 세력에게 또 다른 한을 남겨두게 된다. 그래서 개혁이 보는 쪽에 따라 정의도 되고 불의도 된다.

주도하는 쪽에서는 개혁이라고 하지만 당하는 쪽에서는 불의다. 누구나 공감할 수 있는 정의로 개혁을 해야만 성공할 수 있다. 개혁목적은 정당하다고 할지라도 방법이 정당하지 않기 때문에 저항이 따르는 것이고 보복으로 여기는 것이다.

부패에 연루됐거나 부정을 저지른 것이 명백하다면 누구나 개혁의 대상이 되어야 한다. 그러나 국가 발전을 위해 나름대로 혼신을 다한 사람들마저 정치적 이념으로 편을 갈라 칼끝을 들이댄다면 이를 정의롭다고 할 수는 없을 것이다.

특정한 정치 집단의 독단적 정의는 정의가 아니다

민주주의 사회는 정반합으로 나아가야 한다. 반대의견이 없는 것이 더 잘못된 것이다. 반대세력이 척결의 대상이 되어서는 안 된다. 정치적 이념이 다른 지난 정부의 모든 것을 부정하는 것은 국가 발전을 더디게 하는 것이다.

어느 정부가 더 나은 국가 발전을 위해 노력하지 않았다고 할 수 있겠는가? 나라를 후퇴시키려 국가를 경영한 정부는 없을 것이다. 그런데도 불구하고 정권이 바뀌면 전 정부의 모든 것을 부정한다. 이는 정의가 아니다.

박근혜 정부가 추진했던 성과연봉제를 보자

한마디로 일한 만큼 임금을 받자는 제도다. 직장에서 일을 많이 하는 사람도 있고 적게 하는 사람도 있다. 잘하는 사람도 있고 못하는 사람도 있으며 열심히 하는 사람도 있고 그렇지 않은 사람이 있다. 똑같은 업무시간에 누구는 열심히 하고 누구는 놀면서 시간만 때우는데 월급은 똑같이 받는 것이 정당한가? 열심히 성의껏 일한 사람이 손해다. 일하고 싶은 의욕이 사라진다. 그렇게 되면 전체 일터에서 일은 안하고 시간만 보내는 분위기가 조성되면서 생산성은 떨어지고 비용은 높아진다. 비용이 높아지면 제품가격도 높아져 경쟁력을 잃게 된다. 외국은 대부분 성과연봉제를 시행하고 있고, 국내 일부 기업들도 이미 도입했다. 근로자들의 반대에도 무릅쓰고 어렵게 전 공공기관에 도입되도록 했고, 많은 민간기업으로 확산됐다.

새로 출범한 정부는 이를 모두 중단시키고 원점으로 돌려버렸다. 이것을 개혁이라고 할 수 있을까? 기득권의 반대에도 불구하고 더 나은 발전을 위한 노력이 정의인가 아니면 이념을 같이 하는 집단의 요구를 들어주는 것이 정의인가?

대다수 국민의 행복과 국가 이익에 부합하지 않는 정의를 정의라고 할 수는 없다. 정치적이고 정파적인 이념과 목적이 개입되지 않고 누가 보더라도 보편타당하고 상식적인 정의를 정의라고 할 수 있을 것이다.

우리는 너무나 많은 동일 사안을 두고 정의와 불의를 넘나들고 있다. 정의와 불의, 결국 법에 의존하지만 법의 최종 판결을 받고 나온 사람들마저 '정의는 죽었다'고 외치며 '사법 정의를 다시 세워야 한다'고 목소리를 높인다. 정의를 가려야 할 최종 단계인 법조차 불신을 받고 있기 때문이다.

자신에게 유리하면 정의이고 불리하면 불의라고 하는 세상이다. 진실이 무엇인지 혼돈 속에 가려져 희미하지만 정의는 도덕적으로 건전하고 악에 의해 훼손되어서는 안 될 선이어야 하는 것은 분명하다. 법이 제자리를 찾지 못한다면 우리는 결국 양심에 의존해야 한다.

포토라인

검찰에 소환된 전직 대통령들 그 어느 누구도 검찰청사 입구 바닥에 붙여진 노란색 비닐테이프의 삼각형을 피해가지 못했다. 이른바 포토라인이라는 것으로 소환자들은 반드시 서야 하는 것으로 인식되기에 이르렀다.

포토라인은 사진기자들이 자신들의 취재 편의를 위해 자체적으로 위치를 선정하고 지점을 표시해 소환자들을 세운다. 물론 검찰과의 협

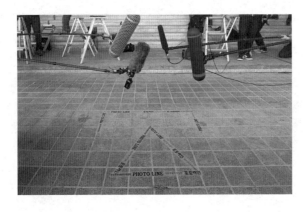

비닐테이프에는 한국방송카메라기자협회와 한국사진기자협회는 설치 주체가 찍혀 있다. 즉, 포토라인은 검찰이 만드는 것이 아니라 사진기자들이 만든다는 얘기다.

의 하에 이루어진다. 위치를 지정해 놓으면 카메라기자들은 취재가 매우 쉬워진다. 무거운 카메라를 어깨에 메고 좋은 방향을 차지하기 위해 밀치고 당기며 치열한 경쟁을 벌이지 않아도 된다. 육체적인 수고뿐 아니라 미리 카메라의 위치를 배분해 세팅을 해두기 때문에 안정적인 그림을 확보할 수도 있다.

말하자면 소환자들은 카메라기자들의 이러한 취재 편의를 위한 요구에 응해주는 것이다. 그런데 마치 이들의 명령에 따르는 듯한 느낌을 준다. 소환자는 한 명이고 카메라기자들은 수십 명에 이르기 때문에 전직 대통령이라 하더라도 그 위세에 눌리기 않을 수 없을 것이며 무시할 수도 없는 노릇이다.

포토라인을 무시하고 지나쳐 버리면 카메라기자들 사이에 대 혼란이 벌어질 것이고 사고로 이어질 수 있다. 실제로 1993년 고 정주영 현대그룹 회장이 검찰에 출두하다 카메라에 이마를 부딪쳐 부상을 입기도 했다. 이때부터 방송과 신문 카메라기자들이 협약을 맺고 약속선을 정했다. 이것이 현재와 같은 모습의 포토라인이다. 인터넷을 비롯한 언론매체들이 급증하면서 '포토라인' 협약이 더욱 더 필요한 상황이기도 하다. 과열 취재 경쟁으로 발생할 수 있는 불의의 사고를 막기 위한 최소한의 '질서 유지' 공간이기 때문이다.

 하지만 아무래도 걸리는 것이 인권의 침해다.

 검찰청에 소환되는 사람들은 혐의만 있을 뿐 형이 확정되지 않은 사람이다. 죄가 있는지 없는지 조사 받기 위해 나온 피의자 신분이다. 검찰은 이들이 죄가 있을 것이라고 보고 자신들이 모은 증거를 토대로 진술을 받기 위해 부른 것이고 이들은 당연히 '무죄추정의 원칙'에 따라 신분의 보호를 받아야 하고 이들의 인권은 존중되어야 한다. 검찰 조사가 끝나서 기소가 된다 하더라도 법원에서 죄의 유무에 대해 판사의 판단을 받아야 하는 과정을 남겨두고 있다. 설사 검찰에 의해 구속이 되었다 하더라도 아직 범죄자는 아니다. 구속은 단지 검찰이 수사를 원활히 하기 위해 신변을 확보해 두는 조치에 불과하다.

 그런데도 우리나라에서는 구속이 아니라 소환만 되도 모두 범죄자, 죄인으로 낙인찍히고 만다. 검찰의 조사 과정에서 이미 피의사실이 언론에 유포돼 마치 확정적인 것으로 여론화되기 때문이다. 혐의가 국민들의 머릿속에 각인되고 난 뒤 피의자가 공개 소환을 당해 카메라 앞에 서면 '그 사람은 범죄자'라는 이미지가 굳혀질 수밖에 없다. 포토라인에 서는 순간, 그동안 언론에 보도된 모든 내용이 사실화돼 마치 재

판이 끝나 유죄판결을 받은 사람이 되고 만다. 포토라인이 공개재판장이 되어버리는 것이다. 아무리 질서유지를 위한 불가피한 조치일 뿐이라고 하지만 수십 수백 대의 카메라 셔터는 개인의 초상권을 무력화시키고도 남음이 있다. 언론의 힘인가 검찰의 힘인가? 누이 좋고 매부 좋고다.

이런 포토라인은 우리나라 밖에 없다. 미국, 영국을 비롯한 선진국 어느 뉴스를 봐도 이런 장면은 목격할 수 없다. 법원의 선고 전에 피의자를 카메라 앞에 세운다는 것은 상상하기 어려운 일이다.

우리나라에 초상권 보호 조치가 없는 것은 아니다. '인권 보호를 위

한 수사 공보 준칙'을 두고 있다. 법무부의 이 준칙은 '사건 관계인의 명예나 사생활 등 인권과 공정한 재판을 받을 권리, 국민의 알권리, 수사의 효율성 및 공정성이 균형을 이루도록 해석되어야 하고, 국민의 알권리 등을 이유로 사건관계인의 인권이 부당하게 침해되지 않도록 유의하여야 한다'고 규정하고 있다.

국민의 알권리를 앞세워 개인의 인권이 부당하게 침해되어서는 안 된다고 밝히고 있다.

'사건 관계인의 초상권 보호를 위하여 소환, 조사, 압수수색, 체포, 구속 등 일체의 수사과정에 대하여 언론이나 그 밖의 제3자의 촬영, 녹화, 중계방송을 허용하여서는 아니 된다'며 개인의 초상권 보호가 강조되고 있다. 그러나 문제는 예외 조항이다.

'공적 인물인 피의자에 대한 소환 또는 조사 사실이 알려져 촬영 경쟁으로 인한 물리적 충돌이 예상되고 피의자가 동의하는 경우에는 검찰청 부지 내의 청사건물 이외 구역에서 소환 또는 귀가 장면에 한하여' 촬영을 허용할 수 있다고 규정하고 있는 것이다.

소환 대상자가 공적인 인물이고 '촬영 경쟁으로 물리적 충돌이 예상될 경우' 국민의 알권리가 개인의 초상권을 우선한다는 것이다.

공인은 이미 알려진 인물이라 초상권이 의미가 없을 수 있다. 그러나 범죄여부를 가려야 하는 경우는 다르다. 혐의만으로 범죄인 취급을 받아서는 안 된다. 수사과정에서 피의사실이 유출되어서도 안 되지만 언론도 이를 범죄시하여 확정적으로 보도하는 것은 바람직하지 않다.

'포토라인'이 피의사실 유포에 의한 여론재판의 공간이 되고 인권을 유린하는 현장이 된 것 같아 포토라인에 선 사람들을 볼 때마다 마음이 무겁다. 한 개인의 고귀한 인격을 집단 저격하는 것에 다름 아니다.

수십 수백 대의 카메라가 오직 자기 한사람에게 향하고 있다고 생각해 보라. 어느 누구도 두려움을 느끼지 않을 수 없을 것이다. 도망을 가지도 숨지도 못하고 오롯이 노출된 상황이다. 마치 모델을 세워 두고 촬영대회를 여는 듯한 장면이다.

의도를 가지고 보는 사람들의 시선은 공격적이다. 사람들의 시선만으로도 두렵고 무거운데 카메라 렌즈까지 일제히 자신을 향하고 있으면 그 순간 자체가 고문이다. 범죄 여부가 확정되지도 않은 사람이 이러한 흉기 없는 고문을 당할 수는 없는 것이다. 아니 당해서는 안 된다. 너무도 가혹하다.

한 컷이라도 좋은 장면을 잡으려고 애를 쓰는 카메라기자들을 이해하지 못하는 것은 아니다. 나 역시 방송기자로 활동할 때는 그 누구보다도 영상을 중시했다. 좋은 그림 한 장면이 수백 단어의 설명보다 나은 경우가 많다. 스틸 한 컷이 독자들에게 전해주는 의미가 구구절절 이어지는 단어들보다 훨씬 강한 위력을 발휘하기도 한다. 영상의 힘이 있는 것이다.

그래도 너무 가혹하다.

포토존을 없애고 피의자들이 자연스럽게 출두하도록 하고 영상 풀단(대표 기자단)을 형성하는 것이 바람직하다. 엄격히 말하자면, 피의자의 동선을 가로 막는 것은 제3자인 기자들이 해야 할 일도 해서는 안 될 일이다. 있는 그대로를 찍어야 한다. 출두하는 당사자가 스스로 촬영을

진실

위해서 또는 멘트를 하기 위해서 카메라 앞에 서면 서는 대로, 아니면 걸음을 멈추지 않고 가면 가는 대로 앞을 가로막지 않고 흐름에 따라 촬영하는 것이 맞다. 포토라인을 만들고 거기에 서라고 명령하는 것은 명백한 인격권 침해다. 기자가 어떻게 개인의 결정권을 방해하고 개입하고 명령할 수 있단 말인가?

편의보다 인권이 더 중요하다. 국민의 알권리도 중요하지만 개인의 인격이 더 중요하다. 선진형 대안이 시급하다. 언론 스스로가 발전적이고 긍정적 카르텔을 형성해 타인의 인권을 존중하는 방향으로 한 단계 성숙한 모습을 보여주어야 한다.

2019년 1월 11일 양승태 전 대법원장이 검찰에 출두했다. 이 역시 헌정 사상 처음이다. 전직 대법원장이 검찰에 조사를 받는다?

상상하기 힘든 일이 벌어졌다. 이른바 '사법 농단' 의혹이다. 박근혜 정부와 '재판거래'를 했다는 것이 주요 혐의다. 관련 대법관들 역시 조사를 받고 구속 영장까지 청구됐으나 모두 기각된 이후다. 전 정부의 대법원장을 '사법 적폐'의 수장으로 몰아 망신을 주려는 의도가 명확하지만 법을 가장 중시해야 하는 대법원장이 '법 집행'에 따르지 않을 수는 없는 것. 하지만 그는 포토라인만큼은 피했다. 포토라인에 서는 일만은 하지 않겠다는 입장을 고수했다. 검찰 청사 앞에 여느 때와 마찬가지로 포토라인이 만들어졌지만 그는 서지 않았다. 대신 대법원 앞에서 기자 회견을 했다. 그리고 검찰 청사로 이동해 포토라인을 그대로 통과해 입장했다. 검찰에 출두한 최고위직 공무원이 포토라인을 무시한 것 또한 처음이다.

그에게 포토라인은 어떤 의미였을까?

포토라인에 선다는 그 자체가 혐의의 인정이었을 것이다. 그것도 부정·부패에 연루된 피의자의 이미지로 굳혀지는 순간이라고 봤을 것이다. 따라서 포토라인을 통과한다는 행위는 자신에 대한 혐의의 부정인 동시에 여론 재판에 대한 강한 거부와 항의의 표시였을 것이다. 반(反)법률적 인권침해의 상징이 된 포토라인은 없애야 하는 게 맞다.

2019년 10월 4일 윤석열 검찰총장이 폐지의사를 밝혔다. 그러나 그 결정이 어느 한 가족에게 특혜를 주는 듯해서 뒷맛이 개운치 않다. 입만 열면 평등과 공정과 정의를 외치며 도덕군자처럼 행사했던 조국 전 법무장관이 본인의 위선과 가족의 각종 의혹으로 국민적 지탄을 받던

진실

때였다. 검찰 출석을 위해 과거 여론의 관심을 끌었던 모든 사람들이 서야 했던 그 포토라인에 그 가족이 막 서야 할 시점이었다. 바로 그때 포토라인이 폐지됐다. 너무나 정치적인 결정이다. 살아있는 권력의 실세를 보호하기 위한 조치라는 것을 국민들은 안다. 자기편 인권만 인권이고 반대편 인권은 유린당해도 된단 말인가? 지난 정부의 수많은 우파 인사들이 굴욕적 순간의 공포를 겪어야 했다. 당한 사람만 억울할 뿐이다.

대통령 전용기 기내 간담회

　　　　　　　　　　　　　　　　대통령은 해외 순방에 나서거나 돌
아올 때 취재 목적으로 함께 갔던 출입기자들과 기내에서 약식의 기
자간담회를 연다. 비행기 내부의 좁은 공간이라 마이크 없이 육성으로
소통이 가능해 가까이서 얼굴을 마주보며 대화가 가능하다는 점에서
친밀도는 평소보다 높다. 박근혜 대통령은 출발 때 아니면 귀국 때 한
번은 거의 빠짐없이 기내 간담회를 열었다. 긴 일정으로 많은 나라를
순방하는 동안 밤늦도록 외교적 신경전을 펼치다 보면 기진맥진해져
탈진 상태에 놓이기도 하지만 기자들이 원하는 한 응했다. 간담회는
항공기에 탑승하자마자 열린다. 간담회 역시 하나의 일정이니 대통령
이나 기자 모두 숙제를 끝내고 쉬어야 하기 때문이다. 박 대통령은 기
자들의 좌석 통로를 한 바퀴 돌며 한 명도 빠짐없이 일일이 악수를 하
고 가벼운 이야기를 주고받았다.

기자들은 이때 평소 하고 싶었던 질문을 던진다. 청와대 내에서는 기자회견이 열린다 하더라도 질문의 기회가 확보되지 않을 수 있고 먼 거리의 질의응답으로 기내에서의 대면대화와는 차이가 많다. 따라서 일상생활에 관한 가벼운 질문에서 국정 현안에 대한 무거운 질문까지 다양하게 쏟아진다. 순방을 함께 다니면서 기내 간담회를 자주 하다 보니 서로가 익숙해지게 되는데 박 대통령은 기자 개개인의 특성까지 파악하고 농담을 주고받기도 했다. 어느 경우나 근거리 소통에서는 송곳 같은 질문이 나오기 쉽지 않다. 따라서 기내 간담회에서는 대체로 큰 기사가 나오기 어렵다. 많은 기자들이 있는 자리인 만큼 특종 경쟁이 무뎌지기 때문이기도 할 것이다. 하지만 첨예한 국내외 현안이 있을 경우에는 분위기가 전혀 다르다. 그때는 대통령이 기내의 중앙에 위치하고 기자들이 주변을 둘러싸고 질의응답을 한다. 분위기가 험악해질 수도 있지만 그래도 가까이서 질문하고 답하는 만큼 이해와 설득과 공감도가 청와대에서보다 높다. 따라서 대통령과 기자 사이에 설전이 오가거나 마주보고 얼굴 붉힐 일은 극히 이례적이다. 공간감이 주는 소통의 장점일 것이다.

그런데 2018년 12월 2일 문재인 대통령이 기내 간담회에서 기자들과 설전을 벌였다고 한다. 뉴질랜드로 가는 전용기에서 기자들의 질문을 제한했다고 한다. 박 대통령 때와 같은 비행기에 같은 공간이다. 국내 현안 질문이 나오자 "오늘 간담회는 외교문제만 다루겠다"며 세 차례나 즉답을 피했다는 것이다. 순방 중에 국내에서는 청와대 민정수석실의 특감반원들이 비위를 저질러 전원이 교체되는 사태가 발생한 뒤였다. 특감반원들이 무슨 잘못을 했으며 대통령은 어디까지 보고를 받고 어떻게 처리할 것인지 기자들은 당연히 질문을 해야 할 사안이다. 그러나 문 대통령은 기자들의 질문을 원천적으로 막아버렸다. 더구나 국내 현안 가운데 가장 심각한 경제문제 조차도 질문을 허용하지 않았다. 오로지 북한문제에만 집중했다.

당시의 현장 상황 일부를 들여다보자.

기자 : 경제 문제는 골치 아프니까 소프트하게 여쭙겠습니다. 문재인 정부 3년차를 맞는데요, 경제 분야에서도 성과를 내야 된다는 목소리 많습니다. 대통령께서 생각하시기에 내년에 문재인 정부 3년차 맞아 꼭 성과를 내고 싶은 분야가 어떤 것인지, 그리고 희망사항이 아니라 지표상 내년이면 이 분야는 좋아질 거라고 확신하는 분야가 어디인지 말씀해 주시고요.

덧붙여서 지금 사회적 대타협 기구가 우여곡절 끝에 출범했는데, 기대도 크지만 우려도 많습니다. 광주형 일자리처럼 사회적 대타협 기구를 통해서 어떤 성과를 못 내거나 오히려 그 기구가 무슨 개혁 혁신 과제를 뭉개고 있다고 판단된다면 대통령께서는 무슨 해결 방안이 있으신지, 그 분야에 대해서 여쭙고 싶습니다.

문 대통령 : 더 말씀 안 하셔도 될 것 같고요, 제가 외교 문제에 대해서만 말씀드리겠습니다. 외교 문제에 있어 내년도 목표라면 우선 내년

초에 가급적 조기에 제2차 북미 정상회담이 이루어지고, 그리고 그 회담을 통해서 북한의 비핵화에서 조금 획기적인 진전이 이뤄지는 것, 그리고 거기에 따라서 남북관계가 함께 발맞춰서 발전해 나가는 것, 그것이 우리 외교에 있어서 가장 중요한 과제라고 할 수 있겠습니다.

기자 : 모두에 대통령님께서 국내 문제에 대해서 질문을 받지 않으시겠다고 말씀을 하셨지만 그래도 순방 중에 국내에서 관심사가 큰 사안이 벌어졌기 때문에 질문을 안 드릴 수 없습니다. 대신 준비한 것에 비해서 짧게 드리겠습니다.

문 대통령 : 아닙니다. 짧게라도 제가 질문 받지 않고 답하지 않겠습니다. 외교 문제에 집중해 주시기 바랍니다. 이번 순방과 관련해서, 또는 다른 외교 문제 관련해서 하실 질문 있으시면 뭐든지 해 주시기 바랍니다.

....

기자 : 대통령께서 국내 문제 질문 안 받겠다고 말씀하셨는데, 아르헨티나에서 출국하기 직전에 SNS에 정의로운 나라 만들겠다, 꼭 믿어 달라 이런 말씀을 메시지로 전하셨는데, 이것이 최근 국내 문제에 대한 대통령께서 국민께 드리고 싶은 메시지라고 저는 그렇게 이해했는데, 이 부분에 대해서 구체적으로 조금 더 설명을 해 주십시오.

문 대통령 : 외교로 돌아가시죠. 이왕 마이크 드셨으니까. (웃음) (일동 웃음)

기자 : 또 답변은 곤란하십니까?

문 대통령 : 이렇게 남북 간에 평화 이루고, 완전한 비핵화 이루고 하는

것도 정의로운 나라에 포함되는 것이죠.

비행기 안의 좁은 공간 얼굴을 마주하고 있는 상황에서 기자들이 질문을 하려하자 대통령이 면박을 주듯 가로막는 모습은 상상하기 힘든 장면이다.

더구나 국내에서도 기자회견을 자주 열고 국민들에게 현안을 소상히 설명하는 것도 아니다. 국내 현안문제로 인해 자신이 공들이고 있는 북한문제가 신문의 지면에서 뒷전으로 밀려나는 것을 우려해 기내 간담회의 주제를 분산시키지 않으려는 의도로 읽힌다. 그러나 기자들이 모처럼 대통령을 만난 자리에서 자유롭게 질문조차 못하게 입막음을 했다는 것은 자유민주주의 국가에서 이해하기 어렵다. 일종의 언론 통제다. 언론을 자신의 입맛에 맞게 선전도구로 사용하겠다는 의도를 내포하고 있는 것은 아닌지 의심스럽다.

문 대통령은 취임을 하면서 "국민과 수시로 소통하는 대통령이 되겠다" "주요 사안은 대통령이 직접 언론에 브리핑하겠다"고 했다.

말과 행동이 따로 논다.

Chapter

6

비밀주의가 파국을 부른다 | 꼼수 | 여론 조작 | 정치인의 거짓말 | 위선과 오만 | 한국병, 영국병

2016 민중총궐기투쟁본부 발족 선언문 | 주체105(2016)년 9월 24일 《우리 민족끼리》

마크롱 대(對) 문재인 | 제3의 길 | 자유 그리고 베를린

1980년 초 영국 보수당 정부는 "노동당 정부가 영국을 파산으로 몰고 갔다"고 했다. 조만간 "문재인 정부가 대한민국을 파산으로 몰고 갔다"는 말로 대체될까 두렵다. 잃어버린 시간을 되찾기 위해서는 또 국민의 고통이 따른다. 무엇보다 정권을 떠나 국가적 손실이다. 한국의 좌파뿐만 아니라 우파 역시 영국 노동당 토니 블레어의 철학을 공부해야 한다. 제3의 길을 두려워해서는 안 된다.

비밀주의가 파국을 부른다

2018년 3월 5일 정의용 국가안보실장을 단장으로 하는 문재인 정부의 대북특사가 평양으로 날아갔다. 1박2일 동안 머물면서 김정은의 집무실이 있는 노동당 당사에서 칙사 대접 받고 4시간 넘게 대화를 나누고 돌아와 6일 저녁 8시 결과를 발표했다. 그때까지 대한민국 국민은 어떤 일이 벌어지고 있는지 아무것도 알 수 없었다. 북한이 철저히 검열한 뒤 선별해서 제공하는 사진과 북한이 발표하는 내용으로 어림짐작만 할 뿐이었다. 특사단에 대한민국 언론은 빠졌다.

물론 민감한 외교문제에서 언론이 배제될 수 있다. 사진 한장 한장에서 분위기를 읽을 수 있고 공개되어서는 안 될 서류의 내용이 카메라에 잡힐 수 있어 예민하다. 특히 상대방이 있고 철저히 보안을 필요로 하는 단독회의 같은 경우에는 일체 접근을 허용하지 않을 수 있다. 그러나 보통의 경우 정상회담을 비롯한 각종 회담이나 회의에서 전체를 공개하지 않고 앞부분만을 공개해 악수하는 장면이나 인사말을 하는 정도의 경우 취재기자와 카메라기자를 입장시키는 것이 통례다. 특히 국민적 관심사가 지대한 경우는 오해의 소지를 없애기 위해서라도 더더욱 필요하다.

이번 대북특사와 김정은의 만남은 국가안위와 국민생명이 직결된 문제다. 비핵화와 관련된 의제는 하나의 정부 차원이 아니라 국가 미래가 걸린 것으로 우리 국민이 그 진행 상황을 시시각각으로 알아야 하는 것이 마땅하다. 대통령 한 명에 청와대 참모진과 정부관계자 몇 명이 자신들만의 입맛대로 자신들의 이념에 따라 결정할 사안이 결코 아니다. 국가의 운명을 그 몇 명이 좌지우지하라고 권력을 준 것이 아니다.

정부는 유한하지만 국가와 국민은 무한하다. 아니 무한해야 한다. 현 집권세력은 '자유민주주의'를 거부하는 집단이다. 학생들의 교과서에서 조차 '자유민주주의'를 그냥 '민주주의'로 바꾸는 세력이다. 이는 '자유민주주의'가 아니라 '사회주의' 국가를 추종한다는 것을 의미한다. 말하자면 북한과 일정부분 이념을 공유한다는 것으로 대다수 대한민국 국민이 추구하는 국가 정체성을 무시하고 헌법정신을 위반하는 것이다.

따라서 이들이 북한의 김정은에 어떤 제의를 하고 어떤 대화를 하고 어떤 자세를 취했는지 국민은 알아야 한다. 그러나 단 한 명의 기자도 동행하지 않음으로써 북한이 제공한 철저하게 통제되고 검열된 사진과 기사만을 우리국민은 보아야 했다.

진실

우리 국민을 현재의 북한 통제체제 아래에 놓이게 하여 길들이게 하였다 해도 과언이 아닌 꼴이 됐다. 우리 사진기자와 취재가 동행했다면 우리 특사단과 북한 김정은 일행이 어떤 자세로 어떤 말을 했는지 대체적이나마 알 수 있고 그것을 토대로 상황 판단을 짐작이나마 할수 있다.

더구나 문재인 정부가 '핵이 있는 평화도 좋으니 정상회담만 하자'는 입장인지 아니면 '한반도의 완전한 비핵화가 실현되지 않는 한 대화와 교류는 없다'는 입장인지 국민에게 명확하게 밝히지 않은 상황이기 때문에 더더욱 이번 특사단과 북한의 대화 내용은 국민에게 중요했다.

이 정부는 국민을 철저히 소외시켰다

북한이 제공한 사진을 보면, 앉아 있는 34살의 김정은 정면에 73살의 대한민국 국가 안보실장이 거의 차렷 자세로 서서 보고하는 장면이 나온다.

굴종

어떠한 정상회담에서도 어떠한 외교적 접견에서도 이렇게 한나라를 대표한 사람이 일어서서 보고하는 경우는 없다. 대한민국을 대표한 특사다. 방문국 대통령보다 아무리 격이 낮은 외교대사도 차렷 자세로 보고하는 경우는 보지 못했다.

이보다 앞선 2월 10일 북한 특사로 청와대를 방문한 김여정은 문 대

통령 앞에 차렷 자세로 서서 인사도 보고도 하지 않았다. 시종일관 도도한 자세로 일관했다. 대한민국 정부의 특사, 그것도 주적을 마주하고 대한민국의 안보를 책임지고 있는 국가 안보실장이 보인 비굴한 자세는 자국 국민에 대한 모욕이다. 왜 자랑스러운 대한민국이 국민을 굶겨 죽이며 폭정을 하는 야만의 지도자에게 이 같이 굴욕적인 저자세로 임해야 하나?

하지만 대한민국 언론은 이 같이 국가의 품격을 스스로 내던진 문재인 정부를 비난하지 않았다.

서해에서 천안함 폭침으로 나라를 지키던 우리 젊은이 46명을 희생시킨 주범 김영철을 평창올림픽 폐막식 대표단으로 받아들이면서도 문재인 청와대가 국민에게 한 말은 '대승적 차원에서 수용했다'는 말 한 마디뿐이었다.

2월 25일부터 3박4일 동안 워커힐 호텔 최고층을 통째로 잡아주고 국빈급 대접을 해 주면서 대한민국 안보 책임자들을 모두 김영철 앞으로 대령시켰으나 대체 무슨 말을 나누었는지 철저히 비밀에 부쳤다.

단 한 장의 사진도 국민에게 제공되지 않았다.

핵무기를 앞에 두고 국가의 안위와 국민의 생명, 대한민국 영토를 보전하는 문제를 논하면서 국민의 귀와 눈을 철저히 봉쇄했다. 물론 안보와 관련된 사안이고 국제적으로 민감한 사안인 만큼 공개해야 할 내용이 있고 공개되어서는 안 될 내용이 있다.

국민에게 어떤 방향으로 협의가 진행되고 있다는 것은 알려야 하는 것이 마땅하다. 그러나 김영철이 단 한 마디 없이 서울을 떠나도록 이 정부도 단 한 마디 국민에게 보고하지 않았다. 이래도 되는 것인가? 자신들만 옳다고 믿고 있다면 오산이요 오만이다.

그들의 오만은 촛불로부터 모든 국민의 권한을 위임받았다고 생각하는 데서 시작됐다. 아무리 비밀스럽게 일처리를 해도 자신들의 지지세력이 뒷받침을 해주고 있기 때문에 염려할 것이 없다고 여기는 모양이다. 과연 그럴까?

과거 박근혜 정부에 대해 국민과의 소통을 그토록 주문하고 불통을 전파하며 비난을 퍼부었던 세력들은 국민의 생명과 나라의 운명과 직

결된 문제에 대한 이 정부의 소통부재는 언급하지 않는다. 언론들도
마찬가지다. 재킷 벗고 커피 잔 들고 야외에서 담소를 나누는 것이 소
통이 아니다. 외부행사에서 주민들 끌어안아주고 눈물 흘리는 것이 소
통인가? 그것은 쇼일 뿐이다. 국민이 궁금한 것을 소상히 알려주고 설
명하고 이해를 구하고 방향을 제시하고 함께 옳은 길을 찾는 것이 소
통이다.

그러나 이 정부는 불통을 넘어 문을 잠근 채 철저히 비밀주의를 표
방하고 있다. 비밀스럽게 진행된 일은 폭로가 되면 잘못을 바로 잡을
수 없고 뒤늦게 알려지면 오해를 넘어 논란과 책임을 동반한다. 끼리
끼리만 정보를 공유하고 국정을 논하면 결국 맞이하는 것은 파국이다.

꼼수

꼼수, '쩨쩨한 수단이나 방법'이라고 사전은 정의한다. 목적을 달성하기 위하여 정당하지 않은 얄팍한 수단의 꾀를 부린다는 얘기다. 일종의 농간으로, 최종적으로는 남을 속이려는 의도가 담겼다고 봐야 할 것이다. 기본적으로 부정적인 용어다. 위기를 탈출하고 상황을 반전시키기 위해서 많이 사용된다. 정치에서 '꼼수 정치'로 많이 쓰인다.

2018년 9월 20일 문재인 김정은의 백두산 깜짝 방문을 보며 나는 지나친 욕심에 '꼼수'로 포장하려다 오히려 역효과를 봤다고 평가했다. 이 정권이 보여준 쇼쇼쇼의 결정판이었다.

대통령의 해외 순방 일정이 현지에서 즉흥적으로 이뤄지는 일은 거의 없다. 동선과 경호, 의전 등의 문제를 상대국과 사전에 협의해야 가능하다. 이러한 절차가 하루 만에 이루어지는 경우는 없다. 발생할 수 있는 모든 사안을 현지 점검하고 안전을 확보하기까지는 몇 날이 필요하다. 국내에서의 행사에도 그런데 하물며 국빈방문급 정상회담 일정을 사전 조율 없이 기분 내키는 대로 한다? 생각도 못할 일이다. 북한이라서 가능하다?

이 또한 자칭 최고 존엄이 움직이는데 사전 경호 점검 없이 옆집 가듯이 가자해서 간다는 것은 상상하기 어려운 일이다. 청와대는 대통령의 순방 일정이 잡히면 출입기자 대표단에게 일정시점까지 보도하지 않는다는 것을 전제로 예정된 행사 내용을 대략적으로 알려준다. 그래야 기자들도 그 행사에 맞는 기획기사를 사전에 준비할 수 있고 기사내용도 풍부해진다. 청와대는 백두산 방문 일정을 평양 현지에서 하루전 발표했다. '백두산을 트래킹하는 것이 문 대통령의 소원이라는 것을 듣고 김정은 위원장이 전격 제안해 이루어졌다'는 것이 그 배경 설명이었다.

국가 정상이 예정에 없는 다음날 일정을 '전격 제안'해 곧바로 응하고 따라 나선다는 것은 이해하기 어렵다. 초대국이 경호문제를 모두 해결했다 하더라도 응하는 쪽이 그대로 수용하지 않는다. 응하는 쪽역시 경호문제가 해결돼야 한다.

대통령이 즉흥적으로 받아들여 움직이는 일은 없다. '전격적으로 제안하고 수용했다'는 것은 일종의 대 언론 기만이다. 청와대는 북으로출발 오래전에 이미 백두산행을 알고 있었다고 나는 본다. 남북 양측이 평양회담 실무협의과정에서 필요한 모든 것을 협의했다.

그렇지 않고는 하루 만에 평양에서 삼지연, 삼지연에서 백두를 오르는 전 과정의 교통편과 경호와 수행원의 동선이 원활하게 갖추어 질 수 없다.

외신 보도가 이를 뒷받침하고 있다

"두 정상의 백두산 방문에 맞춰 삼지연군과 혜산시 등지에서는 철통 같은 경비와 봉쇄로 모든 차량 및 사람의 이동이 금지됐다. 양강도의 한 취재 협력자에 따르면 김 위원장이 몇 차례 혜산시를 방문한 적은 있지만 모든 차량의 통행까지 멈춘 것은 이번이 처음이었다. 그는 중앙 정부와 양강도의 고위 간부가 삼지연군에 집결하고 공장, 정부 기관, 인민반 주민이 도로 정비 작업에 대거 동원되는가 하면 공안기관과 국경경비대가 총동원됐다고 전했다."

대통령 내외는 이미 1호기에 오를 때 겨울 용 롱코트를 준비해 갔던 모양이다. 아무리 기온차가 난다 하더라도 9월에 평양에 가면서 코트를 챙기기는 어려운 일인데, 사전에 알지 않았다면 준비성이 남다르다고 볼 수밖에 없다. 그런데도 수행원들의 방한복은 '깜짝 발표' 당일 저녁 공군수송기편으로 서울에서 공수했다고 하니 참으로 어이가 없는 일이다. 이미 준비된 행사에도 불구하고 '깜짝 이벤트'를 뒷받침하기 위해서 이 또한 사전에 기획했다는 것으로 밖에 설명이 되지 않는다.

'백두산 방문 이벤트'는 깜짝 발표가 아니라 설사 사전에 공개된 일정이었다 하더라도 국내외 언론의 폭발적인 관심을 이끌어낼 수 있는 이슈였다. 쉽지 않은 기회였던 만큼 세계 이목을 사로잡을 수 있는 최고 순간으로 활용해야 했고 이를 위해 사전기획이 필요했다는 점에 동의한다. 기획하지 않았다면 그게 오히려 잘못된 것이다. 깜짝 발표도 그러한 기획 일부로 관심도를 폭발적으로 증폭시키기 위한 수단의 일부였을 것이다. 그러나 뻔히 준비해 놓고 숨겼다는 것은 또 다른 문제다. 솔직하고 투명하지 않고 뒤로 무엇인가 숨기는 일이 반복되면 결국 신뢰를 잃게 된다.

깜짝 이벤트의 의도는 짐작할 수 있다

판문점 회담에 이어진 평양회담은 주목할 만한 새로운 내용이 전혀 없었다. 사전에 실무 협상을 통해 정상회담의 내용을 조율하면서 '알맹이 없는 회담'을 이미 알고 있었고 국민적 비난을 우려했을 것이다. 국내언론의 초점을 돌릴 수 있는 이벤트가 필요했고 '남북 정상의 백두산 천지 방문' 만큼 폭발력은 찾을 수 없었을 것이다. 덕분에 평양정상회담 내용은 뒷전으로 밀렸다.

'북한의 비핵화'는 백두산에 묻혔다

언론들은 평양회담의 핵심인 '북한 비핵화'는 뒤로 하고 백두산 등정에 집중하며 청와대의 노림수에 순응했다. 완전하고 검증가능하고 불가역적인 '북한의 비핵화'는 한발 짝도 진전을 보지 못했는데도 불구하고 백두산 천지만 쳐다봤다. 깜짝 방문'에 대한 논란이 일자 상당수 언론들은 청와대 대변지 노릇까지 했다.

〈'저녁 10시 겨우 도착한 겨울 패딩' 두 정상이 백두산 깜짝 방문인 2가지 장면〉이라는 제목의 기사를 보자.

"문재인 대통령 내외와 남측 수행단의 백두산 등반은 갑작스러운 일정으로 정해졌다. 18일부터 20일까지 2박 3일 일정으로 평양에 방문한 문재인 대통령에게 김정은 북한 국무위원장이 먼저 제안했고, 문재인 대통령이 이를 받아들이면서 급작스럽게 성사됐다. 평양에서 서울로 전해진 2가지 장면으로 미뤄도 이런 상황을 단박에 짐작할 수 있다.

백두산 등반 소식은 19일 오후 4시가 다 돼 언론보도를 통해 알려졌는데, 정부는 이로부터 한 시간 뒤인 오후 5시쯤부터 방한 점퍼를 긴급하게 구했다. 대통령 내외와 수행원 대부분이 등반에 적당하지 않은 정장구두를 신은 것도 이를 방증하는 것으로 볼 수 있다."

문재인은 평양방문 이후 다시 한 번 꼼수를 부렸다

2018년 10월 23일 국무회의에서 평양공동선언과 판문점선언 이행을 위한 군사 분야 합의서를 심의 의결했다. 국회 동의를 받지 않고 비준 공포할 심산이다. 야당의 반발로 국회 비준이 어려울 것으로 판단되자 국회를 우회한 것이다.

이는 남북관계에 대한 자신들의 행위에 스스로 정당성을 부여하고 국민의 동의는 무시한 채 북치고 장구치고 그들만의 잔치를 벌인 격이다. 국민을 들러리로 돌린 것에 다름 아니다.

비난이 일자 청와대는 다음날 '북한은 국가가 아니다'라는 논리를 들고 나왔다.

> "(위헌) 주장의 근거로 든 헌법 60조는 '조약'에 대해 이야기하고 있는데 조약은 국가 간 합의를 말한다. 하지만 북한은 헌법과 우리 법률 체계에서 국가가 아니다. '남북 관계 발전에 관한 법률'에 따라 국회 (비준) 동의를 필요로 한 것은 '중대한 재정적 부담'이 있거나 '입법 사항'인 경우다. 북한과 맺은 어떤 합의·약속이건 조약 대상이 아니다."

그토록 감싸주고 아껴주며 최대한의 국가예우를 해 온 북한에 대해 '국가가 아니다'고 아예 인정하고 나온 것이다. 국가가 아니니 비준의 대상이 아니다는 주장이다. 이들에게 북한은 필요에 따라 그때그때 국가도 되고 단체도 되고 하는 모양이다.

문재인은 과거 자신의 책에서 북한은 사실상 국가 취급을 받기 때문에 남북 합의는 국회 비준동의가 필요하다고 말한 바 있다.

> "남북 정상 간 합의는 법적으로 따지면 국가 간 조약의 성격이다. 국가나 국민에게 중대한 재정적 부담을 지우는 조약에 해당

진실

했다. 그래서 (노무현·김정일 정상회담의 10•4 공동선언에 대해) 국회 비준 동의를 받아두는 게 좋겠다고 강조했다."

그래 놓고는 국가가 아니라며 뒤집었다. 국회 비준을 피하기 위한 전형적인 꼼수 정치다.

여론 조작

2016년은 여론조작이 전세계적으로 광범위하게 이루어진 해였다. 최소한 미국과 영국, 한국에서 조직적으로 여론조작이 저질러진 것으로 드러났다. 미국과 한국은 대통령 선거에서의 여론조작, 영국은 EU 탈퇴여부에 대한 국민투표 여론조작 사건이다. 미국은 대통령 취임 이후 3년째 특별검사의 수사가 진행되고 있지만 한국은 60일간의 짧은 조사로 마무리돼 의문투성이 상태로 공판이 진행 중이다. 영국은 탈퇴 번복여부로 논란이 지속되고 있다.

인터넷을 기반으로 한 디지털 미디어의 속성을 악용해 기계적으로 만들어진 의도가 가미되거나 개인의 데이트베이스를 활용한 맞춤형 정보 전달로 여론을 인위적으로 형성하는 시대가 도래한 것이다. 여론이 개인이나 집단의 의도대로 조작되고 있지만 뚜렷한 방어책이 제시되지 않고 있는 상황이고 기술적으로 더 세밀하고 진보된 프로그램이 공급되고 있는 만큼 눈에 보이는 여론이 여론일 수 없게 됐다. 여론이 조작되면 사회는 혼란스러워지고 정부의 정책이 옳은 방향을 찾지 못해 예산이 허비되고 결국은 개인이 손해를 보는 국면을 맞게 된다.

영국 옥스퍼드대학의 2017년 12월 연구조사 발표에 따르면 전 세계에서 적어도 30개 국가에서 정부가 댓글부대를 운영하고 있다고 한다. 가장 대표적인 것이 러시아의 '트롤 부대'(Troll Army). 2016년 미국 대통령 선거에 개입했다는 의혹을 받고 있다. 이들은 러시아 상트페테르부르크에 본부를 두고 민주당 힐러리 클린턴 후보의 이미지를 타격해 도널드 트럼프 공화당 후보를 지원했다는 것이다. 미국인들의 개인정보를 도용해 SNS를 통해 '힐러리는 나의 대통령이 아니다' '힐러리는 사탄이다' 등의 거짓말을 뿌렸다고 한다.

미국 대선과정에서 여론조작에 가담한 조직은 이 뿐만 아니다. 영국의 데이터 분석업체 케임브리지 애널리티카의 임원진들이 "우리가 트럼프를 대통령으로 만들었다"고 자랑스럽게 털어놓는 장면이 영국 〈채널4〉 뉴스의 탐사보도 프로그램으로 공개됐다. 이 업체의 CEO인 알렉산더 닉스는 자신이 트럼프 후보를 여러 차례 만났다고 말했고, 다른 임원진은 자신이 '사기꾼 힐러리를 무찌르자'는 광고 캠페인을 이끌었다고 털어놓았다. 당시 케임브리지 애널리티카가 트럼프 캠프에 고용되었다는 사실이 이미 알려져 있었으나 어떤 방식의 선거운동이었는지에 대해서는 알려지지 않았다. 그러나 이들 임원진은 〈채널4〉의 고객 위장취재진에게 "우리가 모든 조사, 데이터, 분석, 타게팅 광고를 했다. 우리가 모든 디지털 캠페인과 TV 캠페인을 운영했고 우리의 데이터가 모든 전략에 영향을 미쳤다"고 밝혔다.

이 업체는 페이스북으로부터 무려 5천만 명의 개인정보를 유출 받아 이를 이용해 대선 때 트럼프에 우호적이지 않은 흑인들의 투표를 억제하는 여론조작 작업을 펼쳤다는 내부고발자(크리스토퍼 와일리)까지 나왔다. '트롤 부대'와 캠브리지 애널리티카는 미국 대선뿐 아니라 영국의 EU 탈퇴, 블렉시트(Brexit) 국민투표에도 개입해 댓글 공작을 펼쳤다.

옥스퍼드대 연구진이 의심스러운 트위트 계정을 추적한 결과 2,752개의 계정 중에서 419개가 관련 게시물에서 탈퇴 여론을 조장하는 내용이 활발하게 작성된 사실을 밝혀냈다.(중앙일보 2018년 4월 29일자. 미 댓글 조작한 푸틴 주방장)

블렉시트 국민투표에서의 여론조작에는 트롤부대와 캠프리지 애널리티카 그리고 또 다른 업체도 개입됐다.

탈퇴 캠페인 측이 고용한 '애그리게이트IQ'는 캐나다 데이터업체다. 이 업체는 온라인 타깃 광고 관련 데이트를 활용해 페이스북을 비롯한 소셜미디어에서 여론조작 작전을 펼쳤다. 탈퇴파와 잔류파가 첨예하게 맞서 싸우고 있을 당시 탈퇴 파를 주도한 도미닉 커밍스라는 인물이 이 업체를 끌어들였다. 그는 "사람들은 무시당하고 있다고 느끼고 있다. 그들의 감정에 호소하라'며 영국 대중의 사회적 반감, 불편한 감정을 적극 이용하고, 이를 소셜미디어를 통해 확산시켰다. 그것도 전문업체의 데이트를 기반으로 한 개인 맞춤형으로, "소셜미디어 플렛폼은 생각이 비슷한 사람을 만나도록 설계되어 있습니다. 우리의 소프트

웨어는 그 어느 선거 캠페인도 공략한 적이 없었던 사람들을 찾아내서 공략합니다. 투표를 하지 않고, 해본 적도 없는 사람들이죠.” 데이터 업체 관계자의 증언이다. 이 같은 내용의 블렉시트 여론조작은 2019년 1월 19일 HBO가 내놓은 영화에서 적나라하게 드러났다. 미국, 영국만의 얘기가 아니다.

대한민국에서도 영화 같은 여론조작이 자행됐다. 바로 2017년 대선을 전후한 ‘드루킹 여론조작 사건’이다. 드루킹 일당의 여론조작 실상은 허익범 특검의 기소로 2019년 1월 30일 내려진 김경수 경남지사의 첫 선고에서 명확히 드러났다.

한국의 도미닉 커밍스, 여론 조작 기획자는 김경수 더불어민주당 의원이었다. 2017년 대선 당시 문재인 후보의 대변인, 수행팀장을 지낸 측근 중의 최측근이었다. 문재인은 김경수에 대해 ‘내 영혼까지 아는 사람’이라고 표현했을 정도였다. 그런 김경수가 끌어들인 조직은 경제적 공진화 모임이라는 경공모, 그 수장은 김동원, 일명 드루킹이었다.

문재인의 그림자이자 분신에 다름 아닌 김경수가 드루킹을 만난 것은 2016년 6월 30일이었다. 그것도 국회의원회관에서 추후 문재인의 대통령비서실 부속비서관과 정무비서관을 지낸 송인배의 소개로 만났다. 이후 김경수는 드루킹과 모의해 경공모 회원들을 댓글부대로 운영하며 여론조작에 나섰다.

170쪽에 달하는 김경수의 1차 판결문을 보면, 김경수는 드루킹이 기계적으로 순식간에 댓글의 공감과 비공감을 늘릴 수 있는 프로그램,

킹크랩의 개발과 운영을 허락해 댓글 작업을 하게 했다.

법원은 '댓글의 순위 조작 시스템을 동원해 더불어민주당 경선과 대선 선거운동을 지원하고 그 대가로 김경수에게 적대적 M&A를 통한 재벌해체라는 경공모의 목적 달성에 필요한 주요 요직에 경공모 회원 가운데 한 명이 임명될 수 있도록 영향력을 행사해 줄 것을 요구했다'고 판시했다.

판결문에는 이들이 킹크랩을 이용해 어떻게 얼마만큼의 여론을 조작했는지 그 일부가 소개됐다.

"네이버와 다음, 네이트 3곳의 포털 사이트에 게재된 기사를 구분했는데 네이버의 경우, 2016년 12월 7일 뉴스1 기사 '文, "與, 나 죽이기 시작 --- 민주당 대통령감 많아 꿈깨라'라는 제목의 네이버 뉴스기사를 발견하고 이 뉴스의 하단에 있는 댓글 가운데 '9일 아침부터 국회 앞에서 탄핵집회 해야 합니다. 저 박쥐놈들 어떻게 배신할지 모르니 끝까지 압박을 가합시다'라는 내용의 댓글에 34회 공감 클릭해 마치 수십여 명의 네이버 이용자들이 실제로 네이버에 접속해 공감 클릭을 한 것처럼 조작하는 등, 2016년 12월 4일부터 2018년 2월 8일까지 총 2천325개의 네이버 아이디와 킹크랩 프로그램을 이용해 총 7만5천788개의 네어버 뉴스기사의 각 댓글 118만6천602개에 총 8천833만3천570회에 걸쳐 공감/비공감 클릭을 한 것으로 드러났다.

또 다음의 경우, 같은 방법으로 2017년 2월 5일부터 2018년 2월 1

일까지 총 484개의 다음 아이디와 킹크랩 프로그램을 이용해 총 288개의 다음 뉴스기사의 각 댓글 2천226개에 대해 총 6만4천556회의 추천/반대 클릭을 한 것으로 집계됐다.

네이트의 경우, 2017년 3월 3일부터 2017년 4월 20일까지 총 204개의 네이트 아이디와 킹크랩 프로그램을 이용해 총 7개의 네이트 뉴스기사의 각 댓글 38개에 총 3천88회의 추천/반대 클릭을 한 것으로 밝혀졌다.”

이들이 작업한 뉴스 기사가 무려 8만 건에 이른 것이다.

판결문에 따르면, 2017년 1월에서 3월경까지는 하루 약 100여 개의 기사에 대해 댓글 작업을 하다가 2017년 4월초에는 하루 300여 개로 늘었고, 4월 중순 이후부터 대선 직전까지는 하루 500여 개의 기사에 댓글을 달아 여론을 조작했다. 하루 500여 개의 기사라면 전 언론사가 당일 생산하는 기사의 대부분에 대해 조작이 이루어졌다고 볼 수 있다. 댓글은 개인의 최소한의 의사표시이기도 하지만 대중들이 여론을 확인하는 통로이기도 하다. 따라서 이를 자신의 이익에 부합되게 인위적으로 조작하게 되면 여론은 전혀 다른 방향으로 왜곡 형성돼 잘못된 판단을 유도하고 혼란을 부른다.

판결문은 '2016년 11월경부터 2017년 5월 9일 제 19대 대통령 선거일까지 더불어민주당 후보의 당선을 위해 그리고 대통령 취임 이후부터는 정부와 더불어민주당을 위해 경공모 회원들로 하여금 직접 댓글에 공감/비공감 클릭을 하도록 하여 인터넷 기사의 댓글 순위를 조작하는 등의 방법으로 선거운동을 하거나 온라인상의 정치 여론 조작 활동을 하였다'고 밝히고 있다.

댓글 순위조작 행위에 대해 명백한 대선 선거운동이며 정치적 여론 조작이라고 못 박은 것이다. 이들은 선거용 댓글조직으로 '경인선'을 별도로 구성했다. 이들은 네이버와 다음, 네이트 포털사이트뿐 아니라 17개 대형 커뮤니티까지 장악해 무려 750명의 인원을 동원해 24시간 킹크랩을 돌린 것으로 드러났다.

드루킹이 지속적으로 김경수에게 올린 '온라인 정보 보고'의 2016년 12월 28일자를 보면 '경인선은 네이버, 다음, 네이트 등 3대 포털을 완전히 장악하고 있으며 700명까지 충원이 순조롭게 진행 중입니다. 킹크랩 완성도는 현재 98%입니다'라고 보고하고 있다. 이후 킹크랩은 2017년 4월 현재 100대였으니 그보다 훨씬 많았을 것으로 추정된다.

'경인선'

경공모가 '경제민주화를 위한 인터넷 선플운동'의 약자로 쓰다가 선거용 댓글조직으로 바꾸면서 '경제도 사람이 먼저'라는 뜻으로 불렀다고 한다. 이 경인선을 문재인의 아내 김정숙이 대통령 후보 마지막 경선 유세장에서 '경인선'을 반복해서 외치며 애타도록 찾는 모습이 카메라에 잡혔다.

"경인선도 가야지. 경인선에 가자. 경인선으로 가자. 경인선에 간다"

그 목소리에 소중함과 간절함이 묻어 있다. 큰 역할을 하고 있는 고마운 사람들이니 그들을 격려하러 특별히 찾아가야 한다는 의미로 여겨진다. 그녀는 이 조직을 관리해 온 김경수와 함께 구호를 외치고 있는 '경인선' 자리로 갔다. 여론조작 범죄집단을 김정숙이 얼마나 소중하게 여겼는지 여실히 드러난 장면이다.

김경수가 드루킹이 댓글로 여론을 조작하고 있다는 사실을 문재인, 김정숙에게 보고하지 않았다면 김정숙이 '경인선'을 알 수 없다. 국민들은 '경인선'이라는 용어가 나왔을 때 서울-인천 간 기차이름이 왜 나오지 할 정도로 의아해 했다. 그런데 어떻게 김정숙의 입에서는 그렇게 자연스럽게 불릴 수 있었을까?

'경인선'. 지속적인 보고를 받았거나 사전에 일면식이 없었다면 그렇게 친밀한 어조로 부를 수 있는 이름이 아니다. 굳이 찾아갈 이유도 없다. 보답해야 할 정도로 고마운 일을 하고 있었으니 찾아간 것이다.

드루킹 김동원, 문재인 개입 증언

"경인선은 애초 '경공모 인터넷 선플 운동단'이었지만 김 지사가 '어르신께서 경공모를 발음하기 어려워한다'고 말을 해 경인선에 새로운 뜻을 부여해 활동했다"고 밝히고, 그 '어르신'이 누구냐는 질문에는 "문 대통령"이라고 답했다는 것이다. (중앙일보. 드루킹 "文후

보가 경공모 발음 어려워해 경인선으로 소개". 2018년 12월 7일)

드루킹의 일방적 주장이라고 보고 넘기에는 너무나 중대한 사안이다. 범죄 행위에 직접적으로 연루되었거나 범죄사실을 인지하고도 묵인하였거나 공모의 개연성까지 말해주는 증언이었지만 한 줄 기사에 그치고 말았다. 특검은 문재인과 김정숙이 경인선을 어떻게 알았고 어느 정도의 관계를 유지해 왔으며 여론조작의 대가를 지급했는지 여부를 조사했어야 했다. 그러나 손도 대지 않았다. 특검도 더 이상 캐묻지 않았고 언론도 더 이상 파고들지 않았다. 스스로 눈감았다. 현재 권력에 대한 배려심이 참으로 대단했다.

요즘 대부분의 사람들은 종이 신문보다 인터넷 포털에 올라온 기사를 읽는다. 대한민국 언론사들이 생산하는 기사 대부분이 포털에 있다. 하루 500개라는 엄청난 분량의 기사에 대해 댓글을 자신들이 원하는 방향으로 달고, 거기에 공감 또는 비공감을 달며 사람들의 눈길을 한 방향으로 잡았다면 여론이 정상적으로 형성될 리 만무하다. 더구나 이슈 하나하나에 분위기가 반전에 반전을 거듭하는 선거기간 동안은 여론이 매우 예민하다. 공감이든 비공감이든 어느 한 쪽에 클릭수가 늘어나면 여론은 그 쪽으로 쏠릴 수밖에 없다.

침묵의 나선 이론이다, '이 기사에 공감이 많네. 그럼 나도 공감. 이 기사에 찬성이 많네. 그럼 나도 찬성' 이런 현상이 생기는 것이다.

드루킹 김동원은 재판정에서 자신이 네이버에서 댓글 작업을 해 문재인이 주부들에게 호감을 느끼도록 만들었다고 주장했다. "주부 62%가 문 후보가 비호감이라는데, 지금은 62%가 호감 아니냐. 제가 할 일을 한 것'이라고 큰소리를 친 것이다.

실제로 김경수는 2017년 3월 8일 중앙일보 기사 URL을 드루킹에게 전송했다. 작업을 하라는 지시였다. ['주부 62% 비호감' 문재인, 여성표심 '올인' … "내가 제일 잘 생겼는데"]라는 제목의 기사로 '대선을 앞둔 더불어민주당 대선 주자들에게 주어진 특명이다. 특히 각종 여론조사에서 1위를 달리고 있는 문재인 전 대표에게 여성 표심은 긴급상황에 가깝다'로 시작되는 기사다.

드루킹의 주장대로라면 이 기사에 댓글을 문재인에 유리한 방향으로 달아 공감수를 높이고, 불리하게 올라온 댓글에 대해서는 비공감을 마구 눌러 덮어버렸다는 것이다. 이를 본 사람들은 '아 내가 잘못 생각했나? 다른 사람들은 다 호감을 가지고 있구나. 그러고 보니 호감으로 볼 수 있겠네. 호감으로 하자'며 생각을 바꿔 돌려 놓았다는 것이다.

드루킹 김동원은 '처리했습니다'라고 텔레그램을 이용해 답했다. 김경수는 이렇게 드루킹에게 직접 작업지시까지 내리고 국회의원회관 또는 경공모 사무실에서 11번이나 만났다. 그럼에도 불구하고 사건이 불거진 당시 그의 반응은 '나는 그런 사람 잘 모른다'는 정도였다. "일방적으로 문자를 보내와 의례적으로 감사 인사를 보낸 적은 있지만 상의하듯 연락을 주고 받은 적은 없다"고 했다. 참으로 뻔뻔하고 위선적이다. 얼굴색, 표정 하나 바꾸지 않고 거짓말을 하는 모습에서 섬뜩함을 느끼지 않을 수 없다.

김경수와 드루킹 김동원과의 만남은 최순실 사태가 터진 이후 집중적으로 이루어졌다. '총 11번의 만남 가운데 7번이 2016년 11월 9일부터 2017년 6월 7일까지 주로 2017년 대선과 관련하여 대선기간에 집중하여 만났던 것으로 보인다'고 판결문은 밝히고 있다.

그렇다면 박근혜 대통령 탄핵과정에서의 촛불집회와 대중 선동을 위한 여론조작 가능성이 모의되었을 가능성이 매우 높았다. 하지만 판결문 어디에서도 촛불집회와 탄핵은 언급되지 않는다. 대선에 앞서 온 나라가 촛불집회와 탄핵으로 소용돌이 치고 있는 상황에서 아무튼 댓글조작 부대가 이를 지켜만 보고 있었다는 것은 이해하기 어려운 대목이다. 판결문에 촛불집회와 관련된 부분이 전혀 보이지 않는 것이 오히려 더 이상하게 보인다. 이는 특검이 대선 관련 댓글조작에 초점을 맞추어 수사를 했고 공소장을 작성했기 때문으로 추정할 수 있다. 의도적으로 촛불집회와 탄핵관련 여론조작 부분을 회피했을 수 있다. 2016년 11월 초엔 박근혜 대통령이 최순실 사태로 '대국민 2차 담화'를 하고 당시 야권과 좌파 시민단체가 정국을 뒤흔들고 있을 때였다. 당연히 촛불집회의 동력을 더 가중시키려는 전략으로 여론전에 나섰을 것이다. 특검은 김경수와 드루킹이 만난 2016년 6월 30일을 공작의 시작으로 봤지만 드루킹은 이미 그 이전부터 여론조작을 하고 있었을 것이다. 송인배가 드루킹을 김경수에 소개시켜 준 것은 그만한 이력이 있고 그만한 조작 능력이 있었기 때문이라고 볼 수 있다. 김경수와 드루킹의 관계뿐 아니라 송인배와 드루킹의 관계 역시 심상치 않으며 낱낱이 밝혀졌어야 했다. 그러나 특검은 눈 감았다. .

초기 촛불집회에서 탄핵요구 촛불집회에 이르기까지 드루킹 일당의 여론조작 여부도 수사했어야 옳았다. 여론 조작을 통해 대통령 당선에 일정 공로를 제공한 지분 소유자들이 정권을 바꾸기 위해 언제부터 어떤 활동을 했는지 모두 조사해야 마땅한 것이다. 그러나 특검은 오로지 대선과정의 댓글조작에만 국한했다. 극히 일부에 지나지 않은 수사일 가능성이 높다. 탄핵의 소용돌이 속에서 이들이 가만히 있었을 것이라고는 생각하기 힘들다.

도미닉 커밍스가 영국의 EU탈퇴를 위해 국민들의 '사회적 반감, 불편한 감정을 이용하라'고 했듯이 이들 드루킹 여론 조작단 역시 박근혜와 최순실에 대한 부정적 국민감정을 최고조로 자극하고 선동했을 수 있다. 탄핵으로 몰아가기 위한 여론조작은 누가 어떻게 주도했는지 반드시 밝혀져야 한다.

정치인의 거짓말

정치 지도자의 거짓말을 생각한다. 거짓말이 난무하고 있다. 거짓말은 본인 스스로는 사실이 아니라는 것을 알고 있지만 다른 사람이 사실로 믿게 하려는 의도로 하는 발언이다. 누가 봐도 거짓말인데 인정하지 않으려는 경향이 많다. 인정은커녕 오히려 반격하여 거짓을 묻어버리려는 경우도 많다.

어느 다큐멘터리에서 트럼프 대통령 주변의 한 인사는 '트럼프는 아무리 잘못을 해도 결코 그것이 사실이라고 인정하지 않는다'고 했다. 왜? 본인의 입으로 인정하는 그 순간, 그는 정치적 사회적 죽음에 이른다는 것을 잘 알고 있기 때문이라는 것이다.

닉슨 대통령은 워트게이트 사건이 터지고 특검이 진행되는 동안 대통령직을 그대로 수행하면서 미국 국민들에게 수없이 많은 거짓말을 했다. 그 거짓말들이 모두 들통나면서 하야해야 했다. 미국은 그래도 그를 탄핵하지 않았다.

부시 대통령은 사담 후세인이 9.11테러와 연관돼 있고 국내에 대량 살상 무기를 보유하고 있다는 명백한 증거가 있다며 이라크를 침공했다. 여기에는 토니 블레어 영국 총리도 가담했다. 그러나 대량살상 무기는 없는 것으로 밝혀졌다. 거짓말이었다. 거짓말로 전쟁을 일으켜 수많은 희생자를 낸 것이다. 그래도 임기를 온전히 끝내고 물러났다.

2018년 현재 특검이 진행 중인 '러시아 선거개입 의혹'에 대해 트럼프 대통령이 거짓말을 하고 있다고 많은 미국 국민들이 생각하고 있지만 이 역시 트럼프의 하야나 탄핵으로 끝나지는 않을 것으로 예상된다. (특별검사가 임명돼 22개월 동안 수사가 진행됐지만 2019년 3월 선거 개입에 대한 뚜렷한 증거를 확보하지 못했다는 결론이 나왔다. '개입하지 않았다'는 트럼프의 말이 사실로 인정받는 특검의 면죄부가 됐지만 그의 거짓말이 어디까지 인지는 알 수 없다.)

한국과는 매우 대조적이다.

박근혜 대통령은 최순실 의혹이 불거지자 바로 다음날인 2018년 10월 25일 최순실의 존재를 인정하는 담화를 발표하고 국민들에게 사과했다. 그리고 탄핵에 구속, 징역형으로까지 이어졌다.

최순실의 존재를 숨겼다는 것이 거짓말이나 정보의 조작보다는 은폐에 가깝겠지만 설사 속임수나 거짓말의 범주에 넣는다 하더라도 그 정도는 미국 대통령들의 사례와 비교하면 상대도 되지 못할 정도로 낮은 수준이다. 그럼에도 불구하고 박 대통령은 은폐가 정당하지 못했다는 판단에서 그녀의 존재를 인정했을 테고 이를 거짓으로 덮으려 하지 않았다. 잘못에 대한 즉각적인 인정과 정직은 가혹한 결과를 가져왔다. 실수는 용납되지 않았다. 거짓으로 국가 간의 전쟁을 일으킨 것보다도 더 혹독했다.

2018년 지방선거에서 이재명 씨는 자신의 직위를 이용한 친형 강제입원, 영화배우 이부선과의 부적절한 관계 등 온갖 의혹에도 불구하고 경기도지사로 선출됐다. 그의 해명이 대부분 거짓말로 여겨졌지만 선거에서의 당락에는 영향을 미치지 않았다. 취임 이후에도 검찰과 경찰의 조사, 언론의 의혹 조명 등으로 도정 업무에 차질을 빚을 수 있다는 것을 짐작하고 남음이 있었으나 그는 결국 당선되고 이후 끊임없는 구설이 이어지고 있다. 아직 조사결과가 나오지는 않았지만 대다수 국민들은 정황상 그가 거짓말 잔치를 벌이고 있다고 생각하고 있지만 본인은 모든 것을 부인하고 있다. 오히려 국민 앞에 자신만만하고 당당한 모습으로 미소까지 잃지 않고 있다. 그는 인정하는 순간 생명이 끝난다는 것을 안다. 이미 학습이 되어 있었다.

거짓말의 가능성에도 불구하고 도민들로부터 선택을 받았다는 것은 그의 도덕성보다 그의 정치적 이념이 우선됐다는 얘기다. 거짓말은 도덕의 영역이다. 따라서 도덕이 정치에 밀리고 있다는 반증이다. 정치적 지도자가 도덕성을 겸비하지 못하더라도 용인되는 사회는 건강한 사회라고 볼 수 없다. 정치인 한 사람 한 사람이 사회에 그리고 미래 세대에 미치는 교육적 영향력은 결코 작지 않다.

그의 거짓말이 이롭지 못한 것은 국가나 사회를 지키려는 건설적 거짓말이 아니라 자신의 지위를 지키려는 이기적 거짓말이기 때문이다. 이기적 거짓말은 부도덕을 의미한다. 어떠한 정치권력도 부도덕을 영원히 덮어줄 수는 없다.

김경수 경남도지사의 댓글 조작 사건도 거짓말로 버무려져 있다. 그는 '드루킹'의 존재를 최순실과 마찬가지로 '은폐'하려 했다. 의례적으로 몇 번 문자를 주고받는 사이라고 했다가 수십 차례 직접 접촉하고 정책과 공약까지 함께 검토했으며 사무실을 방문해 매크로 시연까지 본 것으로 드러났다. 청와대에 드루킹 관계자를 총영사 자리에 인사 청탁하고 청와대는 이를 부인하며 거짓말을 했다가 들통이 나기도 했다. 특히 김 지사는 조직적인 댓들 조작사건이 문재인 대통령과 직접적 연관관계의 차단을 위해 애쓰고 있지만 그의 거짓말 정황은 곳곳에서 포착된다.

2018년 12 7일 서울중앙지법에서 열린 재판에서 증인으로 출석한 드루킹 김씨는 "김 지사가 '어르신(문재인 대통령)께서 경공모라는 발음을 어렵게 생각하니 명칭을 발음이 쉽도록 해보라'고 했다"면서 "이 이야기를 듣고 (문 대통령에게) 경공모를 경인선(經人先·경제도 사람이 먼저다)으로 소개해 달라고 했다"고 말했다. 그 '어르신'이 누구냐는 질문에 '문재인 당시 후보를 말한다'고 답했다. 조직적인 댓글 조작에 문재인 대통령이 개입했다고 증언하고 있는 것이다. '경인선'은 2017년 4월 더불어민주당 대선후보 경선 현장에서 김정숙 여사가 "경인선에 가자. 경인선에도 가야지. 경인선에 가자"고 하는 영상이 공개되면서 경인선을 잘 알고 있는 듯한 모습으로 비쳐졌다.

수많은 거짓말을 하고도 국민들 앞에 서서 반성의 기미를 보이기는 커녕 얼굴 빛 하나 붉히지 않았다. 오히려 당당했다. 자신이 한 거짓말에 일말의 책임감도 없이 어떻게 저토록 맑고 초연할 수 있을까 의아해할 정도였다. 거짓말은 수단이고 기술이었다. 그것마저 학습된 얼굴이었다.

물론 당사자는 전략적 거짓말이라고 할 수 있을 것이며 그 전략적 거짓말이 생명 연장을 가능하게 할 수는 있을 것이다. 그러나 일시적 처방일 뿐 거짓말이 영원히 진실을 덮을 수는 없을 것이다.

서양 정치철학의 시조로 불리는 플라톤은 『국가론』에서 '고상한 거짓말'의 논리를 피력했다. '국민들에게 있는 사실 그대로를 얘기하면 그들이 받을 충격이 너무 커 위험하기 때문에 거짓말이 필요하다'는 것이다. 근대정치학의 선구자라는 마키아벨리는 거짓말을 '유능한 군주의 통치기술 가운데 하나'로 꼽았다.

국제 외교전에서 또는 국가적 국민적 이익을 위해서 어쩔 수 없는 거짓말은 있을 수 있다. 일정부분 국민이 용인할 수도 있을 것이다. 그러나 정치 지도자의 개인적 이익을 위한 거짓말은 사회를 위험에 빠뜨릴 수 있다.

국제정치학계에서 손꼽히는 현실주의 사상가 존 미어샤이머는 그의 『왜 리더는 거짓말을 하는가?』에서 거짓이 만연한 사회에 대해 이렇게 경고장을 날린다.

"민주주의 국가에 거짓말이 만연해 있으면 시민들은 어떤 쟁점이나 후보들을 놓고 투표할 때 제대로 알고 선택하기가 어렵다. 거짓 정보를 토대로 결정을 내릴 가능성이 다분하기 때문이다. 정치인이나 지도자의 행동에 대해 유권자가 진실을 알 수 없는 상황에서 어떻게 책임을 물을 수 있단 말인가? 민주주의는 사상의 시장이 충분히 효율적으로 작동될 때 가장 잘 운영될 수 있다. 효율적인 사상의 시장이란 시민들이 신뢰할 만한 정보를 누리고 있고 높은 수준의 투명성과 정직성이 보장돼 있을 때만 작동될 수 있는 것이다."

개인과 개인의 관계에서도 거짓이 개입되면 신뢰성을 상실한다. 정치 지도자와 국민의 관계에서도 마찬가지다. 신뢰하지 못하는 사회에서는 개인적인 비용도 많이 든다. 자신이 가지고 있는 정보가 정확한지 아닌지 확신을 할 수 없다. 이를 확인하기 위해 많은 시간을 투자해야 하고 비용도 지불해야 한다.

다른 국가보다 자국 국민들에게 또 전체주의 국가보다도 민주국가의 지도자들이 거짓말을 더 많이 하는 경향이 있다고 결론을 내린 미어샤이머는 "거짓말이 문란하면 민주주의 생활의 근간이 되는 법치주의 원칙 자체가 위태로워질 수 있다"고 했다. 현재의 대한민국 정치 지도자들에게 보내는 경고이기도 하다.

위선과 오만

"민정수석은 수사지휘를 해서는 안 됩니다" *

문재인 정부 출범 이틀째인 2017년 5월 11일 조국 민정수석이 청와대 기자들 앞에서 강조한 말이다. 마치 전 정부 청와대의 민정수석은 사사건건 검찰수사에 개입한 듯한 뉘앙스를 풍겼다. 그랬던 그가 1년 뒤 수사지휘권을 넘어 아예 면죄부까지 발부했다.

김기식 신임 감사원장이 국회의원 시절 감사 대상인 피감기관의 돈으로 해외출장을 갔다 온데 대해 "적법하다"고 한 것이다.

"적법하다"

야당고발에 따라 곧 검찰조사가 이루어질 비위혐의에 대해 청와대

---

* 경향신문 정치면 일문일답 조국 신임 청와대 민정 임명자 "민정수석은 검찰에 수사지휘 하면 안 된다"
〈경향신문〉 박홍두 기자 2017.5.11

진실

민정수석이 "적법하다"고 결론을 내려 못 박은 것이다.

상식 밖의 일이다.

관련자들에 대한 수사는커녕 수사착수도 되지 않은 상황에서 검찰의 수사권을 관장하는 민정수석이 미리 결론을 내려버린 것이다. 명백한 수사 가이드라인이다.

청와대 민정수석이 아예 판결까지 내렸는데 검찰이 얼마나 적극적으로 수사할 것이며, 그 수사결과로 유무죄를 판단해야 할 판사는 또 어떻게 객관적이고 소신 있는 판결을 내릴 수 있을 것인가? 참으로 어처구니가 없는 일이다.

김기식이 누구인가? *

청와대의 민정수석 조국뿐 아니라 정책실장 장하성, 사회혁신비서관 김성진, 정책실 선임행정관 홍일표 그리고 내각의 공정거래위원장 김상조, 국민권익위원장 박은정, 여성가족부 장관 정현백 등과 함께 참여연대 출신이다.

권력을 감시하겠다며 엄격한 도덕적 잣대를 들이대며 최고선(最高善)인 양 정의를 부르짖었던 그들의 일원이 김기식이다. 기업엔 저승사자로까지 불렸다. 그런 그가 국회의원 시절 피감기관인 대외경제정책연

* 조국 靑 민정수석이 김기식 의혹 파악 … "적법하다 결론"
  〈JTBC〉 정제윤 기자 2018. 4. 9

구원(KIEP)로부터 전액 지원받아, 그것도 인턴까지 대동하고 9박10일 동안 미국, 유럽을 돌고 왔다. 감사 대상인 연구소 돈으로 외유했다는 것은 도덕적으로 심각한 결함이 있다. 어느 국회의원도 단체가 아닌 혼자서 그것도 보좌진과 함께 피감기관 돈과 인력을 쓰며 외유한 경우는 없다고 한다. 또 의원 임기 종료 3일을 남겨놓고 보좌진과 함께 독일, 네덜란드, 스웨덴 외유를 갔다 왔다. 이는 국민세금이다.

1991년, 자동차 공업협회의 돈으로 10일 동안 미국 출장을 다녀온 국회 상공위원회 소속 의원 3명이 뇌물 협의로 구속 기소된 바 있다.

똑같은 사례다.

그런데도 불구하고 조국 청와대 민정수석은 조사도 받지 않은 자신의 동료 김기식에 대해 '적법하다'고 결론지었다. 이 정부 청와대는 법 위에 군림하는 모양새다.

2018년 4월 5일 문재인 대통령은 김대중 전 대통령의 부인 이희호 여사에 대해 청와대 경호실이 계속 경호하라고 지시했다. 법을 무시한 처사다.*

이씨에 대한 경호실 경호는 이미 2월 말로 끝난 상태였다. 그것도 2차례나 법을 개정해 15년 연장한 뒤였다. 최장 연장기한을 넘긴 것으

* 문재인 대통령 "이희호 여사 경호, 靑이 계속" 지시
  〈경향신문〉 김지환 기자 2018. 4. 9

진실

로 더 이상 경호실 경호는 법 위반이다. 그런데도 불구하고 문 대통령은 경찰로 넘기지 말고 경호실에서 계속 경호하라고 지시했다.

대통령도 참모들도 자신들의 세력을 보호하기 위해서는 법도 안중에 없는 것이다. 자신들의 생각만 옳다는 오만이다.

"분노의 마음을 금할 수 없다"

2018년 1월 17일 이명박 전 대통령이 자신에 대한 검찰의 수사에 대해 기자회견을 통해 "노무현 대통령의 죽음에 대한 정치보복이라고 보고 있다"고 말하자, 다음날 문재인 대통령은 "이 전 대통령이 노 전 대통령의 죽음을 직접 거론하며 정치보복을 운운했다. 분노의 마음을 금할 수 없다"며 강력하게 비판했다.

즉각 야권에서는 '가이드라인 하명'이라고 성토했다. 그러자 청와대는 "가이드라인이나 지침을 주기 위해 꼼수를 쓰지 않는다. 청와대가 우리 검찰에 개입하는 것 같은 그러한 표현이 우리 정부에 대한 모욕이다"라며 강하게 반발했다. 문재인 청와대는 검찰 수사에 절대 개입하지 않는다는 것이다. '눈 가리고 아웅 격'이다.

청와대는 이미 2017년 7월 20일 전 부처에 '적폐 청산을 어떻게 할 것인지' 보고하라고 공문까지 내려 보냈다. 청와대가 직접 지시한 것이다. '청와대가 직접수사를 지시했다'는 오해받을까 봐 법무부는 뺐다. 그러나 법무부는 자발적으로 소위 '법무, 검찰 개혁위원회'를 구성했다.

전 정권에 대한 적폐청산 수사결과 총정리 문건이 2018년 3월 10일

각 부처 장차관들에게 전달됐다고 한다. 이명박 전 대통령이 구속 기소된 다음날이다. 청와대 민정수석실이 작성한 것으로 전해졌다. 그런데도 각 부처가 자율적으로 청산작업을 했다느니 청와대는 수사에 개입하지 않는다느니 떠들어댔다. 위선의 가면은 언젠가는 벗겨지게 돼 있는 법이다.

영국병, 한국병

영국병

"누가 영국을 통치하는가?" 1974년 영국 보수당의 에드워드 히스 총리는 이 같은 구호를 내걸고 총선거에 나섰다 실패하고 노동당에 정권을 다시 넘겨주어야 했다. 여기서 말하는 '누구'는 노동조합이었다. 당시 영국에서 노동조합은 무소불위의 권력이었다.

1950년대 영국의 1인당 총생산량은 미국 다음으로 2위를 기록했다. 세계 최초의 공업국이라는 명성을 얻었다. 그러나 1970년대의 영국은 유럽국가들 가운데 최하위의 경제성장률을 기록할 정도로 추락했다. 원인은 노동조합의 파업, 노동 생산성은 떨어지고 임금은 높아갔다. 당시 영국 제조업의 시간당 임금은 미국과 독일의 2배를 넘었다. 노동당 정부는 지지 세력의 입맛에 따라 '요람에서 무덤까지'라는 보편적 복지제도를 도입하고 재정지출을 확대했다. 가스와 전기, 석탄, 철도 등의 기간산업을 국유화하며 공공부문의 몸집을 키우고 큰 정부를 만들어

국가 개입을 늘렸다. 그 결과 적자예산 편성에 물가 상승을 초래했고 이는 다시 임금 상승을 불러오고 다시 물가 상승을 불러오는 악순환이 반복됐다. 노동조합은 영국 노동당의 기반 그 자체였기 때문에 국가 정책에 깊이 관여해 노동자 계급의 이익만을 추구하고 노사관계에서 주도권을 행사했다. 당시 노조지도부가 다우닝가 10번지 총리관저에서 총리, 장관들과 함께 수시로 밤늦도록 맥주를 마시며 정책을 논의했다는 사실을 보면 얼마나 노조의 정치적 영향력이 대단했는지 짐작할 수 있다. 이 같은 장면을 연출한 정부와 노조의 관계를 이후 같은 당의 토니 블레어 총리는 '맥주와 샌드위치의 관계'라고 표현했다. 그만큼 긴밀했다는 얘기다.

영국 노조의 탐욕은 끝이 없어 파업을 일상화하며 정부와 기업을 위협했다. 국가 경제가 위기에 처하자 노동당은 노사관계 개혁입법을 시도했다. 그러나 실패했다. 노조를 등진 이유로 미움을 받아 정권까지 보수당에 넘겨주고 말았다, 노조가 정권을 좌지우지한 것이다. 1970년 승리한 보수당의 히스 총리는 노조 견제에 나섰다.

하지만 노조를 넘지는 못했다. "누가 영국을 통치하는가?"라는 슬로건으로 노조 통제를 호소하자 이에 반발한 노조는 1974년 다시 노동당을 선택했다. 노조의 동의를 얻어야 나라를 통치할 수 있는 상황이 이어졌다. 그런 사이 영국 경제는 심각한 인플레이션과 노사 분규로 돌이킬 수 없는 상태에 떨어져 결국 IMF의 구제금융을 받는 지경에 처했다. 노조는 목소리를 낮추지 않았다. 1979년 겨울 전국 공공부분 근로자 노동조합이 주도한 대규모 연대파업에 운수노조, 병원노조 등이 참여하면서 기업과 발전소, 병원, 학교가 문을 닫아야 했다. 전국적으로 무정부 상태가 이어졌다. 이 기간을 영국인들은 '불만의 겨울'이라고 부른다. 기업은 생산차질로 수출에 타격을 받았고 교통이 마비되면서 시민들이 일터로 나갈 수도 없었으며 난방 제한과 병원 폐쇄로 노인들은 살아서 겨울을 넘길 수 있을지 걱정할 정도였다고 한다.

국민들은 이때 노조를 위협적인 존재로 실감했다. 노조가 사실상 국가를 운영하도록 내버려 둘 수 없다는 상황에 이른 것이다. 이때 등장한 인물이 마거릿 대처였다.

"노조는 지금 영국 국민과 대적하고 있습니다. 그들은 환자, 노약자, 어린아이들을 짓밟고 있습니다. 나는 이 나라의 법에 도전하는 사람은 누구든 상대할 준비가 되어 있습니다. 누군가가 우리의 본질적 자유에 맞선다면, 누군가가 환자들에게 상처를 입히고 해를 끼치고 손해를 입힌다면, 나는 그들과 싸우겠습니다." (…)
"우리의 목표는 무능한 정부를 쫓아내는 데서 그치지 않고 노동당이 확산시킨 사회주의의 허위를 폭로하고 파괴하는 것입니다"

1979년 총선에서 대처는 사회주의자들을 영국의 가장 위험한 적으로 지목했다.

"우리는 지금 우리의 가치, 우리의 유산, 우리의 위대한 과거에 대한 의도적인 공격을 목도하고 있습니다. 어떤 사람들은 우리의 국민적 자존심을 갉아먹고, 영국의 역사를 구제할 수 없는 암울함과 억압과 실패의 역사로 다시 쓰고 있습니다."

대처는 강성노조의 이기심과 호전성을 뿌리 뽑고 기업이 정부에 기대지 않고 자체 경쟁력을 키우게 하겠다고 선언했다. 영국 국민들은 역사상 첫 여성 총리로 마거릿 대처를 선택했다. 정권을 세웠다 허물었다 한 노동조합의 시대는 끝났다. 그녀는 노조와의 협상이라는 수단을 통해 국가를 운영하면 치러야 할 대가가 너무 크다는 것을 알았다.

한국병

"영국을 누가 통치하는가?"를 "대한민국을 누가 통치하는가?"로 바꿔보자.

1970년대의 영국과 2018년 11월 현재의 한국. 무려 48년이라는 시간차에도 불구하고 너무나도 흡사한 상황을 보는 듯하다. 영국 노조의 막강했던 권력에 대비되는 상대가 한국의 민주노총이다. 민노총은 문재인 정부의 출범을 위해 지대한 역할을 했다. 촛불집회를 주도해 박근혜 대통령의 하야와 탄핵을 요구하고 문재인은 이에 동참했다. 정권의 대주주가 됐다. 아니나 다를까 민노총은 그 권한을 행사하며 무소불위의 권력을 행사하고 있고 문 정권은 이를 방치하고 있다.

1979년 당시 영국의 근로자들의 노조 가입률은 58%. 우리나라는 10.2%. 2018년 현재 전체 임금근로자는 2,017만여 명. 이 가운데 민노총의 비율은 5% 남짓에 불과하다. 시도 때도 없이 시위를 주도하는 세력은 고작 1% 정도다. 말하자면 1%가 99%를 주무르고 있다는 얘기다. 그것도 연봉 1억 원에 육박하는 귀족근로자들이 주도한다.

이들 노조의 시도 때도 없는 파업으로 우리나라는 세계 주요국 가운데 가장 파업이 많은 국가가 됐다. 2018년 12월 3일 한국노동연구원의 '2018년 해외노동 통계'자료에 따르면 지난 2016년 파업으로 발생한 근로손실 일수가 203만4,000일이었다. '근로손실일'이란 파업 참가자 수에 파업기간을 곱한 날수를 말한다. 비교대상 9개 국 가운데 가장 많았고 일본의 3,000일보다 600배나 많았다. 우리나라에서는 하루 평균 5,600명이 파업을 벌였다. 노사 관계가 협력하는 수준은? 140개국 가운데 124위다.

그런 후진국 수준의 노동문화 중심에 민주노총이 있고 이들의 힘은 막강하다. 대한민국의 공권력도 이들의 힘 앞에서 무기력하기만 하다.

2018년 11월 22일 충남에 있는 한 기업에 민노총 금속노조 조합원 40여 명이 회의를 하고 있던 사장실을 난입해 출입문을 봉쇄한 채 임원을 무자비하게 폭행하는 사건이 발생했다. 그 임원은 노조원들의 집단폭행으로 12주의 상해를 입었다. 사용자가 근로자부터 집단으로 린치를 당하는 어처구니없는 사태가 발생한 것이다. 그런데도 대한민국의 공권력은 없었다. 경찰은 피해자를 보호하지도 민노총 조합원을 체포 입건하지도 못했다. 집단폭행의 현장에 출동하고도 민노총 조합원들이 입구를 가로막자 그 위세에 눌려 현장체포는커녕 진입자체를 아예 포기한 것이다. 공권력이 민노총에 놀아난 꼴이다.

민노총은 사법기관도 우습게 본다. 2018년 11월 13일엔 대검찰청도 점거했다. 하루 전인 12일엔 금속노조 한국GM창원 비정규직지회 조합원들이 고용노동부 창원지청을 점거하고 사장 구속과 해고자 복직을 요구하며 농성을 벌였다. 고용노동부 경기지청과 서울, 대구 지방고용노동청을 점거하고 한국GM부평 본사 사장실을 점거하는가 하면 여당 원내대표의 지역구 사무실도 점거하는 것을 주저하지 않았다. 김천시청에서는 시장실을 불법 점거하다 못해 공무원의 뺨을 때리는 폭행까지 일삼았다.

뿐만 아니라 사원을 채용할 때 자신들의 가족 친구 지인들을 뽑으라고 요구해 파업과 폭행이 두려워 경영주들은 울며 겨자 먹기로 말을 들어줄 수밖에 없는 상황에까지 이르렀다. 민노총의 이른바 '고용세습'이 얼마나 만연해 있는지 그 시작과 끝을 알 수 없는 지경이다. 청년실업율이 급증하고 있지만 그들은 자신들의 배만 채우려 할 뿐 고통분담은 나 몰라라 하는 것이다.

민노총이 마치 법도 무시해도 되는 법 위의 집단 행사를 하고 있지만 이런 민노총에 청와대는 한마디도 하지 않고 있다. 오히려 극진히 모신다.

민노총은 2018년 1월 19일 11년 만에 대통령의 초청으로 청와대를 방문해 노동 현안을 논의했다. 민노총은 많은 요구를 쏟아냈을 것이다.

그러나 청와대는 그 내용을 구체적으로 공개하지 않았다. 할 수 없었을 것이다.

대통령은 앞서 2017년 10월 24일 한국노총 지도부를 초청한 자리에서 민노총, 한노총을 국정의 파트너로 인정했다.

> "앞으로 새정부가 노동정책을 어떻게 짜야겠다고 말하기 이전에
> 우선 노동계와 정부 사이에 국정의 파트너로서의 관계를 다시
> 복원하는 게 아주 중요하고 또 시급한 과제라고 생각한다."

노동정책을 아예 노동조합과 함께 짜겠다는 것에 다름 아니다.

반면에 청와대는 아직까지 기업 총수들을 청와대로 초청한 적은 없다. 기업보다 근로자 우선이다. 기업의 생산의욕을 고취시키기보다는 옥죄기를 가중하고 있다. 국가가 기업의 자율경영을 위협하다 못해 직접 개입을 시도한다.

2018년 10월 현재 대한민국의 웬만한 대기업과 중견기업 중에 검찰과 경찰, 국세청, 관세청, 공정거래위원회 등의 사정기관으로부터 조사나 압수수색을 받지 않은 곳을 찾기 힘들다.

한진 그룹은 19건, 롯데는 11건, 삼성은 10건, SK는 8건, 현대자동차는 5건 등이다.

신제품을 개발해 세계 시장을 선점해야 할 기업들이 조사를 받고 압수수색을 당하느라 정신을 차리지 못할 지경이다.

여기에다 비정규직의 정규직화 압력, 최저 임금 인상, 주 52시간 근무제 등을 시행하면서 기업활동을 지속적으로 위축시키고 있다. 이런 상황에서 어떻게 생산성 향상, 수출 증가, 임금 인상, 소비 촉진, 다시 생산성 향상으로 이어지는 선순환이 가능하겠는가? 기업을 잠재적 범죄자 취급하면서 일자리를 늘리라고 압박까지 하는 정부가 과연 세계 어디에 있겠는가?

영국 노동당이 기업을 국유화하며 노동자들의 천국으로 만들고 임금을 하향평준화 시켜 완전고용의 이상을 꿈꾸다 망한 1970년대와 다를 바 없다.

문정부는 국정운영 5개년 계획에 '내 삶을 책임지는 국가'를 천명했다.

영국병의 하나로 지목된 사회주의적 '국가 의존문화'를 만들겠다는 것이다. 공무원을 늘려 비대한 정부를 만들었다. 정부 출범 1년차인 2017년 한 해 동안에만 1만9,293명을 늘렸다. 2016년의 증원보다 2배나 많았다. 공기업 직원도 1만2,000여 명 더 늘렸다. 이로 인해 공무원 인건비 지출이 전년도보다 7조5,911억 원이나 늘어난 것으로 나타났다. 또 공기업의 비정규직 정규직 전환, 최저임금 인상 등 영향으로 지난해 공기업들의 인건비 지출액도 전년보다 1조4,774억 원 늘어났다. 역대 최대 증가폭이다.

그렇다고 일자리가 늘어나고 소득으로 연결되었나?

그렇지도 않다. 오히려 일자리도 근로소득도 줄어들었다. 2018년

11월 22일 현재 통계청 자료를 보면, 일을 하지 않고 정부가 지원하는 돈으로 생긴 소득인 이전소득이 1분기 가구당 60만 원으로 지난해보다 20% 증가했다. 반면에 일을 해서 번 근로소득은 22.6%나 감소했다. 일자리를 마련해 주고 근로를 통해 소득을 올리도록 한 것이 아니라 세금을 현금으로 그냥 나누어 준 결과다. 취업자수는 전년 동기보다 16.8%나 줄었고 상용직보다는 일용직이나 임시직의 비율이 늘어나 고용의 질이 더욱 악화됐다. 국가가 어떻게 개인의 삶을 책임지겠다는 것인가?

사회주의 국가를 지향한다는 선언이나 다름 아니다. 한국병이 점점 깊어지고 있다.

다시 영국병을 치유한 대처의 처방으로 돌아가 보자.

대처는 고질적인 영국병을 치유하겠다고 국민들과 약속하고 당선됐기 때문에 우선적으로 강성노조들의 파업 고질병을 고치는 것이었다. 1980년 총리가 된 다음해부터 대처는 불법파업을 벌인 노조에 벌금을 부과하고 파업에 따른 비용을 면제해주던 관행을 없앴으며 노조에 가입한 근로자만 고용하는 클로즈드 샵 제도를 개정했다. 또 파업 찬반 투표를 하도록 했고 노조의 결정에 반대할 수 있는 근로자들의 권리도 확대했다. 공기업인 영국 철강의 파업을 정부 개입없이 마무리 하고 영국 내 가장 막강한 세력이었던 전국광부노조도 무력화했다. 대처는 파업 노동자들을 '내부의 적'이라고 공격하며 동조파업을 불법으로 규정하고 파업에 따른 모든 책임을 노조에 부과하고 노조 가입에 대한 선택의 자유를 확대했으며 노조 조직과 운영의 민주화를 위한 입법을 단행했다.

당시 대처의 노조개혁은 민영화와 함께 대중의 지지를 가장 많이 받은 정책이었다. 그만큼 영국 국민들이 노조의 횡포에 질려 있었던 것이다. 국민이 호전적인 노조에 등을 돌리고 대처를 지지하면서 노조의 정치적 역할은 약화됐고 정치파업도 사라졌다. 뿐만 아니라 이후 정권을 장악한 노동당 역시 대처의 노동정책을 그대로 이어 받았다.

토니 블레어 총리는 선언했다.

"노조는 노동당 정부로부터 특혜가 아니라 공정성을 기대해야
합니다. - 우리는 노조에 볼모로 잡히지 않을 것입니다. 우리에
게는 국가 전체를 통치해야 하는 책임이 있습니다."

대처는 영국 경제의 재건을 위해 자유시장경제체제를 도입했다. 영국은 1945년 이래 사회주의 경제를 유지해 왔다. 대처가 중시한 과제는 경제에 진정한 경쟁개념을 도입하고 생산성과 효율성을 촉진하는 것, 그리고 사회주의의 전진을 막는 것이었다.

"나는 자유로운 기업활동이 보장되는 자본주의가 효과적으로 작
동하려면 사유재산이 반드시 존중되어야 하고, 사회가 법의 지
배를 받아야 하고, 친 기업문화가 조성되어야 하고, 경쟁관계에

있는 다양한 독립국가가 있어야 하며, 사람들의 의욕을 고취하는 조세제도가 있어야 하고, 규제는 최소한으로 억제되어야 한다고 믿습니다." (……)

"경쟁력을 가져야 새로운 산업에서 새로운 일자리를 만들 수 있습니다. 아니, 오히려 공공지출을 줄여서 자원이 민간부문으로 돌아가게 해야 합니다. 왜냐하면 민간 부문이야말로 생산적인 부문이기 때문입니다."

(『중간은 없다』: 마거릿 대처의 생애와 정치, P140)

일자리를 앗아간 것은 경쟁력을 상실한 영국의 산업이라고 대처는 진단했다. 국유화로 방만했던 공기업을 민간기업으로 되돌렸다. 민영화는 단순히 소유권의 변화만이 아니라 노동조합 세력의 약화를 의미했다. 또 공공임대주택을 매각하고 '돈을 버는 것' '부'에 대한 인식을 바꾸어 놓았다. 부의 창출이 '왠지 옳지 않은 것 같다'라는 국민 정서를 바꾸어 부의 창출이 보다 나은 삶을 보장한다는 것을 깨우치게 한 것이다. 사회주의적 복지국가의 산물인 '의존 문화'를 깨부수었다. 당시 영국은 자본주의를 '더러운 단어'라고 인식하던 때였다고 한다.

대처는 '생산적 복지'를 제시하고 복지국가의 틀을 재정립했다. 당시의 영국 복지제도는 부지런한 사람이 애써 벌어 놓은 것을 게으른 사람에게 퍼주는 '낭비 메커니즘' '낭비적 복지'라고 진단했다. 따라서 '일하지 않는 사람의 소득이 일하는 사람보다 많아서는 안 된다'고 확신했다. 말하자면 실업수당을 줄이거나 받기 어렵게 만들어서 실업자들이 적극적으로 일자리를 찾아 나서게 하는, 일자리와 연계된 소득정책을 추진했다. 소수 극빈자를 제외하고는 어느 누구도 국가에 의존하지 않고 자립하는 세상을 만들려고 했다. 이건이 바람직한 것이 아닌가?

대처는 또 영국병의 하나로 '평등 지상주의'를 지목하고 이를 깨려고 했다.

"강자를 약하게 만들어서는 약자를 강하게 만들 수 없습니다. 검약을 강요하여 번영을 가져올 수 없습니다. 임금을 지급하는 사람을 끌어내려서는 임금 생활자를 도울 수 없습니다."

대처가 항상 지니고 다녔다는 링컨의 말이다.

40년 전 대처의 처방이 지금 대한민국에 유효해 보인다. 대한민국이 전진하는 것이 아니라 후퇴하고 있다.

제3의 길

2018년 12월 현재 한국의 사회 경제적 상황은 1970년대 후반의 영국에 견줄 만하다. 당시 영국은 노동조합의 위세가 하늘을 찔렀다. 보수당 당수 히스는 "누가 영국을 통치하는가"라고 일갈했을 정도다. 노동당 정부와 노동조합의 긴밀한 관계를 두고 '맥주와 샌드위치'로 표현됐다. 여기에 한국을 그려보자.

민주노총은 촛불로 이 정권을 탄생시킨 주역으로 그 지분을 행사하며 청구서를 들이밀고 있다. 집회로 도심을 마비시키고 공공기관을 점거하고 공무원의 뺨을 때리며 폭행하고 민노총 조합원만을 뽑으라고 기업주를 위협하고 다른 조합원을 뽑지 말라며 블랙리스트를 작성해 압박하고 뜻대로 되지 않으면 공사장의 입구를 봉쇄해 공사를 중단시키는 만행을 저지르고 있다. 경찰은 이를 보고도 눈감아 준다. 민노총이 최고 권력자로 행사하고 있지만 어느 누구도 쓴소리 한마디 못한다. 대통령조차도 그렇다.

"누가 대한민국을 통치하는가"라고 해도 전혀 어색하지 않다. 문재인 정권과 민노총은 '치맥', 맥주와 치킨의 관계에 다름 아니다.

당시 노동당 정부는 성과에 따른 배분이 아니라 보편적 복지를 내세우며 임금은 올리고 생산성은 떨어지게 만들었고, 민간 기업은 위축시키고 공기업을 확대하며 공무원의 숫자를 늘렸다. 노동당원들은 '이보다 좋을 수 없다'고 소리쳤으나 결국 인플레이션으로 IMF의 도움을 받아야 했다. 이른바 영국병을 치유하고 경제를 재건한 인물이 마거릿 대처다. 대처는 가장 강력한 위세를 떨치던 석탄광부노조를 비롯한 노조의 권한을 약화시키고 개인의 능력과 성과를 우선시하는 정책을 펼치고 공기업을 민영화하고 사기업의 경제활동을 지원했다.

여기서 주목하고자 하는 것을 대처리즘이 아니다. 대처의 다음 토니 블레어다. 토니 블레어가 대처리즘을 이어 받았다는 것이 중요하다. 좌파 노동당 정부가 우파 보수당의 정책을 계승해서 발전시킴으로써 영국의 경제를 되살려 놓았다는 점은 높이 평가받아 마땅하다.

1997년 총선에서 승리해 정권을 장악한 블레어는 '제3의 길'을 택했다. 세계적 흐름이 자유 시장경제 체제라는 것을 간파하고 노동의 과거 정책으로 돌아가지 않고 대처의 정책을 이어 받았다. 노동의 유연성, 즉 고용의 유연성이 경제에 활력을 불어넣고 창의적 기업 활동이 성과를 높여 소득을 높이는 보수적 경제관이 옳았다는 것을 인정한 것이다.

당시 영국의 진보세력들은 대처가 등장하자 "전쟁 전의 힘겨운 시대가 다시 돌아왔다. 완전고용으로 취할 수 있는 경제적 안정과 정치적 협상력

　　　　　　　　　　　　　　　　　　　　　　진실

을 모두 잃었다"고 한탄했다. 경쟁에 의한 생산적 노력 없이 나눠 먹던 시대는 갔다고 아쉬워하는 모습이었다. 토니 블레어는 이들을 따라 되돌아가지 않았다. 이미 공산 사회주의 국가의 붕괴를 목도하고 좌파 사회경제 체제로의 복귀는 퇴행이라고 판단한 것이다. 블레어의 뒤를 이은 고든 브라운 총리도 마찬가지였다. 좌파 노동당이 전 정부 우파 보수당의 정책을 이어받아 제3의 길을 택한 판단이 영국 재건의 출발점이었다.

여기에 문재인 정권을 다시 한 번 대입시켜 보자.

문 정권은 출발부터 전 정부의 모든 흔적을 지우기에 혈안이 됐다. 박근혜 정부가 이루어 놓았던 노동개혁과 공무원 연금개혁, 공공부문 개혁 등 모든 것을 무효화시켰다. 귀족노조의 기득권을 비정규직을 비롯한 저임금 근로자들과 나누게 하고, 고용의 유연성을 확보해 기업의 생산성을 높이고, 공무원의 수를 줄이고 공기업의 성과급제가 정착될 시점에 문 정권은 이를 모두 되돌려 놓았다. 개인의 능력에 따른 성과급제가 민간 기업에도 확산될 수 있는 기회도 걷어차 버렸다. 기업은 마치 잠재적 범죄자인 양 취급하며 옥죄고 있다. 기업은 활기를 잃고 글로벌 경쟁력에서 점점 밀리고 있다. 최저임금의 급격한 인상으로 경영 압박을 받는 중소기업들은 해외로의 이전을 모색하고 있다는 말이 공공연하다.

정부가 자유경제체제를 위협하고 있다. 미국, 일본을 비롯한 모든 선진 국가들은 기업의 법인세를 인하하며 기업에 활력으로 생산성을 높이고 국제 경쟁력을 강화하며 신기술 시장의 선점을 독려하고 있지만 유독 한국만은 거꾸로 가고 있다. 세계시장의 흐름과 전혀 맞지 않은 경제정책은 결국 취업률과 실업률을 비롯한 모든 경제지표의 하락 악화를 부추기며 심각한 상황에 돌입했다. 이 정부 경제사령탑의 좌장이었던 변양균 전 실장마저 '기업의 창조적 파괴를 통한 경쟁력 확보'와 성장 중심의 경제를 주문하고, 소득주도 경제의 폐해를 지적하고 있지만 소귀에 경읽기에 다름 아니다. 기업의 활동을 장려해 경쟁력 있는 상품을 만들어 수출하고, 매출량의 확대로 수익이 많이 나면 근로자들의 임금이 올라 소비를 촉진시키고, 이 소비가 다시 생산량을 높이는 순환이 맞다. 하지만 이 정부는 임금부터 올리라고 한다. 임금부터 올리면 기업의 부담이 증가해 투자는 위축되고 상품 경쟁력은 떨어지고 매출은 줄어 결국 근로자수를 줄여야 하고 실업률을 늘어나는 악순환의 고리에 빠지게 된다. 대다수 경제학자들이 그 잘못을 지적하고 부작용을 경고하고 있지만 이 정부는 무시로 일관하며 마이웨이를 고집한다. 참으로 안타깝고 위태롭다.

1980년 초 영국 보수당 정부는 "노동당 정부가 영국을 파산으로 몰고 갔다"고 했다. 조만간 "문재인 정부가 대한민국을 파산으로 몰고 갔다"는 말로 대체될까 두렵다. 잃어버린 시간을 되찾기 위해서는 또 국민의 고통이 따른다. 무엇보다 정권을 떠나 국가적 손실이다. 한국의 좌파뿐만 아니라 우파 역시 영국 노동당 토니 블레어의 철학을 공부해야 한다. 제3의 길을 두려워해서는 안 된다.

진실

마크롱 대(對) 문재인

                       2017년 5월 10일과 14일 대한민국에선 문재인이 프랑스에서는 에마뉘엘 장미셸 프레데리크 마크롱이 각각 대통령에 취임했다. 1년 후 지금 두 대통령이 받은 성적표는 확연하게 달랐다. 프랑스는 잠에서 깨어났고, 대한민국은 침잠의 길로 들어섰다.

마크롱은 1년 만에 '프랑스가 돌아왔다'고 선언했다. 만성적으로 두 자릿수를 유지하던 실업률은 8.6%로 떨어져 9년만의 최저를 기록했고 경제성장률은 2%대로 7년 만에 최고를 달성했으며 머리를 흔들며 떠났던 세계의 기업들이 돌아오고 있다.

그 원천은 노동개혁이다. 현재 대한민국 경제의 최대 걸림돌인 '노동'이 프랑스에서도 70년 숙제였다. 2차 세계대전 이후 그 어느 누구도 손을 대지 못한 '고질병'이었다. 높은 법인세에 강성 귀족노조에 절망한 기업들은 프랑스를 외면했다.

마크롱은 취임한 지 불과 9일 후부터 3대 노동단체 대표를 차례로 만나 각개 격파하기 시작했다. 총리와 노동관계 장관들도 노조대표들을 따로 설득하고 노동계 출신 인사들을 노동개혁 실무진으로 대거 배치했다. 100번 만나 300시간 대화했다고 한다. 그 결과 '쉬운 해고 쉬운 고용'을 내용으로 하는 노동법 개정안이 국회를 통화하는 데 불과 4개월 걸렸다. 33%에 달하는 유럽 최고 수준의 법인세도 2022년까지 25%까지 낮춘다고 한다.

　　월스트리트 저널은 '마크롱이 노동단체들을 무장 해제시켰다'고 보도했다.

　　공공부문 개혁에도 속도를 내고 있다. 공무원을 12만 명 줄이고 성과 평가제의 도입을 추진하고 있다. 반발은 거세다. 지지율이 대선 결선투표 때의 66%에서 반 토막이나 35%대로 내려앉았다. 하지만 마크롱은 물러서지 않겠다고 단언했다.

　　우리는 어떤가?

　　우리나라 역시 강성 귀족노조가 최대 골칫거리다. 전체 근로자의 3%를 차지한다. 연봉이 1억 원에 육박하지만 97%의 힘없는 근로자들과 나눠 가질 생각은 하지 않는다. 박근혜 정부는 이들 노조권력의 카르텔을 끊기 위해 노동개혁을 추진했으나 지속적이고 조직적인 반발에 부딪혀 결국 성공하지 못했다.

　　프랑스와 마찬가지로 '쉬운 해고 쉬운 고용'을 위한 노동법 개정도

현 집권당을 비롯한 당시 야당의 비협조로 뜻을 이루지 못했다. 매일같이 야당에 협조를 당부했지만 거들떠보지도 않고 콧방귀만 꼈다. 반발을 무릅쓰고 공무원 연금개혁을 이루고 성과급제도 도입해 민간으로의 확산을 눈앞에 두고 있었다.

그러나 문재인 정부는 일련의 개혁성과를 모두 과거로 되돌려 놓았다. 성과급제는 폐기됐고, 강성귀족노조는 더욱 막강한 힘을 얻었다. 그들이 혁명이라 부르며 현 정부탄생의 시발점이 됐다고 공언하는 촛불시위를 주도한 것이 그들이기 때문이다. 정부 탄생에 막대한 지분을 가진 것이다. 문재인 정부는 노동개혁을 추진하기는커녕 귀족노조의 손아귀에서 벗어나지 못한 채 끌려 다닐 수밖에 없는 처지다.

그런 정부가 노동개혁을 한다고 하면 그것은 강성 귀족노조들이 기업 경영권까지 장악할 수 있도록 길을 열어주는 역 개혁이 될 것이다. 이미 문재인 정부는 2018년부터 '노동이사제'를 도입해 노조대표를 경영에 참여시키겠다고 공언했다. 여기에 법인세율을 현재 22%에서 25%로 인상했다. 전 세계 국가들은 법인세를 낮추어서 기업하기 좋은 환경을 만들어주고 기업을 유치하는데 발 벗고 나서고 있다. 문재인 정부는 세계추세를 거슬러 거꾸로 가고 있다. 그 결과는 참담하다. 미국을 비롯한 유럽, 일본 등 모든 국가는 호경기를 맞고 있다.

2018년 2월 현재 OECD가 제시한 기업신뢰지수(BCI)를 보면 한국은 OECD회원국 가운데 꼴찌다. 세계 각국이 경제호황의 흐름에 올라탄 상황이지만 한국만 그 흐름에서 동떨어져 있다는 것이다. 실업률이 악화되는 국가는 한국뿐이다.

OECD 모든 회원국들이 금융위기 이전 수준으로 실업률을 회복했지만 우리만 악화일로다. 이웃나라 일본은 경기호황으로 구인난을 겪고 있다. 일본 대학의 취업률이 98%에 달하고 있다고 한다. 우리나라는? 65% 정도다. 청년실업률이 9.2%로 지난 2000년 후 최고치다. 체감실업률이 22%. 청년 10명 가운데 2명은 실업상태라는 것이다. 기업을 옥죄고 있는데 어떻게 일자리가 생길 것인가? 당연한 결과다.

공공부문 역시 개혁은 기대할 수 없다. 프랑스는 공무원을 12만 명 줄인다는데 문재인 정부는 17만 명 늘린다고 한다.

신기술을 개발하고 무역전쟁까지 불사하며 세계 각국이 전진하고 있을 때 문재인 정부는 적폐청산에 몰두해 정치보복을 일삼으며 과거에 머물러 한 발짝도 나아가지 못하고 있다.

'잘 살아 보세'를 외치며 묵묵히 일한 국민들의 희생으로 어렵게 일군 세계 10대 경제대국의 꿈을 허망하게 날려버릴까 두렵다. 좌파이념에 사로잡힌 세력의 무지와 근시안으로 대한민국이 나락으로 떨어져 후진국이 될 위기에 있다.

자유 그리고 베를린

문재인 정부는 당초 개헌안을 준비하면서 대한민국의 기본가치로 헌법에 규정돼 있는 '자유민주적 기본질서'에서 '자유'를 빼려다 강한 국민적 저항에 부딪혔다. 2017년 2월부터 12월까지 활동한 국회 헌법개정특별위원회, 개헌특위는 보고서에서 '자유민주적 기본질서'와 '자유와 권리에 따르는 책임을 완수'한다는 내용을 삭제했다. 시민단체와 문재인 대선캠프 인사들이 대거 포함된 좌파일색의 개헌특위위원들이 주도해 우리 헌법에서 '자유'를 없애버리려 한 것이다. 대통령이 되기 전에 이미 국가시스템을 바꾸겠다고 공개적으로 밝힌 문재인의 뜻에 따라 대한민국 국가체제를 '좌파 사회주의 체제'로 바꾸겠다는 의지를 노골적으로 드러냈다는 의심은 합리적이다.

결국 이들은 2018년 3월 야당의 반발에도 불구하고 발의를 강행한 '문재인 개헌안'에서 '자유'를 드러내지 못했다. 하지만 미래세대를 가르치는 우리 학생들의 교과서에서는 결국 '자유'를 빼고 말았다.

일부 좌파 세력들은 민주주의 속에 자유라는 개념이 포함돼 있으니 '자유민주주의'에서 자유를 빼고 그냥 민주주의라고 해도 된다고 주장한다. 터무니없는 궤변이다.

자유

나는 이 '자유'를 둘러싼 논란을 보며 독일의 서 베를린을 생각한다. 자유를 지키기 위해 희생한 서방국가들의 가치 있는 노력을 돌아본다.

12년 동안의 나치 독일이 1945년 패망하면서 독일은 미국과 영국, 프랑스, 소련 등 4개 연합국에 의해 분할 통치됐다. 한국과 마찬가지로 독일은 둘로 갈라져 한쪽은 미국과 영국, 프랑스 3국이 관할하는 서독으로, 다른 한쪽은 공산국 소련의 동독으로 나뉘어졌다. 같은 서독이라 하더라도 3개 나라가 공동으로 통치를 한 것도 아니고 남서쪽은 프랑스가 남동쪽은 미국이, 북쪽은 영국이 관할하는 기구한 운명으로 쪼개진 것이다. 나치정부가 전쟁을 일으켜 이웃나라를 괴롭히고 유대인을 학살하는 만행을 저지른 잔혹한 전쟁 범죄의 결과였다.

더 기막힌 운명을 맞은 것은 베를린이었다.

베를린은 공산권 소련 관할권의 일부에 위치한 도시였다. 전체 영토로 보면 극히 일부에 지나지 않는 크기다. 그러나 서방 연합국들은 독일의 베를린을 몽땅 소련에 넘겨 줄 수 없었다. 독일의 수도였기 때문이다. 수도의 특수성과 상징성을 보전하자는 데 뜻을 같이했다. 협상 끝에 베를린은 다시 4등분으로 분할됐다. 베를린의 서쪽은 미·영·프가 동쪽은 소련이 가진 것이다. 결국 베를린은 자유민주체제의 서 베를린과 공산독재체제의 동 베를린으로 나뉘어졌다. 서 베를린은 공산국가 한복판에 사방이 봉쇄된 도시가 됐다.

검은 바다 속에 갇힌 자유의 섬, 서 베를린

베를린 장벽이 남과 북을 가른 우리나라의 38선 같이 여겨지고, 베를린 장벽의 붕괴는 곧 동서독을 가로지른 장벽의 붕괴로 인식하고 있지만, 실제로는 베를린이라는 도시의 극히 일부 지역 장벽에 지나지 않는다. 그렇지만 그 상징성으로 인해 동독의 붕괴로 대표되는 것이다.

동독은 서 베를린으로 가는 전기와 생활필수품, 각종 자제 등을 모

두 끊었다. 완벽하게 고립된 서독 주민들은 모두 굶어 죽어야 하는 상황에 놓였다. 미,영,프 자유세계 연합국들은 주민들의 생필품을 비행기로 공수하기 시작했다.

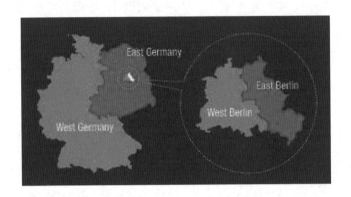

공산국가가 된 동독이 육로를 모두 닫아 서 베를린으로 들어갈 수 있는 유일한 방법은 하늘 길을 이용한 항공기뿐이었다. 연합국은 비행기로 모든 것을 날랐다. 서 베를린 주민들은 매일같이 테겔 공항에 나가 연합국 수송기들이 싣고 온 물자를 받아서 생활고를 견뎌야 했다.

자유를 얻은 대가였다

비행기 공수를 주도한 존 F. 케네디 미국 대통령은 1963년 6월 서 베를린을 방문해 이렇게 말했다.

"우리는 이 도시가 공산주의자들의 영향권 아래로 떨어지는 것을 결코 용납하지 않을 것입니다."

진실

베를린의 자유를 지키는 것은 파리와 뉴욕의 자유를 지키는 것과 마찬가지라고 서 베를린 시민들에게 역설했다.

"세상에는 자유세계와 공산세계 사이에 무슨 큰 차이가 있는지 정말 모르는 사람들도 많고 혹은 모른다고 말하는 사람들도 많습니다. 그들에게 베를린으로 와보라고 합시다. 공산주의가 앞으로 다가올 물결이라고 하는 사람들도 있습니다. 그들에게 베를린으로 와보라고 합시다. 유럽을 비롯한 여기저기서 우리가 공산주의들과 힘을 합쳐 함께 일할 수 있다고 말하는 사람들도 있습니다. 그들에게 베를린으로 와보라고 합시다. … 진정한 의미의 유럽평화는 독일인 네 사람 중 한 명이 자유인의 기본권, 즉 자유로운 선택을 할 수 있는 권리를 부인당하고 있는 한, 결코 이룰 수 없습니다. … 모두가 자유로울 때, 그때가 되면 우리는 이 도시가 하나가 되고, 이 나라와 이 위대한 유럽대륙이 평화를 누리고 미래에 대한 희망을 품게 되는 그 날을 기대해 볼 수 있을 것입니다. 그리하여 마침내 기다리던 그 날이 오면, 서 베를린의 주민들은 지난 20년 가까이 자유세계의 최전방을 지켜왔다는 사실에 대해 뿌듯한 자부심을 가질 것입니다.

모든 자유인들은 그들이 어디에 살고 있더라도 베를린 시민입니다. 그렇기 때문에, 한사람의 자유인으로서 저도 자랑스럽게 '나는 베를린 시민입니다.'(Ich bin ein Berliner)라고 말씀드리는 바입니다."

그렇게 자유를 지켰다.

1989년, 동독 주민들은 장벽을 부수고 자유를 찾아 넘어왔고 서독 주민들은 그들을 기쁨으로 맞이했다.

그 자유를 위해 미국, 영국, 프랑스 등 서방 연합국은 무려 8개월 동안 비행기로 물자를 공수하는 노력을 아끼지 않았고, 독일 국민들은 자유를 쟁취하기 위해 희생을 무릅쓰고 도전하는 용기를 보여주었다.

2018년 5월 현재 우리는?

그토록 고귀한 자유를 버리려 한다. 전 세계 유일의 폐쇄공화국 공산독재국가에게 아무런 보장 없이 문을 열어주려고 한다. 핵공포에 자유를 유린당하는 날이 오지 않을지 우려된다.

진실

진실

초판인쇄 2019년 11월 15일 / 1쇄 발행 2019년 11월 22일 발행 / 저자 정연국 / 펴낸이 임용호 /
펴낸곳 도서출판 종문화사 / 편집·디자인 IRO / 인쇄·제본 천일문화사 / 출판등록 1997년 4월1일
제22-392 / 주소 서울 은평구 연서로34 길2 3층 / 전화 (02)735-6891 팩스 (02)735-6892 /
E-mail jongmhs@hanmail.net /값 17,000원 / © 2019, Jong Munhwasa printed in Korea
/ ISBN 979-11-87141-54-9 (03300)